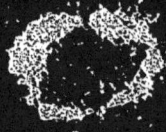

ÉTUDES

SUR

LES CONTRATS

DANS LE TRÈS-ANCIEN DROIT FRANÇAIS

ÉTUDES

SUR

LES CONTRATS

DANS LE TRÈS-ANCIEN DROIT FRANÇAIS

IMPRIMERIE
CONTANT-LAGUERRE

LVX VITAM

BAR-LE-DUC

ÉTUDES

SUR

LES CONTRATS

DANS

LE TRÈS-ANCIEN DROIT FRANÇAIS

PAR

A. ESMEIN

PROFESSEUR AGRÉGÉ A LA FACULTÉ DE DROIT DE PARIS

———→◦←———

PARIS

L. LAROSE ET FORCEL

Libraires-Editeurs

22, RUE SOUFFLOT, 22

—

1883

Les trois *Etudes,* que je donne ici, n'ont point été écrites en même temps; elles ont été successivement imprimées, comme des signes matériels l'indiqueront au lecteur. Les deux premières ont été publiées dans la *Vouvelle Revue historique de droit français et étranger* [1]; la troisième paraît ici pour la première fois. Malgré cette apparence fragmentaire, mon travail est le développement d'un plan préconçu et présente une réelle unité.

Notre ancien droit coutumier, dans son premier état, possédait en matière de contrats un système original et complet dont les principes avaient été fournis par le droit franc ou spontanément produits par les besoins de la vie sociale. C'est seulement à partir du XIIIᵉ siècle que ces règles anciennes s'obscurcissent et s'effacent, refoulées par le droit romain qui devait envahir le domaine entier

(1) Novembre-décembre 1880; janvier-février 1881; janvier-février 1882; janvier-février 1883.

des contrats. Retrouver cette couche profonde du droit coutumier et décrire ces transformations, tel a été mon but. Cependant je n'ai pas à ce point de vue étudié l'ancienne théorie des obligations dans son ensemble et dans tous ses détails. J'en ai détaché trois points qui dominent tous les autres : la formation et la preuve des contrats, l'exécution des obligations ; autour d'eux rayonne tout mon travail. En général, trouvant de bonne heure des règles définitives, je me suis arrêté assez haut dans l'ordre des temps ; cependant dans ma troisième étude, suivant dans son développement une institution particulière, *l'obligation*, j'ai été conduit de changement en changement jusqu'au dernier état de notre ancien droit.

Paris, 28 juin 1883.

ÉTUDES SUR LES CONTRATS

DANS LE TRÈS ANCIEN DROIT FRANÇAIS

I

LA FORMATION ET LA PREUVE DES CONTRATS.

Les conventions légalement formées tiennent lieu de loi à ceux qui les ont faites, dit le Code civil (1). Ce principe, si conforme à la raison, n'est point nouveau en France; Loysel l'enregistre dans un de ses pittoresques dictons : « On lie les bœufs par les cornes et les hommes par les paroles, et autant vaut une simple promesse ou convenance que les stipulations du droit romain (2). » Dans les *institutes coutumières*, cette règle est même immédiatement précédée d'une autre maxime, qui pour Loysel a le même sens, et qui est très vieille : « convenances vainquent loy. » C'est là un axiome courant que nous retrouvons dans les principaux coutumiers du treizième siècle (3).

Où nos vieux juristes avaient-ils puisé cette théorie, qui devait se transmettre jusqu'à nous? Le droit romain ne l'avait jamais connue. Dans le Code de Théodose et dans le droit de Justinien, sauf quelques contrats consensuels reconnus depuis longtemps par le droit civil, sauf quelques pactes exceptionnellement favorisés par le préteur ou par les constitutions impériales, seuls les contrats réels ou forma-

(1) Art. 1134.
(2) *Inst. Cout.*, liv. III, titre 1, règle 2.
(3) Beaumanoir, XXXIV, 17. Mais le sens originaire de cette maxime était tout autre, comme nous l'établirons plus loin. Voy. *Assises de Jérusalem*, livre de Jean d'Ibelin, ch. LXX ; surtout Pierre de Fontaines, *Conseil*, ch. XIV, § 6.

listes sont munis d'une action. Pour devenir obligatoire, il fallait en principe que la convention eût été coulée dans le moule de la stipulation ou exécutée par l'une des parties. Cependant, sans admettre cette idée que le consentement suffit pour obliger, le droit romain avait tendu vers elle et s'en était approché de près : on peut dire qu'il contenait des germes féconds, mais qui n'étaient point arrivés à leur entier développement, et qui devaient longtemps dormir sous terre avant d'atteindre leur pleine floraison.

Le principe de l'art. 1134 fut-il apporté chez nous par les coutumes germaniques. Pendant longtemps la science allemande l'a affirmé; mais des études récentes, celles de M. Sohm en particulier, contredisent radicalement cette affirmation. Elles établissent que le vieux droit germanique connaissait seulement deux sortes de contrats; un contrat formaliste et solennel qui s'appelait la *fidesfacta*, et des contrats qui se formaient *re*. Il n'admettait pas de contrats consensuels. Sans doute cette théorie n'est point universellement admise (1). Mais elle est adoptée déjà par les maîtres de la science. On nous permettra de reproduire ici quelques-uns de leurs jugements.

(1) En Allemagne M. Richard Löning l'a combattue dans un ouvrage ingénieux et plein de faits: *Der Vertragsbruch und seine Rechtsfolgen*, Strasbourg, 1876. « Nous ne voyons, dit-il, dans la *fides facta* que la promesse simple et unilatérale à l'origine de faire ou de ne pas faire, promesse dont la force juridique a pour unique fondement la volonté de celui qui s'oblige, qui n'est point limitée quant aux formes extérieures, et qui peut comprendre tout ce qui est à la disposition du promettant », p. 22, 23 ; « il n'est point indiqué de forme déterminée que devrait revêtir la promesse valable; cela n'est pas vrai en particulier de la remise de la *festuca*, etc. », p. 26. — Dans les pages de cette revue (juillet-août 1879, p. 322, ssq.) M. Marcel Thévenin a récemment attaqué la théorie de M. Sohm. Il s'est attaché à montrer que le contrat formaliste n'existait point dans le vieux droit germanique. M. Thévenin a surtout cherché à prouver que le mot *achramire* auquel M. Sohm donne le sens de promettre solennellement, promettre la preuve en particulier, voulait dire simplement: tirer à soi, invoquer. Tout en admirant la science et la sagacité dont l'auteur a fait preuve sur bien des points, nous ne pouvons souscrire à ses conclusions. Dans la plupart des cas il est obligé de raffiner sur l'idée et de détourner véritablement les textes de leur sens naturel pour les plier à son système : cela nous semble particulièrement frappant dans certains passages (voy. p. 339, 342; voy. aussi les textes de notre très ancien droit où le mot arramir ou arrainir est employé et que cite M. Thévenin, p. 348, ssq.). Nous reviendrons du reste plus tard sur cette question.

« D'après le droit germanique, dit M. Sohm, un contrat ne naît point du simple consentement (contrat non formaliste), mais, comme dans le vieux droit romain, il n'existe qu'autant qu'il s'y joint une forme déterminée ou une prestation (*res*). D'après le droit germanique il n'existe que des contrats formalistes ou réels, pas de contrats consensuels (1). » — « Le vieux droit germanique, enseigne de son côté M. Stobbe, montre quelque parenté avec la conception juridique des Romains. Le *pactum* dénué de formes n'engendre pas d'obligation, le défendeur pouvant s'affranchir de tout lien ; il n'engendre même pas une exception comme le *pactum* romain. Le contrat conclu avec l'observation des formes reçues se rapproche de la *stipulatio* romaine. La convention dénuée de formes est-elle accomplie par une partie, il naît une action pour contraindre l'autre partie à l'accomplir aussi, comme dans le contrat innomé des Romains (2). » — « Le vieux droit exige pour faire naître un contrat obligatoire non seulement la déclaration de volonté de part et d'autre, mais aussi l'intervention d'un acte qui mette hors de doute le consentement. Cet acte consiste soit dans la remise d'une chose, soit dans l'emploi d'une forme déterminée. Sont contrats réels ceux qui exigent une prestation réciproque, en particulier la vente et l'échange. Le contrat formaliste porte dans les textes le nom de *fides facta* (Wette, *Treugelobniss*) ; sa conclusion se traduit par l'acceptation d'un fétu, la *festuca*, ou d'une chose sans valeur, un gant, un bâton, un bout de drap, qui manifeste extérieurement l'accord des volontés. Cette forme doit être employée lorsqu'il n'y a de prestation à fournir que d'un seul côté, du côté du débiteur et non de celui du créancier (p. ex. la promesse de payer le *judicatum*, ou de faire une preuve, le cautionnement). A la place des anciennes formes apparurent au moyen âge, la *paumée* (*handschlag*), le serment. C'est seulement dans le droit postérieur, sous l'influence du droit romano-canonique, que le droit allemand s'est affaibli et est arrivé à l'exclusion absolue du forma-

---

(1) *Das Recht der Eheschliessung*. Weimar, 1875, p. 24.
(2) *Reurecht und Vertragsschluss nach älterem deutschen Recht.* — *Zeitschrift für Rechtsgeschichte*, 13e vol., p. 214-215.

lisme dans les contrats, le seul consentement suffisant toujours (1) ».

Ces résultats ainsi fournis par la critique allemande, nous nous proposons de montrer qu'ils sont confirmés par les données de notre très ancien droit français ; mais nous voulons d'abord présenter une considération qui pourra leur prêter quelque vraisemblance. Le principe de notre droit moderne est l'idéal vers lequel doit tendre toute législation ; seulement il est inapplicable aux époques de civilisation commençante. Pour produire une obligation, le consentement doit toujours être sérieux et définitif, et lorsqu'il se manifeste sans forme déterminée, il est malaisé de distinguer s'il flotte encore, ou s'il est déjà fixé ; il est souvent fort délicat de séparer le projet de convention de la convention conclue, l'embryon de l'être ; on se heurte à des difficultés de preuve et d'appréciation. La loi moderne elle-même a senti le danger de ces recherches, elle repousse la preuve testimoniale lorsque la convention porte sur un objet d'assez grande valeur ; elle n'admet alors comme preuve qu'un écrit ou l'aveu de l'obligé. Les législations primitives écartent instinctivement les fines analyses auxquelles sont impropres les esprits des hommes à qui elles commandent : elles n'osent sanctionner une convention que lorsqu'un signe matériel extérieur, dont chacun comprend la portée, est venu attester que le consentement était sérieux et l'obligation formée. On voit qu'en matière de contrats la question de preuve a une importance capitale. Pendant longtemps notre vieux droit ne distinguera pas nettement ces deux questions : la simple convention est-elle obligatoire ? La simple convention peut-elle être prouvée ? Le second point sera même le plus important ; et ce n'est que par suite d'une modification profonde dans la théorie des preuves, que le principe nouveau en matière de contrats apparaîtra dans tout son jour.

Ce principe, c'est du reste au droit romain que nos juristes du treizième siècle crurent l'emprunter. Si les textes du *Corpus juris* n'en faisaient point une complète application,

(1) Schulte, *Lehrbuch des deutschen Reichs und Rechtsgeschichte*, 4ᵉ édit., § 156.

Ils en contenaient du moins l'expression. « *Pacta servabo* », avait dit le préteur; cette promesse déposée par lui dans l'édit, et qu'il n'avait accompli que partiellement, devait être réalisée par un droit nouveau, complétant en quelque sorte l'ancienne loi.

Voilà l'évolution que nous voudrions étudier et décrire. Pour le moment nous laisserons de côté le contrat formaliste du droit germanique, nous réservant de l'examiner plus tard et de rechercher si on n'en trouve aucune trace dans le vieux droit français. Dans cette première étude nous envisageons les contrats, qui certainement ne se manifestaient point sous la forme d'une stipulation solennelle, et nous nous proposons tout d'abord de montrer qu'ils n'étaient vraiment obligatoires que lorsqu'une prestation avait été effectuée de part ou d'autre.

§ 1

Les contrats, qui se forment re d'après le droit de l'époque franque.

De toutes les *Leges Barbarorum* la loi Salique est probablement celle qui a le mieux conservé l'esprit des coutumes primitives. Si l'on adopte les idées de MM. Sohm et Bethmann-Hollweg, cette loi, où les actions sont individualisées et limitées en nombre, comme dans la vieille procédure romaine (1), ne connaît que deux hypothèses, où une action *ex contractu* soit possible. L'une est visée, dans le titre L. 1; c'est la *fides facta*; l'autre est indiquée dans le titre LII; c'est la *res præstita*. Le prêt dont il est ici question comprenait non seulement le prêt de consommation mais aussi le prêt à usage, d'après les usages germaniques, qui n'admettent qu'en cas de vol la revendication mobilière. N'examinant point pour le moment la procédure qui était

(1) Bethmann-Hollweg, *Civilprozess*, tome IV, p. 471: « Der Prozess in eigentlichen Civilsachen bestimmt die Lex Salica in einer Reihe von Verfahrungsarten, bei denen, wie bei den römischen Legis Actiones, Form und Inhalt genau zusammenhängen. » Cf. Sohm, *Procédure de la loi Salique*, passim.

suivie dans les deux cas, nous remarquons, qu'en supposant cette théorie exacte, il y a là une première confirmation de l'idée qui, selon nous, présida jadis à la formation des contrats.

La loi Salique cependant mentionne la vente, même dans les plus anciennes rédactions, mais ce n'est évidemment que la vente au comptant. Elle ne s'en occupe en effet que dans l'hypothèse où une revendication est intentée contre l'acquéreur, et fait alors apparaître à la charge du vendeur l'obligation de garantie. Cette obligation dans la *Lex* ne donne point lieu à une instance principale, il n'y a qu'un incident de la revendication mobilière : le vendeur sera cité par l'acheteur et sommé de prendre son fait et cause; il devra restituer le prix, reprenant sa chose, et restant seul soumis à la revendication (1). A côté de la vente, nous trouvons dans la loi Salique l'échange et la *datio in solutum*; mais il s'agit certainement d'opérations réalisées, non de simples promesses. Disons en passant que la vente de cette époque rappelle à bien des égards la vente primitive du droit romain, alors qu'elle s'effectuait par une mancipation où la pesée du métal était toujours réelle, et qu'elle ne produisait qu'une action, *l'actio auctoritatis*.

Enfin M. Löning a signalé une autre action *ex contractu*, dans un passage de la loi Salique. Il s'agit du titre fameux

(1) *L. Sal.*, tit. XXXVII, De vestigio minando : « Si quis bovem aut caballo vel qualibet animal per furtum perdiderit, et cum dum per vestigio minando sequitur consequutus invenerit (*at*) in tres noctes ille qui cum ducit *emisse aut cambiasse* dixerit vel praeclamaverit, ille qui per vestigio sequitur res suas, per tertia manu agramire debet; si vero jam tribus noctibus exactis qui res suas requiret eas invenerit, ille apud quem inveniuntur sic eas *emisse aut cambiasse* dixerit, ipsi liceat agramire. » (Édit. Behrend, p. 45). — Tit. XLVII, 1, De filtortis: « Si quis servum aut caballum vel bovem, vel quamlibet rem super alterum agnoverit, mittat eum in tertia manu, et ille super quem agnoscitur debeat agramire... et inter ipso placito qui interfuerit, qui caballo ipso aut *venderit* aut *cambiaverit*, aut *in solutione dederit*, omnes intra placito isto communiantur, hoc est ut unusquisque cum negotiatoribus alter alterum commoneat. 2. Et precium reddat illi qui cum illo negociavit et ille secundum legem componat illi qui res suas agnoscit. » (Édit. Behrend, p. 62-63). Voyez sur cette procédure, Sohm, *Procédure de la loi sal.*, § 9. — Bethmann-Hollweg, *Civilprozess*, tome IV, § 70, par 480, ssq. — Siegel, *Geschichte des deutschen Gerichtverfahrens*, I, § 6, p. 42-48. Et la remarquable *Étude historique sur la revendication des meubles en droit français* de notre collègue et ami Jobbé-Duval (*Nouvelle Revue historique*, 1880, p. 463, ssq. 535, ssq.)

de re commendata, qui ne se trouve que dans le texte d'Herold (1). M. Löning voit là une concession pour un temps
limité, à titre de *precaria*, et il montre très ingénieusement
que le concédant, lorsqu'il agit en restitution, invoque non
pas un droit réel ou un droit de possession, mais une convention obligatoire. C'est une hypothèse dans laquelle incontestablement le contrat se formait *re*.

Les autres lois barbares et les formules de l'époque franque montrent un développement plus large du système des
contrats; elles connaissent dans une certaine mesure la
vente à crédit. Mais elles ne vont point jusqu'à reconnaître
que le consentement suffit pour obliger; les contrats dénués
de formes ne sont obligatoires, que lorsqu'une des parties
a effectué une prestation. Du reste, on n'exige point une prestation totale; un accomplissement partiel suffit. Il est utile
d'établir ce point, car il forme la transition naturelle et nécessaire aux institutions de notre très ancien droit coutumier.

C'est sur la vente que nous possédons le plus de renseignements, et elle est particulièrement intéressante à étudier. Chez les Romains en effet c'était le type des contrats
consensuels, le représentant le plus ancien du groupe. C'est
devenu un contrat réel chez les hommes de l'époque franque;
il faut pour lier les parties la tradition de la chose ou le
payement du prix. Cette nécessité du payement, les textes la
relèvent à l'envi. Voici d'abord des lois:

Lex Wisigoth. V. 4, § 3 (antiqua) : « Venditio facta per
scripturam plenam habeat firmitatem (2). Cæterum si etiam
scriptura facta non fuerit, et *datum pretium præsentibus testibus comprobetur*, et plenam habeat emptio robur (3). »

Lex Baj. tit. XVI, ch. 2 : « Si quis vendiderit possessionem suam alicui, terram cultam, non cultam, prata vel
silvas, post accepto pretio aut per cartam aut per testes
comprobetur firma emptio (4). »

---

(1) Texte d'Herold, tit. LXXII. — Behrend, Extrav. A. ch. II: « Si quis
alteri avicam (aviaticam) terram commendaverit, et ei noluerit reddere, si
eum admallaverit et convinxerit, sol. xv culpabilis judicetur. »

(2) Nous reviendrons bientôt sur cette importance qu'on donne à l'écriture.

(3) Gengler, *Germ. Reichtsdenkmäler*, p. 493.

(4) Pertz, *Leges*, tome IV, p. 321 (textus primus).

Lex Rib. LXI (al. 59) § 1 : « Si quis alteri aliquid vendiderit et emptor testamentum venditionis accipere voluerit, in mallo hoc facere debet, et *pretium in præsenti tradat et rem accipiat*, et testamentum publice conscribatur. »
Cf. Tit. LXII (alias 60) § 1.

Les formules de vente qui sont nombreuses, mentionnent invariablement le payement du prix (1). Quelques-unes
même exposent d'une façon très nette toute la théorie :
« Domno fratre illi ille ; Liceat empti venditique contractus *sola pretii adnumerationem et regi (var. rei) ipsius traditione consistat*, hoc (ac) tabularum aliorumque docimento-
rum ad hoc tantum interponatur instructio ut fides rei
facti et viris ratio comprobetur (2). » D'ailleurs quant à sa
formation la vente est constamment assimilée à l'échange :
« Commutatio, hoc est quod cambias, talem qualem emptio
habeat firmitatem (3). » — « Ut ita valeat commutatio sicut et emptio. Commutatio si non fuerit per vim et metum
extorta talem qualem et emptio habeat firmitatem (4). »
Et il n'est pas difficile de montrer que l'échange avait conservé le caractère de contrat réel qu'il avait en droit romain : un diplôme de l'an 697 le prouve surabondamment.
Il s'agit de la revendication d'un immeuble dans ce *placitum*. Le défendeur Drogus invoque un échange, en vertu
duquel son auteur tenait l'immeuble du demandeur :
ce dernier, nommé Magnoaldus, ne nie point l'existence
d'une convention d'échange, mais il montre qu'elle n'a
jamais été exécutée et gagne son procès (5).

(1) De Rozière, 267-285. Voy. cependant les numéros 2 et 3 des *formulæ
andegavenses*.
(2) Roz., 268 (Marc. II, 19).
(3) *Lex. Bajuw.*, tit. XVI, ch. VIII (Pertz., *Leges*, IV, p. 322.
(4) *Lex. Wisigoth.*, V, 4, § 1 (antiqua).
(5) Pertz, *Diplomata*, I, n° 70. Voici le passage qui nous intéresse : « Intendebat aecontra ipsi Drogus, eo quod socer suos, inlaster vir Bercharius,
ipsa villa de ipso Magnoaldo concamiassit, et eidem justissimo ad partem
conjugi sui Adaltrute legibus reddebitur. Intendebat aecontra ipsi Magnoaldus, *quasi conlucucione et convenencia exinde apud ipso Berchario habuissit ut ipsa inter se commutassent sed hoc numquam ficissent*, nec de ipsa
curte Bercharius mano vestita hunquam habuissit, nisi malo urdene per
forcia et iniquo ingenium ipsi agentis predicto Drogone de potestate sua
abstraxissent. Interrogatum est ipsius viro Drogone quatenus intendebat,
quod exinde socer suos concamnio apud ipso Magnoaldo ficisset, se talis

Mais, comme nous l'avons dit, une prestation complète n'était pas exigée; une prestation partielle suffisait pour créer le lien; cela était logique, la volonté de s'obliger étant certaine dans un cas comme dans l'autre. « *Si pars pretii data non fuerit* : Si pars pretii data est, et pars promissa non ad impletur, non propter hoc venditio facta rumpatur. Sed si emptor ad placitum non exhibuerit pretii reliquam portionem, pro pretii parte quam debet solvat usuras nisi hoc forte convenerit ut res empta venditori debeat reformari (1). »

On alla plus loin, et tout naturellement on admit qu'il suffisait que des arrhes ou une prestation accessoire quelconque eussent été fournies. De là l'importance des arrhes dans le droit de cette époque. En droit romain les arrhes données à propos d'un contrat consensuel, de la vente en particulier, sont un signe extérieur mais non un élément constitutif de l'obligation; celle-ci est née du seul accord des volontés (2). Si même les arrhes sont données en vue d'un contrat, qu'on ne veut pas encore rendre définitif, elles ouvrent une porte de sortie aux contractants (3). Selon les principes qui règnent à l'époque franque, les arrhes sont le moyen naturel de rendre obligatoire la convention non encore réalisée; celui qui les a reçues ne peut plus se dédire, et les parties sont liées. Telle est la règle que nous trouvons dans la loi des Wisigoths et dans celle des Bavarois.

epistulas commutationis exinde inter se ficissent, aut se ipsas in nostra presencia præsentare potibat. Sed ipsi strumentum exinde nullatenus præsentavit, nec nulla evidente potuit tradere racione, per quod ipsi Berecharius ipsa habere debuisset, nec per quo urdene ipsa ipsi Drogo ad partes conjuge sui nec ad sua habire debiret. » — Il ressort de ce texte que si la convention d'échange, quoique non exécutée, eût été constatée par écrit, elle aurait été obligatoire; nous rendrons compte de ce fait un peu plus loin. —Remarquons le mot *convenencia*: c'est la *convenance* de nos Coutumiers.
(1) *Lex. Wisigoth.*, V, 4, § 5 (antiqua). Dans le même sens M. Sohm cite un texte curieux emprunté à Beyer (*Mittelrhein. Urkundenbuch*, I, n° 6): il s'agit d'une vente dont le prix n'a été payé qu'en partie: « Quarta portio (de villa F.) nepoti meo B. duci *vendere ceperam*, et ex hoc mihi adhuc sexcentos redebit solidos. » (Sohm, *Eheschliessung*, p. 26, n° 9). Cette expression de *vente commencée* nous la retrouverons dans un texte français du quatorzième siècle.
(2) Pr., I, 3, 23. — L. 35, pr. D. 18, 1.
(3) Inst., *loc. cit.*, L. 17, C. 4. 21; L. 3, C. 4. 49.

Lex Wisigoth. V, 4 § 4 : « qui arras pro quacumque re acceperit, id cogatur implere, quod placuit (1). »

Lex Bajuw. XVI, c. 10 ; « qui arras dederit pro quacumque re pretium cogatur implere quod placuit emptori (2). »

Ne ressort-il pas évidemment de ces textes que les arrhes rendent obligatoire une convention, qui, sans elles ne l'eût pas été? Il est vrai que les deux lois citées, si conformes quant au principe qu'elles reproduisent en termes presque identiques, se séparent sur une autre question. Elles supposent l'une et l'autre que l'acheteur qui a donné des arrhes ne se présente pas au terme fixé pour compléter le payement : la loi des Bavarois déclare qu'il perdra ce qu'il a donné et sera néanmoins forcé de payer intégralement (3) ; — la loi des Wisigoths dit au contraire que le marché pourra être rompu, le vendeur restituant ce qu'il a reçu (4). Mais il y a là une question toute différente de celle qui nous préoccupe ; il s'agit simplement, comme l'a montré M. Stobbe, de déterminer quels sont les effets de la *mora* (5).

Les arrhes n'ayant d'importance qu'en ce qu'elles rendent

(1) Gengler, p. 493.

(2) Pertz, *Leges*, IV, p. 323.

(3) « Et si non accurrerit ad diem constitutum vel antea non rogaverit ad placitum ampliorem, si hoc neglexerit facere, tunc perdat arras et pretium quod debuit impleat. »

(4) « Emptor vero si per aegritudinem aut gravem necessitatem quae vitari non possunt, ad constitutum non occurrerit diem, quemcumque voluerit pro se dirigat, qui pretium definito tempore percompleat ; quod si constituto die nec ipse successerit nec pro se dirigere voluerit, arras tantummodo recipiat quas dedit, et res definita non valeat. »

(5) « Selon moi la loi, après avoir établi cette première règle que par l'*arra* le contrat est parfait, poursuit en indiquant quelles sont les conséquences de la *mora* de l'acheteur : s'il ne paye pas le prix au terme fixé, le vendeur peut se retirer du contrat, mais cette faculté ne lui est accordée que s'il restitue la somme reçue ; s'il garde l'*arra* il ne peut que demander l'exécution du contrat. » Stobbe, *Reurecht und Vertragsschluss (Zeitschrift für Rechtsgeschichte*, vol. XIII, p. 224). Il est vrai que dans une autre opinion, professée en particulier par M. Siegel, on interprète différemment la loi des Wisigoths ; il faudrait intercaler le mot *non* avant *recipiat*, ce qui donne le sens suivant : la vente est parfaite quand les arrhes ont été données, mais l'acheteur en les perdant peut renoncer au contrat ; il est difficile d'admettre cette correction ; l'*antiqua* Reccaredi (n° 297) donne le même texte que le *forum judicum*. — Cf. Stobbe, *Zur Geschichte des deutschen Vertragsrechts*, p. 54.

certain et visible l'accord des volontés, leur fonction peut être
également remplie par la remise d'un objet quelconque,
quelle qu'en soit du reste la valeur, n'eût-il qu'une valeur
purement symbolique. C'est ainsi que dans un contrat particulier, le contrat de *fiançailles*, intervient la remise d'un
anneau *arrharum nomine* : « Cum inter eos qui disponsandi
sunt, sive inter eorum parentes aut fortasse propinquos pro
filiarum nuptiis coram testibus præcesserit definitio et annulus arrarum nomine datus fuerit vel acceptus, quamvis
scripturæ non intercurrant, nullatenus promissio violetur
cum qua datus est annulus, — nec liceat uni partem suam
immutare aliquatenus voluntatem si pars altera præbere
consensum voluerit (1). » — « Sponsat, cum solo annulo
eam subharrat et suam facit (2). » — « Ille, regressus ad
regem, præceptionem ad judicem loci exhibuit ut puellam
hanc suo matrimonio sociaret, dicens (3) : quia dedi arrham
in desponsatione ejus. » — « De sponsalibus quoque ait
coram pontifice, clero vel senioribus pro nepte sua orpha-
nula arrhas accepisse (4). » A la place de l'anneau ou à côté
de lui, pour rendre les fiançailles obligatoires, souvent était
remise une pièce d'or, un *solidus* ou un denier. Ces faits ne
sont que l'application à un contrat particulier du système
général en matière de contrats. Ces pratiques après avoir
perdu leur valeur juridique (ce qui arriva bientôt sous l'influence du droit canon) restèrent comme symbole dans la
bénédiction nuptiale donnée par l'Église, et sont ainsi par-
venues jusqu'à nous. De nos jours nous voyons encore figu-
rer dans le mariage religieux l'anneau et la pièce de mariage :
même les formules liturgiques ont longtemps conservé et

(1) *Lex. Wisigoth.*, III, 1, § 3.
(2) *Edict. Liutp.* 30.
(3) Grég. Tur., *Historia Francorum*, IV, 41 (alias 47), I, 42.
(4) Grég. Tur. H. F., X, 16. Voy. Sohm, *Eheschliessung*, p. 54, ssq. ;
Stobbe, *Zeitschrift für Rechsg.*, tome XIII, p. 228, ssq. Le choix de l'anneau
pour tenir lieu des arrhes n'avait rien de surprenant. Le Digeste montre
que souvent le Romain donnait son anneau à titre d'arrhes, lequel devait
lui être plus tard restitué : L. 11, § 6, D. 19. 1 : « Illud quæros i annulus
datus sit arrhæ nomine et secuta emptione pretio que numerato et tradita
re annulus non reddatur, qua actione agendum est? ». — L. 5, § 15, D. 14. 5 :
« Item si institor, cum oleum vendidisset, annulum arræ nomine acceperit,
neque eum reddat, dominum institoria teneri. »

conservent encore parfois la signification primitive de ces usages (1).

Dans les divers contrats beaucoup d'autres prestations symboliques devaient jouer le même rôle; nous en signalerons plusieurs dans le droit postérieur, qui sans doute étaient usitées déjà à cette époque.

Mais tout le système que nous avons exposé jusqu'ici ne s'applique en réalité qu'aux conventions verbales; celles qui, au moment de leur formation, étaient rédigées par écrit, puisaient une force particulière dans l'écrit même, qui par lui seul les rendait obligatoires (2). Les formules de l'époque franque considèrent la *Cautio* qui constate le contrat comme constituant le lien même de l'obligation « *Vinculum cautionis* » (3). Un passage de la loi des Wisigoths plus haut cité (V, 4, § 3) met cette règle en pleine lumière; il distingue entre la vente par écrit et la vente verbale, et c'est seulement dans le dernier cas qu'il exige une prestation effectuée pour que les contractants soient liés irrévocablement (4).

(1) Voy. M. Sohm, *Eheschliessung*, p. 54, ssq. Il cite en particulier le rituel d'Amiens de la seconde moitié du moyen âge fourni par Martene (*de ritib. Eccles.*, 1, 2, p. 632) : « Sequitur benedictio annuli, et debet poni suprà librum cum XIII denariis — post accipiat sponsus annulum de manu sacerdotis cum argento — et dicat : « Marie, de cet anneau t'épouse, et de cet argent te honoure, et de mon corps te doue. » — Il cite aussi le *Book of common prayer* anglais, où le fiancé prononce cette formule « With this ring I take thee wed. »

(2) Au moment où nous corrigeons les épreuves de ce travail, nous lisons un nouveau et beau livre de M. Brunner, où ces idées sont exposées avec une précision et une ampleur remarquables. Voy. Brunner, *Zur Rechtsgeschichte der römischen und germanischen Urkunde*. Berlin, 1880.

(3) Roz. 368 (Marc. II, 25) : « Per hunc vinculum cautionis spondio me Kalendas illas proximas ipso argento vestris partibus esse redditurum. » — Roz. 372 (*App.*, Marc. 16) : « Spondeo me per hujus vinculum cautionem ubi et ubi me invenire potueris pro duplum satisfactione me retenens debitorem. » — Roz. 124 : « præterea præsentes epistolas duas uno tenore conscribtas locum pactionis inter se visi sunt conscribisse. »

(4) La règle ressort encore très nettement du diplome cité à la page 662 (Pertz diplom. 1, 70), et de la *Loi des Wisigoths*, III, 1, § 3. Elle est affirmée également par la *Loi des Bavarois*, tit. XVI, ch. XVI : *De pactis vel placita* « pacta vel placita quacumque facta sunt vel per testes denominatos tres vel amplius, dummodo in his dies et annus sit evidentur expressus, immutare nulla ratione sinere permittimus. » Pertz. *Leges* IV, p. 325. — Il faut ici entendre le mot *vel* dans le sens de *et*, signification qu'il a souvent dans les textes de l'époque franque (Voy. Sohm : *Eheschliessung*, p. 25. — Löning : *Vertragsbruch*, p. 16, 119); plusieurs des passages cités par nous

D'où venait cette règle? On pourrait *à priori* deviner que c'est là un emprunt fait par les barbares aux Gallo-Romains; n'avaient-ils pas pris à ceux-ci l'usage même de l'écriture? Il est possible de montrer, preuves en main, que telle est bien la vérité. Voici en effet ce que nous lisons dans un texte : « Pactum inter parentes. — Caritatis studio et dilectionis affectu inter parentes decet ut quicquid de rebus eorum inter se diviserint scripturarum serie allegentur (1), romanam que legem ordinantem ut quicumque in ætate perfecta pactionem vel diffinitionem per scripturam fecerit, et hoc quod fecit implere neglexerit, aut contra eam ire præsumpserit, infames vocatur et ipsam causam agere non permittatur, atque pœnam statutam cogetur exsolvere (2). » Le praticien qui a rédigé cette formule était convaincu que la loi romaine déclarait obligatoire toute convention contractée par écrit. En cela constatait-il un principe véritablement reçu chez les Gallo-Romains, ou commettait-il une grossière méprise?

On sait que de bonne heure les Romains prirent l'habitude de constater dans un écrit ou *Cautio* les stipulations régulièrement formées (3). Cela devint une coutume si générale qu'on en arriva à regarder le rituel même de la stipulation comme une formalité inutile ; l'important était que l'écrit mentionnât que les parties avaient voulu stipuler et promettre ; du moment qu'il contenait la formule, on admettait qu'une stipulation régulière avait eu lieu par demande et par réponse. Cette façon de voir non seulement domina dans la vie pratique, mais devint une doctrine juridique, que nous trouvons dans plusieurs textes de l'époque

---

montrent cette acception. Ce qui prouve que la loi des Bavarois ne songe aucunement à un contrat verbal et seulement à un contrat rédigé par écrit, c'est qu'elle exige l'insertion du mois et de l'année d'une façon générale ; cela n'est possible que lorsqu'il y a un écrit.

(1) L'expression *series scripturarum* est technique pour désigner la puissance spéciale de l'acte écrit. Cf. *Lex. Rib.* tit. L, « adoptare in hereditatem vel in adfatim per scripturarum seriem, seu per traditionem, et testibus adhibitis, secundum legem ripuariam licentiam habeat. »

(2) Roz. 122 (Sirm. 25).

(3) Voy. L. 40, D. 12, 1 ; L. 135 § 1, D. 45. 1 ; L. 48, D. 24. 3 ; L. 1 §§ 2, 4, D. 2. 13. — Kuntze : *Cursus der Instit.* § 650, 2ᵉ édit. p. 455.

classique, dont les plus formels sont deux textes de Paul (1).
Si l'écrit indiquait qu'une stipulation était intervenue on la
supposait sans défauts; s'il constatait seulement que le débiteur promettait de donner ou de rendre on présumait que
la stipulation avait eu lieu. Probablement l'influence des
habitudes grecques contribua beaucoup à faire admettre
cette jurisprudence (2); mais elle s'étendit vite à tout le
monde romain; elle était simple et commode, très conforme
aux usages nouveaux. — D'autre part on sait que dès longtemps l'usage s'était introduit, de former la plupart des contrats en faisant d'abord un pacte, puis en stipulant une *pœna*
contre le débiteur qui violerait la convention; dorénavant il
suffisait pour rendre le pacte obligatoire d'y ajouter en le
constatant par écrit, la formule de la stipulation; ce qu'on ne
manquait pas à faire : «quod fere novissima parte pactorum
ita solet inseri : rogavit Titius, spopondit Mævius. Hæc
verba non tantum pactionis loco accipiuntur, sed etiam stipulationis, ideo que ex stipulatu nascitur actio nisi contrarium specialiter adprobetur, quod non animo stipulantium
hoc factum est, sed tantum paciscentium (3). » En réalité
n'en était-on pas arrivé à rendre obligatoire toute convention rédigée par écrit? Une seule restriction persistait;
comme on n'arrivait à créer l'obligation qu'en supposant une
stipulation il fallait que l'écrit eût été dressé les parties
étant présentes; c'est bien le point que relève soigneusement le passage de Paul plus haut cité (4). Justinien, on le

---

(1) L. 134, § 2, D. 45. 1. » Cum Septicius litteris suis præstaturum se ca-
verit pecuniam et usuras ejus semisses....., si inter præsentes actum est,
intelligendum etiam a parte Luci Titii præcessisse verba stipulationis. » —
Paul Sent. V, 7, § 2 : « Verborum obligatio inter præsentes non etiam inter
absentes contrahitur. Quod si scriptum fuerit instrumento promisisse aliquem, perinde habetur atque si interrogatione præcedente responsum sit. »
(2) Cf. L. 30, D. 45. 1. L. 4 § 3, D. 27. 7. 2. Voy. Accarias : *Précis de droit
Romain*, II, p. 209; Keller, *Pandekten*, § 221, 2e édit., t. I, pp. 483-4; —
Danz : *Lehrbuch der Geschichte des römischen Rechts*, § 150, 2e édit., 2e partie, p. 42; Kuntze, *op. cit.*, p. 455. Brunner : *Zur Geschichte der röm. und
germ. Urkunde*, p. 44, ssq.
(3) L. 7, § 12, D. 2. 14.
(4) On pourrait croire que cette restriction avait été mise de côté même
à l'époque classique : des textes parlent en effet de stipulations *in epistolis*.
Voy. L. 57, D. 24. 1. Mais on pense qu'il s'agit là d'*epistolæ inter præsentes
emissæ*, une sorte de titre rédigé d'avance que l'une des parties remettait

sait, devait atténuer encore cette restriction (1). Mais c'était là un point qui devait préoccuper fort peu les hommes de l'époque franque; les contrats entre absents n'auraient point alors offert une grande utilité. Il était donc assez naturel que ces hommes peu subtils et peu instruits, confondant une question de preuve avec une question d'obligation, estimassent que, selon le droit romain, toute convention constatée par écrit lors de sa formation était obligatoire.

Les praticiens de l'époque franque conservèrent du reste la trace directe de la pratique romaine, dont ils n'avaient plus le sens. Imitant ce qu'on faisait alors que les *instrumenta* contenaient d'abord un pacte, puis l'indication d'une stipulation intervenue pour le sanctionner, ils terminaient généralement leurs *cautiones* par la mention : *stipulatione subnexa* (2); ce n'étaient plus là que des mots dénués de sens, dont l'origine n'a été retrouvée que de nos jours (3). Enfin de même que la stipulation qui confirmait un pacte avait pour objet une *pœna*, les clauses pénales prirent une importance considérable dans les actes de l'époque franque et produisirent des effets aussi curieux qu'exorbitants (4).

Ce n'est pas d'ailleurs au seul point de vue des contrats qu'on attribuait alors à l'acte écrit une efficacité spéciale. On y voyait un fait matériel et extérieur capable de transférer la propriété et équivalent complètement à la tradition germanique *per festucam* ou *per ramum*. Nous ne faisons ici que signaler ce point, espérant pouvoir en fournir la démonstration dans une autre étude (5).

à l'autre : Voy. L. 1, C. 8, 38 : « Licet epistolæ quam libello inscruisti, adjectum non sit stipulatum esse cui cavebatur, tamen si res inter præsentes gesta est, credendum est præcedentem stipulationem vocem spondentis subsecutam esse. » — Kuntze op. cit. § 656; Danz, op. cit. § 150.

(1) L. 14, C. 8, 38. *Inst.* III, 19, 17 ; IV, 20. 8.

(2) Voy. p. ex., Roz. 397 (Goldast 25) : Pactio... « præsens conventionis cartula perennem obtineat vigorem, stipulatione subnexa. » Cf. Pérard, *Recueil de plusieurs pièces pour l'histoire de Bourgogne, passim*.

(3) Pardessus : *Loi Salique*, pp. 644, 650 ; voy. particulièrement R. Löning op. cit. pp. 535, ssq. Cf. Brunner : *Zur Geschichte der röm. und germ. Urkunde*, p. 221, ssq.

(4) Pour cette question des clauses pénales, qui sort de notre sujet, nous ne pouvons que renvoyer le lecteur à l'étude si complète qu'en a faite M. Löning, op. cit., *append.*, p. 634, ssq.

(5) Dès maintenant nous pouvons citer quelques textes ; c'est d'abord la *Loi*

Un contrat particulier, le mandat, demande enfin quelques mots. A l'époque franque ce n'est plus un contrat consensuel ; il faut aussi qu'il se traduise par un fait sensible : il se réalise de plusieurs manières, soit par l'insinuation à la curie dans les villes qui ont conservé l'organisation municipale (1), soit par le transfert des droits à exercer, consenti par le mandant au mandataire (2).

§ 2

Le très ancien droit coutumier. — Formation des contrats.

Les principes que nous avons dégagés à l'époque franque, régnent encore dans notre très ancien droit coutumier. Là aussi le consentement ne suffit point pour obliger ; le contrat ne tient vraiment que lorsqu'une prestation accomplie ou un signe équivalent ont attesté son existence : nous croyons du moins pouvoir le démontrer. Mais la tâche est assez difficile. En effet, nous devrons puiser nos renseignements surtout dans les coutumiers du treizième siècle, et à cette époque la vieille doctrine avait presque entièrement disparu devant des idées plus larges. Il nous faudra donc

des *Ripuaires* qui met sur la même ligne les deux modes de transfert, tit. L (al. 48) : « Si quis procreationem filiorum vel filiarum non habuerit omnem facultatem suam in præsentia regis, sive vir mulieri vel mulier viro vel cuicumque libet de proximis vel extraneis adoptare in hereditatem vel adfatimi, *per scripturarum seriem* seu per traditionem et testibus adhibitis secundum legem Ripuariam licentiam habeat. » Voici maintenant un certain nombre de passages empruntés à Perard (*Recueil de plusieurs pièces curieuses servant à l'histoire de Bourgogne*) : p. 27, nº 6 : « sicut jam per instrumento et kartarum, seu per guadium et andelangum vel per ipsos breves vobis tradidi ; » — p. 37, nº 20, « per hanc mea traditionis cartulam... dono trado, ac perpetualiter concedo. » — p. 64 (donation) : « per suum cultellum et facturam et per hoc pergamenum ; » — p. 74 : « hoc rodulo (rotulo) donum fecit super altare ; » — p. 80, « per unum librum coram multis donum fecit super altare. » Brunner : *op. cit.*, p. 273, ssq. ; 228, ssq.

(1) Roz. 384 § 2, 385.

(2) Roz. 391 (*Lindenb.* 183) : « pro hoc trado tibi a die presente omnes reas meas... per meos vuadios andelangosve. » — Marc. I, 21. On trouve aussi le mandat conclu par serment : Roz. 388, « juratum mandatum tanquam gestibus oblecatus », mais il n'y a là que l'application d'un principe général que nous retrouverons plus tard.

relever laborieusement toutes les traces qu'elle a laissées en s'effaçant. Nous allons d'abord étudier les textes qui permettent de la reconstruire, puis nous verrons comment elle fut abandonnée, et ce qu'elle a pourtant transmis au droit postérieur (1).

I

Les Assises de la Cour des Bourgeois du royaume de Jérusalem établissent que la vente n'est formée et obligatoire que quand il y a eu prestation de part ou d'autre; elles fournissent même deux décisions, dont l'une s'applique au cas où le prix a été payé, et l'autre à celui où l'objet a été livré.

A, ch. 27 : « On dit la raison de celuy vendor que resoit une partie de paiement de ce qu'il a vendu ou un sol denier : — Deus homes le vendour et l'acheter se conviendrent entre aus deus d'un marché faire; et le vendour li vendit son aveir (2) et ressut de l'emptor une partie de l'aveir ou un soul denier de paiement. *Le vendor ne se peut puis repentir de celui marché qu'il a fait*, se celui ne l'veut qui l'avoir a acheté, ains est tenus par dreit et par l'assise le vendeour de délivrer selui aver à l'acheteour, et celui est tenus de paier li le remanant de la monée de la vente, ce autre convenant il n'en orent ensemble; *quia illa particula soluta totum in conventione debitum in se portat* (3). »

B. ch. 29 : « Ici dit la raison de celuy marchant qui est saisi de celui aver, quelque il soit, qu'il a acheté, et ce veut puis repentir ce dont il est saisis : — Se un home a vendu un sien aver à un autre home et celuy qui a acheté l'aver est saisis de celuy achet, *et puis avient que le vendeour se veut*

(1) Mon travail était déjà terminé et sorti de mes mains lorsque j'ai pu lire le remarquable ouvrage de M. Franken : *Das französische Pfandrecht im Mittelalter*. Berlin, 1879. Dans les §§ 4 et 5, M. Franken étudie la formation des contrats dans notre très ancien droit, et sur bien des points je me suis rencontré avec lui. En signalant, comme je le devais, cette publication antérieure à la mienne, je suis heureux de constater que, dans cette rencontre, il y a une nouvelle preuve de la vérité des idées que je produis.
(2) *Aveir, aver :* meuble.
(3) Édit. Kausler, ch. xxvii, p. 63-64.

repentir et reprendre son aver (1), le droit comande que il ne le peut tollir à celui qui l'a acheté et qui en est saisi, ce il ne li veut rendre de bon gré. Et se celuy home qui a acheté l'aver et est saisis de l'aver se veut puis repentir de celuy marché et laisser celuy aver, il ne le peut faire se celuy ne l'veut qui l'aver li vendy, ains est tenus de paier li tout ce qu'il li ot en convent por celui aver dont il est saisi : *quia quod non fecit venditio reconciliat traditio* (2). » De même on nous dit encore formellement que la simple promesse de prêt n'est pas obligatoire : « Me proumis à prester deniers ou autre aver et tu n'en pris ni gages ni pleges ni chartre saelée : la raison coumande que celuy, se il veut, il n'en est tenus de rien prester mei, par droit ne par l'assise. Mais se celui resut le gage ou prist les pleges, la raison juge que celuy est tenus de prester mei, se que il a promis de prester, par la seurté qu'il en a receue et ce est dreit (3). »

Ces textes sont frappants. Non seulement ils donnent des solutions que notre principe seul peut expliquer ; mais parfois ils proclament la règle abstraite de la façon la plus explicite : *quod non fecit venditio, reconciliat traditio.* Les assises de la Cour des barons fournissent quelques indications qui confirment les précédentes. Jean d'Ibelin, énumérant les diverses actions dans lesquelles on n'a point le *jour de conseil*, cite l'action qui naît de la vente, mais il a bien soin de mentionner que le prix a été payé. « Ce sont les choses de quei il me souvient ores et de quei l'en se peut clamer par l'assise, et de quei l'on n'a point de jour au clain que l'en fait desdites choses, parce que assise en tolt le jor... de chose prestée... de chose qui est vendue aparant de quei l'on a paie receue (4). »

(1) Les mots soulignés manquent dans l'édition Kausler.
(2) *Assises* : Édit. Beugnot, t. II, p. 34, ssq. — Édit. Kausler, ch. xxix, p. 64.
(3) *Assises.* B. C. Édit. Kausler. ch. ccxiii, p. 238.
(4) Jean d'Ibelin, ch. LXX (édit. Beugnot). S'il s'agit de la vente d'un immeuble, la même théorie trouve son application ; alors même on est souvent plus exigeant. Voy. *Ancienne Coutume de Ponthieu et de Vimeu* « III. Sur a matière des marquiés et des convenenches. — Vente d'yretage ne fait à tenir comment que saisine et dessaisine en soit faite, dusquez à tant que ele est rapoîtée par-devant le Signeur, et wers et otrois et forjurcmens fais selonc le costume dez lieus, car ainsi le feit on pour les fraudes des prois-

Cette doctrine était encore celle du droit anglais au dix-huitième siècle, et Blakstone l'expose dans toute sa pureté : « Si le vendeur dit que le prix d'un animal est de quatre livres, et que l'acheteur déclare qu'il en donnera quatre livres, le marché est conclu, et ni l'un ni l'autre n'est libre de se dégager, *pourvu que* la possession immédiate soit offerte par l'autre partie (provided immediate possession be tendered by the other side). Mais s'il n'y a eu ni payement du prix, ni délivrance de l'objet, ni offre faite (nor tender made), ni aucune convention postérieure (nor any subsequent agreement be intered into), il n'y a pas de contrat, et le propriétaire peut disposer de sa chose comme il lui plaît. Mais si une portion quelconque du prix a été payée, fût-ce seulement *un penny*, ou si une portion quelconque des biens a été livrée par façon de *earnest* (c'est ce que le droit civil appelle *arrha* et déclare être *emptionis-venditionis contractæ argumentum*), la propriété des biens est absolument engagée par là même, et l'acheteur peut les réclamer par voie d'action comme le vendeur peut réclamer le prix (1). » Cette théorie, le droit anglais l'avait empruntée aux coutumes Normandes, qui reflétaient les vieux usages de France.

Il résulte de ce qui précède qu'une prestation partielle suffisait pour rendre la convention obligatoire (2) ; on voulait seulement mettre hors de doute un consentement sérieux :

mes (proximi) oster. » (Marnier, *Ancien Coutumier de Picardie*, p. 114-115 ; Cf. *ibid.*, p. 122). V. Warnkönig et Stein : *Franzòs. Rechtsgeschichte*, p. 563 ; ces auteurs n'ont pas très bien compris le passage de l'ancien Coutumier de Picardie que nous venons de citer. — Dans les ventes immobilières généralement l'acheteur ne payait point son prix avant d'être mis en saisine ; Beaumanoir montre clairement pourquoi : *Coutumes de Beauvoisis*, LII, 25.

(1) Blakstone, *Commentaries on the laws of England*, book. II, ch. XXX (Édit. Oxford, 1778, p. 447).

(2) Le *sou denier* de la *Cour des bourgeois*. La décision citée des *assises* est d'autant plus remarquable qu'on connaissait aussi les arrhes dans le sens romain, ch. XXVII : « Se un home vende un sien aveir à un autre home, et il avient qu'il reçoit erres de cele vente simplement, et puis avient que le vendeour se repent, la raison comande que le vendeour doit doubler les erres au double à l'acheteor, ce autre bonté (cf. l'anglais *bounty*) ne li en veut fère. Et se celui qui achete celuy aver se repente de celui achet qu'il a fait, si doit perdre ces erres sans plus et estre atant quite, se celui ne li voisist rendre ces erres par sa bonté, et ce otre convent n'y en et entre aus. *Inter venditorem et emptorem si aliter non convenerit.* » Édit. Beugnot, p. 34.

aussi d'autres faits pouvaient-ils avoir la même efficacité; signalons en première ligne *le denier à Dieu*, et la *paumée*.

II

Le denier à Dieu, *denarius Dei*, était une pièce de monnaie que l'un des contractants donnait à l'autre en signe de marché conclu; cela équivalait dans l'opinion des anciens à une exécution partielle (1), ce n'était point cependant un àcompte sur le prix, c'était une sorte de supplément que fournissait l'une des parties, et qu'on employait généralement à des usages pieux. Les vieilles coutumes latines du midi surtout sont riches en renseignements sur le denier à Dieu et explicites sur son importance.

Statuta sive leges municipales Arelatis (1162-1282), art. 192 : « De denario Dei — Item statuimus quod denarius Dei quod daretur in contractibus in honore Dei et candele beati Trophimi distribuatur (2). »

Statuts municipaux de la ville de Salon (1293) : « Item statuimus quod omnis emptio et venditio rata sit et firma perpetuò, si facta fuerit cum denario Dei juridico et recepto, et ille denarius sit operis ecclesiæ beati Laurentii (3). »

Coutumes d'Avignon (treizième siècle), art. 121 : « Item statuimus quod quælibet mercadaria, cujus cumque rei emptio et in re locata, et in quolibet alio contractu, postquam pro eis contrahendis contrahentes inter se dederint vel alius pro eis denarium dei, firma et irrevocabilis habeatur, et contrahentes teneantur precise solvere precium et rem tradere su-

---

(1) Il est intéressant de relever les expressions de certains actes qui appellent les pièces de monnaie jouant un rôle analogue à celui du denier à Dieu: *nummi testes*; Pérard, *op. cit.*, p. 107 (donation de l'an 1187) : « Testes sunt domnus Hugo Morellus de Maresco, Hugo Bertramnus de Valle Brionis, Henricus præpositus Archi: testes etiam sunt septem libræ nummorum quas ab ipsis accepimus. » — p. 108 (accensement) : « Testes sunt domnus Hugo Morellus de Maresc et Huo Rubens.... testes etiam sunt decem octo nummi Annoni et Pagano dati, et duodecim alii a domina Blancha, que hec confirmavit, accepti. »

(2) Charles Giraud, *Essai sur l'histoire du droit français au moyen âge*, t. II, p. 244.

(3) Ch. Giraud, *op. cit.*, p. 254.

per quam celebratus est contractus utro citroque adimplere ;
et si contrahentes inter se contractum adimplere noluerint
vel non potuerint, nisi fuerint interitu specie liberati,
juretur in litem contra illum qui contractum adimplere
noluerit, habita texatione judicis (1). » — Les derniers
mots de ce texte contiennent un souvenir incontestable du
droit romain, mais la théorie principale est bien coutumière; la convention est obligatoire si le denier à Dieu à
été fourni, sinon elle ne l'est pas.

Bien d'autres textes pourraient être ajoutés à ceux que nous
avons produits (2) ; mais ce qui est plus remarquable encore,
c'est le langage des coutumiers et des praticiens. Beaumanoir connaît le denier à Dieu comme mode de contracter (3) ; et au quatorzième siècle nous le voyons mentionner
dans une hypothèse où, moins que partout ailleurs, il semblerait nécessaire, cela par la force de l'habitude : « Item un
créancier peut *acheter et bailler denier à Dieu* sur les héritages
qui lui sont obligez, mesmes pour son deu, quant se vendent par enchant, ou son porteur de lettres obligatoires,
par et en défaut d'autre acheteur, les criées et subhastations
faites solennellement (4). » La pratique du denier à Dieu
était suivie, comme en France, dans l'Allemagne du moyen
âge (5).

Les pièces de monnaie, dont la remise servait à lier le
contrat, n'étaient pas toujours consacrées à de pieux usages ;
on les employait souvent à acheter du vin, que buvaient ensemble les contractants et les témoins ; c'est le *vin du marché* dont parlent plusieurs de nos coutumes (6).

(1) Coutumes et règlements de la république d'Avignon au treizième
siècle, publiés par M. René de Maulde (*Nouvelle revue historique*, 1877,
p. 593).
(2) *Cout. d'Alais*, art. 101; *Cout. Montpellier*, art. 100; — *Statuta
Massiliæ*, liv. III, ch. vi. — V. Ducange, *Glossaire*, v° *Palmata.*
(3) XXXIV, 60 (édit. Beugnot): « Nous entendons que marciés est fes si
tost comme il est créantés à tenir par l'accort des parties, entre gens qui
poent fère marciés, ou *si tost comme denier à Dieu en est donés*, ou si tost
comme erres en sont données, car cascune de ces trois cozes vaut confermement de marciés. »
(4) Jean Desmares ; décision 178.
(5) Le denier à Dieu s'appelle en allemand *Gottespfennig*. Voy. Sohm.
Stobbe, *Reurechl*, p. 225, ssq.
(6) Voy. Laurière, *Glossaire*, v° *Vin du marché*. C'est le *Litkauf*,

III

A côté du denier à Dieu nous trouvons la *paumée*, comme acte extérieur et symbolique, donnant sa force au contrat. Les parties sont liées lorsqu'on s'est frappé dans la main, dans la *paume* de la main. Selon M. Sohm la paumée nous éloignerait des contrats réels, pour nous ramener au contrat formaliste. Ce dernier se caractérisait surtout à l'origine par la remise d'un fétu ; la simple poignée de main aurait remplacé la transmission de la *festuca* (1). Nous croyons plutôt que la paumée s'explique par l'idée d'une exécution partielle purement symbolique : les textes en effet la mentionnent constamment à côté de l'exécution partielle et du denier à Dieu, comme pouvant les suppléer. Ce serait alors une tradition réduite à sa plus simple expression ; au lieu de remettre une pièce de monnaie on n'en fait plus que le geste ; on touche la paume de la main.

Voici quelques textes qui établissent la force obligatoire de la paumée.

Coutume de Montpellier, art. 100 : « emptio vel venditio non valet sine palmata, vel sine solutione pretii peculiari vel universali, vel sine rei traditione. »

Statuta Massiliæ, liv. III, ch. vi : « Statuimus ut postquam principales personæ contrahentes de re ipsa vendenda vel emenda et pretio convenerint et postmodum palmata, vel denarius Dei vel arrhæ inde factæ fuerint, contractus ille sive venditio ex tunc rata et firma habeatur, quantum ad illos contrahentes (2). »

Coutume de Bayonne du treizième siècle, ch. 118, § 1 (3) :

Weinkauf des coutumes allemandes (Voy. Stobbe, *Reurecht*, p. 231, ssq.)

(1) Sohm, *Eheschliessung*, p. 48, ssq.

(2) Ducange, v° *Palmata*.

(3) Balasque et Dulaurens, *Études historiques sur la ville de Bayonne*, 3 vol. Bayonne, 1862-1875, t. 1, p. 675. — Cela signifie : « Si aucun a acheté aucune chose avec la paumée ou avec le denier à Dieu, s'il en donne marque (seinhau) ou arrhes, et qu'il ne puisse tenir le marché, en perdant les arrhes et la marque il peut laisser les choses ; et le vendeur par conséquent, en doublant les arrhes sera quitte, s'il jure sur les saints qu'il ne peut tenir

« Si augun ab paumada (paumée) o ab *dier Diu* (denier à Dieu) crompe augune cause, si nan dat seinhau o eires et no pot thier lo marcat, perden los eires et lo seinhau pot le char lo cause; en benedor per consequenci, doblan les sera quitis dou marcat, juran sus sober sentz que no pot thier lo marcat. »

Le droit allemand et le droit anglais anciens ici encore sont conformes à nos vieux usages. Le *handschlag* germanique a le même sens et la même efficacité que la paumée (1), et le vieux droit anglais connaît une *vente par la poignée de main ; handsale :* « Anciennement chez tous les peuples du Nord une poignée de mains était nécessaire pour lier le marché; c'est une coutume que nous observons encore dans beaucoup de contrats verbaux. Une vente ainsi faite s'appelait *handsale*, « venditio per mutuam manuum complexionem », mais dans la suite le même mot fut employé pour désigner le prix ou les arrhes (*earnest*) qui étaient donnés aussitôt après la poignée de main ou à la place de celle-ci (2). »

Cependant chez nous la paumée ne paraît pas avoir eu la même force obligatoire que le payement du prix ou le denier à Dieu. Elle liait bien les contractants en principe, mais l'un d'eux pouvait se dégager en payant un certain droit, une certaine amende, et en jurant solennellement qu'il était dans l'impossibilité d'exécuter le marché ; c'est ce qu'indiquent des textes assez nombreux de provenance diverse.

Coutumes de Charroux (1re charte 1170-77?) art. 14 : « Si quis palmatam cum aliquo faciat nec eam persolvat, septem solidos et dimidium inde reddat, et quod penis et (plus est) supra sancta sanctorum jurabit quod pactum pecuniam pro nimia venditione non relinquat nec de suo mobili persolvere possit 3). »

le marché. » Le serment dont il est question ici est celui par lequel le droit du moyen âge permettait parfois au débiteur insolvable de se dégager. Cf. Balasque et Dulaurens, t. II, p. 336.

(1) Sohm, *Eheschliessung*, p. 48, ssq. — Stobbe, *Zur Geschichte des deutschen Vertragsrechts*, p. 25, ssq.

(2) Blakstone, book II, ch. xxx. Cf. Kolderup-Rosenvinge : Grundriss der dänischen Rechtsgeschichte, § 23.

(3) Ch. Giraud, *Essai sur l'histoire du droit français*, t. II, p. 400.

Coutumes de Charroux (2ᵉ charte, a. 1247), art. 40 : « Si aucun fait paumée ob aucun et puis ne la tient, VII S. et demi de la monnoye qui corra en aura cil à cui la paumée estre fait, et jurera sus sans que il o ce que il aveit promis à rendre de son muble avec no o puisset, et si claim en vient au Seigneur, il en doit avoir III sol de la monnoie qui cort de gages (1). »

Ducange, vᵒ *Palmata :* charte de 1230 (ex biblioth. reg.) : « ad petitiones quæ fiunt ex parte regis dicimus quod de palmatis quæ fiunt in mercato et in die mercati de illis qui nolunt stare contractui debet habere rex quinque solidos. De palmatis vero, quæ fiunt extrà mercatum quibuslibet diebus, dicimus quod sint dominorum illorum ad quos locorum spectat jurisdictio. » (*Ibidem* Fori Oscæ, anno 1247) : « Cum inter emptorem et venditorem super re quæ venditur sit certa conventio pretii per palmatam, solvat alteri quinque solidos pretii qui voluit resilire. »

Livre de Jostice et de Plet : lib. II, ch. xvi, § 3 : « Se aucuns dit que aucuns ait fet marchié à li, et li marchiez soit queneuz ; et cil qui a vendu veaut jurer qu'il ne puet segre le marchié, il s'en passera par tant, et *paiera cinq sols de sa paumée*, quand il n'a point eu de *cheté* (2) ; et s'il a eu cheté, il le tendra s'il a de quoi (3). »

IV

Tout cela montre bien qu'il fut un temps où le consentement ne créait pas à lui seul l'obligation ; il fallait y joindre une prestation totale ou partielle, réelle ou symbolique. Nous trouverons encore des traces incontestables de ce système en étudiant l'époque à laquelle il a disparu ; dès

(1) Ch. Giraud, *op. cit.*, p. 404.
(2) C'est-à-dire quand il n'y a point eu de *chattel*, de meuble livré ; dans le langage du livre de Jostice, cela signifie, comme nous le verrons plus loin, qu'il n'y a pas eu encore prestation effectuée.
(3) Edit. Rapetti, p. 100. Cette décision qu'enregistre le livre de Jostice et de Plet, n'est pas en parfait accord avec la théorie générale de ce coutumier en matière de contrats ; c'est l'écho d'une vieille tradition. — Voy. encore l'ancienne coutume de Bayonne citée plus haut.

maintenant nous pouvons le considérer comme suffisamment
établi. Cependant on pourrait faire une objection. Au treizième siècle nous trouvons souvent répété un vieux dicton,
qui paraît déjà remonter loin, et que des sources diverses
formulent d'une façon identique : « Convenance loi vainc. »
Cela ne veut-il pas dire que les conventions par elles-mêmes
font la loi des parties? C'est bien ainsi que Loysel entendait l'adage en le recueillant dans ses Institutes coutumières (1). Mais il est impossible qu'il ait eu cette portée, car nous
le trouvons dans les assises de la Cour des Bourgeois, qui
nous ont fourni les décisions si caractéristiques citées plus
haut : « Bien sachès que tous convenans que les hommes
font entre aus doivent estre tenus, porce que les convenans
ne soient contre lei ne contre bonnes coustumes, car convenant venque ley (2). » La maxime avait une autre signification : elle voulait dire que, quoique les coutumes attribuas-
sent les biens d'une personne à ses héritiers du sang, cependant elles ne lui défendaient pas d'en disposer pendant sa vie
par convention valable; mais on ne disait point par là à
quelles conditions la convention était obligatoire. Écoutons
nos vieux juristes. Voici d'abord un passage de Jean d'Ibelin :
« Et se aucune home fait aucun convenant contre l'assize et
l'on se claime par l'assize, l'assize que l'on a jurée à tenir deit
estre premièrement tenue, et après, se l'autre puet prouver
les convenanz si come il deit, les deus doivent estre tenus,
porce que chascun puet le sien doner et aliéner par sa volenté par assize et sans assize, et que les convenans faits et
provés si come il deivent, deivent estre tenus et maintenus,
car on dit : covenant vainc loi (3). » Beaumanoir connaît bien
le vrai sens du dicton (4); et Pierre de Fontaines l'établit
de la façon la plus nette, car il en part pour démontrer

(1) « Convenances vainquent la loy. » Liv. III, tit. I, reg. 1.
(2) *Assises, Cour des bourgeois*, ch. cIII. Édit. Beugnot, II, p. 75. — Édit.
Kausler, ch. c, p. 122.
(3) Ch. cxI; édit. Beugnot.
(4) Beaum., XXXIV, 23 (édit. Beugn.): « Ce c'on dit « convenance loi
vaint » c'est à entendre de se propre coze, qui n'est pas obligé à autrui
par coustume ; car voirs est par coustume que mes heritages est obli-
glés à mes hoirs, se je ne le vent, ou se je ne le donne, à mon vivant por certaine coze resnable. »

qu'une convention faite par le défunt, et non exécutée avant
sa mort, ne peut être invoquée contre ses héritiers : « Mes
se tu me demandes comment tu en (ten) dras donc une parole que on seult dire selonc nostre usage, que *convenance loi
veint*, et certes ele entent ainsi : Se aucuns fet convenance
de la seue chose propre, et soit la convenance encontre la
coustume dou païs, s'il la jure (1) tenir la doit, et aussi sans
jurer s'il la convenance sur peine ou la peine paier. Mes se
la chose convenancée n'est accomplie à son tems, ses hoirs
n'est mie tenuz de fere le ne de paier la peine (2). » Pierre
De Fontaines enregistre ici la vieille théorie des contrats,
qu'il combat partout ailleurs avec énergie : par une contradiction fréquente dans les coutumiers du treizième siècle,
c'est encore lui qui a recueilli cette maxime probablement
fort ancienne : « Cil n'a mie bele reson de demander qui
demande porce que on li convenança sans autre reson metre
avant (3). »

V

Le système de contrats que nous avons exposé se prêtait-il
à tous les besoins, permettait-il de rendre obligatoires toutes
les conventions? Il était d'une application aisée lorsque le
futur créancier avait une prestation quelconque à effectuer,
en particulier dans tous les contrats synallagmatiques. Mais
s'il s'agissait d'un contrat de bienfaisance ou d'un contrat
unilatéral à titre onéreux, dans lequel aucune prestation
n'était attendue de la part du créancier, que fallait-il faire?
La difficulté se présentait d'abord pour le cautionnement.
La caution s'oblige à payer mais elle n'a jamais rien à recevoir
du créancier vis-à-vis de qui elle s'oblige. Le droit germanique,
écartant l'obstacle, faisait ici l'une des applications de son
contrat formaliste, la *fides facta*, obligatoire par lui-même.
Notre ancien droit, croyons-nous, suivit cette tradition; probablement à l'origine la *plégerie*, ou cautionnement, se contractait par des paroles solennelles, le plus souvent pronon-

(1) Nous parlerons bientôt de l'importance qu'avait le serment.
(2) Conseil, ch. xv, § 6 (édit. Marnier, p. 109).
(3) Conseil, ch. xv § 13 (p. 114).

cées devant la justice. De bonne heure cependant, on abandonna ce formalisme et le simple consentement dut suffire ici pour obliger plus tôt que sur tout autre point (1).

Une difficulté du même genre se présentait pour la promesse de donation. Ici encore le futur débiteur, le seul obligé, n'avait rien à recevoir du créancier; mais cette fois on ne chercha point à lever l'obstacle. Le vieux droit, peu favorable aux donations, appliquait ses principes généraux à la promesse de donner, la déclarant non obligatoire. La donation ne devenait ferme que lorsqu'elle avait été réalisée par la transmission de la saisine. Les assises de Jérusalem dans leurs diverses parties sont formelles en ce sens.

Abrégé des assises de la Haute Cour, § 194 : « Nul don n'est parfait qui est fait en dit sans être parfait. »

Livre de Jean d'Ibelin, ch. 144 (2) : « Que se un seignor done à un home un fié, et li en fait prevelige (3), et dit el prevelige : « Je tel doins à toi et à tes heirs tel ou tel casaus, » et les nome, ou « tant de besanz assenés en tel leu » et les moutisse, et que ciaus casaus ou col leuc où les besanz sont assenés soient en la seignorie dou seignor qui fait le don en son demaine, et Sarrazins ou autre genz tiennent ciaus casaus ou col leuc, si que celui à qui le don a esté fait ou autre pour lui *n'en a la saisine né la teneure de tot ou de partie*, ou tot seit-il en la main dou seignor et celui à qui il en a le don fait et l'en a saisi d'une verge et son homage reçeu, n'en a aucune teneure ne aucun usage ne autre por lui en son nom, et se le fié est en besanz, et que un termes ou plus soient passés de l'assénement que il ou autre por lui en son nom n'en aient paie reçue et le seigneur qui l'aura ainsi fait muert, ou il est par aucune chose que il meface deserité en sa vie de son fié, *ou lui ou ses heirs ne veulent le don tenir*, le don qu'il en aura *fait en dit ne sera valable ni estable*, ne celui à qui le seignor en quel ciaus casaus seront où le leuc en qui ledit assénement des besanz aura esté asséné, si come

(1) Nous ne faisons qu'indiquer ces idées en passant; nous comptons consacrer à la plégerie une étude spéciale.
(2) Édit. Beugnot, I, p. 218-219.
(3) Prevelige, ou privilège, c'est dans la langue des assises la charté de concession.

est avant dit, viendra par eschéete ou par esgart ou par con-
noissance de Cour, ne tendra cel don, ce il ne viaut, encor
seit il heir dou seignor, *parce que ce n'aura été que proumèce :*
car le don n'aura été que en dit et non en fait; que le don
n'est pas parfait qui n'est en fait que en dit sans fait (1). »

Cour des Bourgeois, chap. 214 : « C'il avient que aucuns
hom ou aucune feme fet don à autre, vaut bien celuy don se
la saisine de la chose vient après le don, et ce que il done si
est sien propre et chose que on puisse donner...., et por ce
celuy ou cele qui veut faire don le peut et deit faire de ce qui
cien soit, si que il en puisse dreit saisir celuy à qui il fait le
don, *car don ne vaut sans saisine de la chose* (2). »

L'Anglo-Normand Britton n'est pas moins précis :

Livre II, ch. 2, *de purchaz* : « ne suffît nul doun sauntz le
bayl de la seysine (3). » — Chap. 8 *de Chartres* : « Et pur ceo
qe, tut soit chartre fete et tesmoignes appelez et enselé en
lour présence, ne vaut encore rien si le bayl de la seysine ne
soit fet par le donour al purchaceour (4). » — Chap. 9, de
Seisines : « Et cum acun bail de seysine deit estre fet conven-
dra al donour remuer totes ses choses moebles qe il ad en le
tenement, et femme et enfauntz et sa meynie tote, si qe il
ne eit rien qe le soen soit, qe il ne eit remué ou vendu ou
lessé à ferme, issi qe nule presumpcioun puse estre que le
donour voille rien retener ; car taunt cum il a volunté de retener ne crest jamais fraunc tenement al purchaceor (5). »

Cette règle si énergique et si protectrice pour les héritiers
n'avait à l'origine rien de spécial à la donation ; les conséquences eussent été les mêmes si, au lieu d'une donation, le
défunt avait fait un contrat à titre onéreux, non encore exécuté par aucune des parties ; cela ressort très nettement du
commentaire de Pier de Fontaines sur la maxime : « Con-

(1) Ce texte est très important, soit à cause des maximes si précises qu'il
émet à plusieurs reprises, soit surtout à cause de l'application qu'il en fait ;
il montre bien qu'on exigeait pour la donation un dépouillement absolu.
Pour une donation d'immeuble l'investiture et la tradition symbolique (par
a verge) ne suffisaient point : pour une donation de deniers une promesse
même avec *assignat* ne créait aucun droit ferme.

(2) Édit. Beugnot, t. II, p. 145-6. Cf. édit. Kausler, CCXI (p. 234-235).

(3) Édit. Morgan Nichols, I, p. 220 ; cf. liv. II, ch. III de *douns*.

(4) P. 250.

(5) P. 259.

venance loi vaine », que nous avons cité plus haut (1). Plus
tard, lorsque la théorie des contrats se fut modifiée, quelque
chose de l'ancien état de droit persista dans les donations ;
ce fut la règle : « donner et retenir ne vaut. » D'autres maximes que Loysel enregistre à la suite de celle-là dans son
titre des « donaisons », reflètent plus fidèlement encore la
conception primitive ; « Promettre et tenir sont deux. — Il
vaut mieux un tiens que deux tu l'auras (2). » Mais déjà au
temps de Loysel ce n'étaient plus que des proverbes populaires, ayant perdu leur signification juridique (3).

§ 3

Transformation de la théorie des contrats.

I

Cette théorie étroite faisait rétrograder l'idée du contrat
en arrière du point jusqu'auquel les Romains l'avaient con-
duite. Elle suffisait aux besoins d'une époque où le commerce et le crédit tenaient peu de place ; mais elle devait

(1) Voir p. $^{3.0}$
(2) *Inst. cout.*, liv. IV, tit. iv, règles 6 et 7.
(3) Il faut, pour être complet, dire un mot des conventions matrimoniales.
Elles tiennent une large place dans les auteurs du treizième siècle (voy.
Beaumanoir, XXXIV, 49, 62, 63 ; P. de Fontaines, XV, 8, 9, 16, 18, 20). Les
convenances de mariage étaient pleinement obligatoires et leur immuta-
bilité était reconnue (P. de Fontaines, XV, 9) ; elles ne portaient guère que
sur le douaire de la femme et sur le *mariage* constitué par elle ou en son
nom, la communauté de biens ou la participation de la femme aux acquêts
résultant forcément de la communauté de vie. Ces contrats ne faisaient
point exception aux principes que nous venons d'exposer : ils étaient accom-
pagnés d'un *élément réel* qui leur assurait la force obligatoire, c'était la
célébration et la consommation du mariage. Cette idée ressort bien d'une
expression employée par le Livre de Justice et de Plet, IX, 1, § 4 (p. 173-4) :
« A totes les foiz que mariage est fez et héritages *est joinz au mariage.* »
D'ailleurs il y avait ici un accord très solennel. Le douaire préfix et le mariage étaient constitués à *la porte du moustier* (*Établissements de Saint
Louis*, II, 11) ; ils avaient été devisés entre les « amis » du mari et ceux de
la femme (Beaum., XIII, 12). Enfin la preuve, qui, nous le verrons bientôt,
est une grave question à cette époque, était ici toute prête et facile. Il
suffisait d'appeler ces *amis* qui avaient présidé à l'accord : « Quant descors
muet des convenances de mariages.... en tel cas li juge doit penre le recort
de cix qui furent as convenances. » Beaum. XXXIX, 7.

disparaître avec l'état économique qu'elle nous révèle ; elle
devait se modifier à mesure que la pratique du droit passait
aux mains des juristes érudits et subtils. Elle était contraire
à la bonne foi et gênait les transactions ; il était temps de
faire dominer ailleurs que dans la procédure cette maxime :
« un homme d'honneur n'a qu'esa parole (1). » Aussi au treizième siècle voyons-nous s'établir comme règle générale le
principe que le consentement suffit pour obliger. D'où venait la théorie nouvelle ? Elle fut produite, comme nous
allons le montrer, par une interprétation fausse mais féconde du droit romain ; elle avait d'ailleurs été préparée par
le droit canonique. Nous trouvons en effet des textes qui la
proclament dans le *Corpus juris canonici*. En voici des
exemples : c. 1, X, 1, 35. « Antigonuts episcopus dixit : au
inita pacta suam obtineant firmitatem, aut conventus (si se
non cohibuerit) Ecclesiæ sentiat disciplinam. Dixerunt uni-
versi : pax servetur, pacta custodiantur (2). » — c. 3, X, 1, 35 :
« studiose agendum est ut quæ promittuntur opere com-
pleantur (3). »

Sans doute ces décisions ne s'appliquaient pas à l'origine
à des questions de droit civil, mais elles révèlent l'esprit de
l'Église en ces matières (4). Qu'elle ait professé cette doctrine
un peu plus tôt ou un peu plus tard, il est certain que de
bonne heure elle avait trouvé un moyen de rendre les conventions obligatoires sans qu'aucune prestation eût été accomplie : il suffisait de promettre sous serment. L'Église

(1) Sur le sens de ce dicton, voir : *Bruner Wort und Form*, p. 672.
(2) Ex concilio Africano, ann. 348.
(3) Gregorius, ann. 600. — Voy. Walter, *Manuel de droit ecclésiastique*,
traduction de Roquemont, § 344, p. 457, n. 5. — Walter cite les textes
que nous avons donnés, et il ajoute : « Tel n'était pas primitivement le sens
de ces textes ; mais c'est celui qu'ils ont reçu dans la compilation de Grégoire IX, et qu'ils ont aussi reçu dans la pratique. »
(4) C'est peut-être à cause de cet esprit qu'on avait admis qu'en matière de contrats les laïques pourraient porter leurs causes devant les
cours d'église (Beaumanoir, XI, 32) : « En tel cas de convenances et d'obligations, se les parties s'asanllent à pledier de lor bone volenté en le cort
de sainte Église, et il se metent en plet, tant qu'il soit entamés, le court de
sainte Église a le connissance du pledoié et le pot mener dusqua'à sentence
diffinitive. Et quant l'une des parties est condannée, ele en pot contraindre
le condamné à paier le jugié par force d'escommeniement, et en autre manière
non, car le laie justice selonc nostre costume n'est pas tenue à fere paier
ce qui est jugié en le cort de sainte Église en tel cas. »

avait admis, après quelque hésitation, la validité du serment; elle en faisait respecter la sainteté, poursuivant comme un péché toute violation d'un serment promissoire. « Num quid non poterimus de juramenti religione cognoscere, quod ad judicium Ecclesiæ non est dubium pertinere; » dit une décrétale (1). De nombreux textes du *Corpus juris canonici* établissent cette jurisprudence (2). Les canonistes poussaient très loin cette théorie. Alors même qu'il s'agissait d'une obligation déclarée nulle par le droit civil, le tribunal ecclésiastique la faisait respecter, si elle avait été contractée sous la foi du serment (3). Elle ne s'arrêtait que lorsqu'on avait juré de respecter une convention prohibée par l'Église, telle que la stipulation d'intérêts. Encore ici le droit canon ne prononce la nullité qu'avec des scrupules extrêmes (4). On commencera par faire payer les intérêts promis, puis le débiteur pourra les répéter : « Si vero de ipsarum solutione juraverint cogendi sunt domino reddere juramentum; et cum usuræ solutæ fuerint, creditores ad eas restituendas sunt Ecclesiastica severitate, si necesse fuerit, compellendi. »

Les cours laïques reconnaissaient aussi dans une certaine mesure la force du serment promissoire, mais bien entendu elles ne pouvaient admettre qu'il y eût là un moyen de tourner les prohibitions des Coutumes : « S'aucuns jura ou fiancha qu'il tenroit le convenance qu'il fist par force ou par peur et que jamais n'iroit encontre, teles sortes de seremens n'est pas à tenir, car aussi bien pot on dire que le fiance ou le seremens fu fes par force ou par peur, comme le convenenche. Neporquant, en convenance jurée ou fiancié à tenir, on doit moult regarder quele la force ou le peurs fu, car sans grant force ou sans grant peur prouvée, ne seroit le convenance nule » (5). — « Se celui qui est sous-

<hr/>

(1) C. 13, X, *De judiciis*, 2, 1.
(2) Voy. par ex. C. 13, *in Sexto*, 2, 2.
(3) C. 28, X, 2, 24, (Il s'agit d'une aliénation de biens dotaux); C. 2, *in Sexto* 1, 18, (Il s'agit d'une jeune fille qui en se mariant renonce à succession future et jure de respecter ce pacte improuvé par le droit romain).
(4) C. 6, X, 2, 24.
(5) Beaumanoir, XXXIV, 28 ; cf. 39 : « Li aucun convenencent par foi ou par serement. »

aagé vent aucune chose et jure à le vente garantir ou baille
pléges, et après, quant il est en aage, il veut débatre le
vente ou le marcié qu'il fist, pource-qu'il estoit sous-aagiés :
nous ne noz accordons pas que li marciés soit nus, s'il estoit de douze ans ou de plus, quant il fit le serement, car de
tel aage pot on bien jurer » (1). — « Se aucuns fet convenance de la seue chose propre, et soit la convenance encontre la coutume du païs, s'il la jure tenir la doit » (2). — Se
l'époux de la veuve a engagé le mariage ou la dot de son
épouse de son vivant, même en forjurant elle ne sera pas tenue d'obéir à l'ordre de son mari » (3).

Nos juristes du moyen âge en donnant au serment cette valeur légale n'avaient peut-être point cédé à la seule influence
du droit canonique. Remarquons que Beaumanoir dans
les passages plus haut cités à plusieurs reprises met la *fiance*
à côté du serment : « si aucun, dit-il, convenencent par foi
ou par serment. » Ce n'est point là une indication isolée.
Nous trouvons les mêmes expressions dans un coutumier
de Lille du treizième siècle, le *Livre Roisin* : il suppose qu'un
débiteur paie et réclame le titre de la créance au créancier ;
ce dernier prétend qu'il l'a perdu. « Et s'il dist qu'il l'a perdue, il doit *fiancher* et jurer sur sains, pardevant echevins,
qu'il l'a perdue » (4). Les coutumes notoires du Chatelet de
Paris s'expriment encore de la même façon : « selon raison
us et coustumes notoires aucun ne doit estre ouy ne receu à
venir contre *foy* ou *serment*, *maxime* quand partie adverse le
contredit et ne s'y consent, sans qu'il ait obtenu sur ce dis-

_____

(1) Beaumanoir XVI, 8 ; cf. *Livre de Jostice et de, Plet*, XX, 14, § 8. La
résistance des juges laïques à admettre la force du serment dans certains
cas irritait l'Église, c. 2, *in Sexto*, 2, 11 (il s'agit des aliénations de biens
dotaux que les femmes garantissaient par serment) : « Judices seculares
contra præfatas allegationes audiunt, quamvis eis constet legitime de hujus modi juramento. Nos animarum periculis obviare volentes, eosdem
judices ad servandum hoc jus canonicum per locorum ordinarios censura
ecclesiastica decernimus compellandos. »

(2) De Fontaines, Conseil, XV, 6.

(3) *Établissements et coutumes de Normandie au treizième siècle;* édit.
Marnier, p. 6 ; — comp. *Ancien coutumier de Picardie; coutume de Ponthieu et Vimeu* : « Tout venderes doit warandir, spécialement quant il si
est obligiés par chirographe ou serment. »

(4) Roisin, *Franchises, lois et coutumes de la ville de Lille*, édit. Brun-
Lavainne, p. 47.

pensation de son prélat *per 20 testes præbata*» (1). N'y a-t-il pas dans cette façon de s'engager en *donnant sa foi* une institution propre à nos vieilles coutumes ? Ce mode de contracter ne s'était-il pas même caractérisé surtout dans les fiançailles, qui avaient jadis une importance et une force obligatoire qu'elles perdirent plus tard? Voici à cet égard un passage intéressant des Assises de Jérusalem : « S'il avient que aucuns hom veille prendre femme, la raison comande que l'Église ne les deit espouser, s'il ne sont premier *afiés* ente le manière : ce est que celuy qui veut prendre feme, si deit jurer sur sains que il n'a feme vive, ne autre feme *jurée* ne *afiée* ne plévie, ne fait nul vou, par qui il ne puisse bien et leaument prendre ceste feme, que il veut ores prendre, et après ce sairement, puis qu'il l'aura fait, deivent aussi deus hommes jurer por luy en tele manière come est dit dessus. Et ainsi est tenue la feme de faire, et deus femes o luy, come est dit dessus, ensi doit estre et dét valoir l'*afier* » (2). Ce sont là des faits dont nous pourrons peut-être plus tard tirer parti.

Mais si par là on assurait le respect de la foi jurée, on se rapprochait du contrat formaliste, on ne proclamait point l'idée que le consentement à lui seul crée l'obligation. Cette idée nos juristes, avons-nous dit, la puisèrent dans les textes romains pour la faire passer dans le droit coutumier. Le droit romain donna donc ce qu'il n'avait pas, car il n'avait jamais été jusque là ; seulement il contenait cette règle, qu'il faut respecter les pactes. Cela comportait, d'après l'édit, bien des distinctions ; mais ces restrictions tenaient en partie au jeu subtil de la procédure romaine. Nos vieux juristes les laissèrent de côté ; ils ne prirent que la règle, dont ils modifièrent et élargirent le sens. Ce procédé nous est clairement indiqué dans leurs écrits. « Bien doit on garder ce qu'en convenance, car la loi escrite dit ; qu'il n'est nule riens tant

_____

(1) Coutumes tenues toutes notoires et jugées au Chatelet de Paris ; n° 13 (Brodeau, *Coutume de Paris*, I, p. 529.) — Sur l'usage persistant du serment, alors qu'il avait perdu son importance, voy. Pothier, *Traité des obligations*, n°ˢ 103, et ssq. (édit. Bugnet, t. II, p. 52, et ssq.).

(2) *Cour des Bourgeois*, ch. 162, édit. Beugnot, II, p. 112 ; voy. Warnkönig et Stein, *Französische Rechtsgeschichte*, II, p. 235 ; — Sohm : *Eheschliessung*, p. 47, 48 ; — édit. Kausler, c. CCIX, p. 179-180.

soit convenable à humaine foi, fors de garder ce où en convenance (1). » Ces paroles de Pierre de Fontaines sont la
traduction même du *principium* de la loi première au Digeste,
de Pactis : « Quid enim tam congruum fidei humanæ quam
ea quæ inter eos placuerunt servare? » De Fontaines continue : « La justice, redit la lois, fera garder si comme elle
porra selon droit le convenant que l'on porra mostrer qui
a esté fet par bonne foi, ja soit que nus escriz en soit fez, se
la vérité de la chose peut estre prouvée par autres proves (2). »
C'est encore la traduction littérale, mais prise dans un sens
nouveau d'une constitution de Dioclétien et Maximien (3).
Dans le livre de Jostice et de Plet l'adaptation n'est pas moins
visible : « La droicture de cest ban est naturel ; et que chose
est plus accordable au monde (qu') est garder ce qu'est en-
convenance entre les genz? — Convenanz est dit de convenances et non de pez et est convenance d'un ou de plusors
plesir et consentement en une chose. Parole de convenance
est général et appartient à totes les choses dont l'en a afere,
si come de colx qui consentent en un marchié et en une pez.
Ausint comme l'en dit que cil s'assemblent en un leu qui de
divers leu s'assemblent, ausit cil s'accordent de divers cora-
ges en une sentence (4). » Dans le même but Beaumanoir dé-
tourne de son sens propre une vieille maxime coutumière,
dont cependant, nous l'avons vu, il n'ignorait point la portée
véritable : « Toutes convenances font à tenir, et por ce dit-
on « Convenance loi vaint » exceptées les convenances qui
sont fetes par malveses causes (5). »

La genèse de la théorie nouvelle n'est donc pas obscure ;
les coutumiers s'appliquent surtout à en bien établir la
portée. « Sans parler puet on bien fere convenance, si come
s'uns chevaliers empromptoit deniers sor ses lettres pendanz,

(1) P. de Fontaines, Conseil, ch. XV, § 1.
(2) Conseil, ch. xv, § 17.
(3) L. 17 *de pactis*, C. 2. 3 : «Pactum, quod bona fide interpositum doce-
bitur, etsi scriptura non existente, tamen si aliis probationibus rei gestæ
veritas comprobari potest, præses provinciæ secundum jus custodiri effi-
ciet. »
(4) Liv. J. et P. II, 10 §§ 1, 2 ; c'est encore la traduction du *principium*
et des trois premiers paragraphes de la loi 1 au Digeste *de Pactis*.
(5) Beaumanoir, XXXIV, 2.

et après rendist li borjois au chevalier ses lettres, bien semble porce que li borjois li quit sa dette, et qu'il li ait en convenant que jamais ne li demandera. » (1) — « Autretant vaut la convenance qui est fete par nuit com par jor, car nul tens ne refuse le consentement de celui qui a saine pensée et son âge accompli » (2). Voici quelque chose de plus précis : « Uns fit marchié à un autre par paroles accordées ; li acheterres demande son marchié, li autres dit que, pour ce qu'il a *paumée*, est marchié par cotume ; et il n'i ot point de paumée : que por ce veaut-il que li marchiez fust nus. L'en commande que li marchiez soit, que convenances accordées par bones mors font le marchié, non pas la *paumée*, et li cuers doit sivre la parole ; et otroie l'en bien que qui voudra fere la paumée, qu'il la face, car paumée est senneliance que l'en revest l'achateor par bone foi de marchié. » (3). On prend ici sur le vif lutte des deux principes et la victoire du plus récent. D'autres décisions ne sont pas moins significatives. « S'il avient que héritages soit vendus, et la vente créantée à tenir, et li venderes s'en repent, si que il veut que li marciés soit nus, il ne pot fere le marcié nul, se ce n'est par le volenté de l'aceteur ; ançois le pot li aceteres fere contraindre qu'il se dessaisisse conme de vente, par le segneur de qui li héritages muet, tout soit que li venderes soit couquans et levauz soz autre segneur » (4).

(1) De Fontaines, ch. XV, § 22.
(2) De Fontaines, XV, § 24.
(3) Livre de J. et P, 1, 2, § 7. Les *assises de la Cour des bourgeois*, dans le chapitre dont nous avons extrait une décision si précise quant à la promesse de prêt, montrent aussi une certaine indécision ; voici le début du chapitre : « C'il avient que aucun home proumet à autre qu'il li fera aucune chose, et il en resoit aucune chose por ce faire : la raison juge et comande que celuy est puis tenus de faire ce qu'il li a proumis, si com est se il li dona X besans ou plus ou moins, por ce qu'il li feret une maison ou une sisterne ou aucune autre euvre, encore soit qu'il n'en eust rien receu pour ce faire, si comande la raison que celui-ci est tenus dou faire puisqu'il l'a proumis devant bones gens. Mais c'il ne li a rien proumis de doner por fere à les euvres si com est : « Je t'en donerai itant por ce faire, » si dit la raison que l'uns n'est par paroles riens tenus à l'autre » (Edit. Kausler, ch. ccxiii).
(4) Beaumanoir XXXVII, 8. Il ne faut point s'arrêter à une autre décision de Beaumanoir qui semblerait exiger pour le contrat au moins des paroles ; XXXVI, 56. « On ne pot sivir de convenence muet, ne sourt qui n'ot goute, ne forsené, ne fol naturel, ne sous angié, ne feme qui a son

Cependant tous les coutumiers n'ont pas cette façon large d'interpréter le droit romain, que nous avons signalée. Quelques-uns au contraire accommodent au système ancien du droit coutumier la distinction des *pacta nuda* et des *pacta vestita*. Voici notamment un passage du *Livre des droiz et commancemens d'office de justice* (1) : « Et premièrement dit en la matière *de pactis* que convenant nulz (: *actum nudum*) ne fait pas à tenir ; et à ce qu'il soit vestu convient certaines choses, obligacion ou tradicion du pris de la chose. Et convenant n'est pas action, mais, seulement exception... Si marchié ou convenances estoient faiz entre parties, la chose entière et en tout niant se puet laquelle partie qui vodra retraire ou dire qu'il ne veut pas tenir le marché ou la convenance ; si depuis l'autre l'enchançoit si auroit celui bonne excepcion, par quoy il eust testé si comme dessus est dit. » (2) Chose plus curieuse, Britton en Angleterre reproduit purement et simplement la théorie romaine, il ne fait guère que traduire les Instilutes : « Obligacioun par contract nest ele en plusours manères par l'unité de assent des parties, qe acune foiz est nue et sauntz garnément, et acune foiz vestue. Mes de obligacioun nue n'encrest nulli plee, si noun par commun assent ; et pur ceo iert mester en chescune obligacioun qe ele soit vestue. Obligacioun doit estre vestue de V manères de garnisementz, de chose, de parole, de escrit, de unité de bone volonnté, de bayl et de joynture » (3).

segneur, car il mus (muet) ne pot fere convenance, porce qu'il ne pot parler ; ne li sours por ce qu'il ne pot oïr le convenence ; mes ce entendons noz de sours qui n'oent nule goute. » Ce que le jurisconsulte exige en réalité c'est seulement un consentement nettement exprimé.

(1) Selon M. Beautemps-Beaupré, qui a édité ce coutumier, on peut faire remonter à la seconde moitié du quatorzième siècle la jurisprudence qu'il nous révèle. Voy. préface, p. 5.

(2) §§ 131, 132 ; édit. Beautemps-Beaupré I, p. 373.

(3) Britton, *The french text carefully revised by Morgan Nichols*, Oxford, 1865, Livre 1, ch. 29, n° 2. — Avec quelques additions il est facile de reconnaître la théorie romaine des contrats se formant *re*, *verbis*, *litteris* et *consensu* ; mais dans cette adaptation le sens vrai a été perdu. Ai... voici comment Britton parle des *verba* : « Le autres garniment est ... paroles courrantes entre le creanceour et le detteur, par lesqueles il d... eignent de un assent par offres et par demandes.» *Loc. cit.,* n°4. Voici comment il s'exprime quant au *consensus* : « Le autre garnement est unité de volunté et consentement ; et ceo est dit pur ceux qui ne sevent ne ne poent consenter sicum les surdz et les arragez et les pur sotz », *ibid.,* n°6 ; par

Mais ce n'étaient là que de vaines tentatives; le grand courant était formé; l'interprétation fausse mais féconde devait l'emporter. Le principe nouveau, en s'établissant, n'abolit cependant point du même coup les vieux usages. Ils subsistent, survivant à leur nécessité. Nous avons trouvé dans le Livre de Jostice et de Plet plusieurs décisions sur la paumée, peut-être contradictoires entre elles. Beaumanoir, examinant les divers modes de contracter, met exactement sur la même ligne le simple accord des parties, la dation du denier à Dieu et la paumée. « Nos entendons, dit-il, que marciés est fes si tost comme il est créantés à tenir par l'accord des parties, entre gens qui poent fere marciés, ou si tost que denier à Dieu en est dónés, ou si tost comme eres en sont donées, car cascune de ces trois cozes vaut confermement de marcé » (1). Ailleurs parlant de la vente, il emploie encore l'expression *acheter à une paumée :* « li marciés fu fes entre le vendeur et l'acceteur por un sol nombre d'argent et à une sole paumée. » (2) Et ces traditions subsistèrent bien longtemps. Nous avons trouvé le *denier à Dieu* dans les Décisions de Jean Desmares, à propos d'une vente forcée et par autorité de justice (3). Enfin telle est la puissance des anciennes habitudes que nous trouvons encore parmi nous des vestiges de ces pratiques. A Paris celui qui loue un appartement donne le denier à Dieu au concierge (4). Et, lorsque dans les foires on voit nos paysans

---

escrit il entend les *lettres* du droit coutumier; quant au bayl il s'agit de l'exécution des promesses de donation : « le autre garnement est bayl, ceo est induccioun de la chose en la saisine par la volunté le créanceour, sicum dit sera de teles induccioúns en purchaz après douns ». *Ibid.*, n° 7.

(1) Beaumanoir, XXXIV, 60.

(2) Beaumanoir, XLIV, 38 40.

(3) C'est encore Jean Demares qui, parlant d'une vente conclue mais non exécutée, emploie l'expression « vente commencée ». Décision 200 : « Item en cas que rachat a lieu, le quint denier n'a pas lieu, si ce n'est quant aucun vent aucune chouse tenue en fief, et iceluy venditeur meurt avant que l'acheteur en soit en foi et hommage : car les héritiers du vendeur sont tenus du rachat, en tant qu'il entrent en foy et en hommage dudit fief vendu, et du quint denier à cause de la *vente commencée* par leur prédécesseur, laquelle ils sont tenus de parfere. »

(4) Dalloz, *Répert.*, v° *Louage*, n° 86 : « Les arrhes proprement dites ne doivent pas être confondues avec le denier à Dieu. Il est d'usage à Paris en cas de bail verbal d'un appartement ou d'une maison, que le locataire donne non pas au propriétaire mais au portier de cette maison une légère

discuter et hésiter longtemps avant de se frapper dans la main en signe de marché conclu, on peut être certain qu'ils n'ont pas perdu tout souvenir de la paumée.

Mais dès le treizième siècle, peut-être avant, dans bien des coutumes ce n'étaient plus là que des « renforcements de contrat » ; on peut faire la paumée ; mais on n'y est pas obligé, comme dit le Livre de Jostice et de Plet. Ce changement dans la théorie des contrats dut nécessairement amener une modification correspondante dans les principes qui régissaient la donation. Toute promesse devenant obligatoire par elle-même, la promesse de donner liait le promettant. C'est bien ce qui se produisit ; Beaumanoir le constate, mais il fait cependant passer une semblable dette après celles qui résultaient de contrats commutatifs : « S'il avient que en un meisme tans Guillames et Pierres font demande contre Jehan, li uns, de se dete qu'il li doit de terme passé, et li autres de promesse ou de convenance qu'il le fist de doner ; et li dete est bien conneue et provée, et le promesse de doner aussi, et Jehans n'a pas tant vaillant qu'il puist paier la dette et le don : le dette doit estre premiers paiée, et tout entierement ; et après s'il y a remanant, le convenance du don qui fu fete par bone cause doit estre tenue selonc ce qu'il demeure après le dete paiée. Et il est bien resous que detes soient avant paiées que promesses (1). » C'était à certains

gratification. Cette gratification s'appelle le denier à Dieu. Le denier à Dieu est donc le signe que l'engagement réciproque a été contracté. Et toutefois l'usage autorise les parties à se désister dans les vingt-quatre heures qui suivent... passé ce délai le bail est définitif et irrévocable de part et d'autre. Ainsi si l'une des parties avoue que le denier à Dieu a été donné elle avoue implicitement par cela même l'existence du bail. Le denier à Dieu ne vient jamais en à-compte sur le prix de la location ; il reste au portier comme une sorte de gratification pour la peine qu'il a prise en montrant l'appartement.

(2) Beaumanoir LXX, 9. Il y a comme un écho de la même idée dans un passage de la très ancienne Coutume de Bretagne, II, art. 319 (Bourdot de Richebourg) : « Des obligations qui sont fetes de pure volonté. — Quand aucun est obligé à autre de aucunes choses dont le prix ne l'estimation ne soient devisées, si les choses sont (vel ne sont) dont l'obligation soit fuite de pure volonté, ou si c'est par raison de service fait ou d'autre bonté, celui qui serait obligé par raison de pure volonté sans autre chose pourroit faire l'accomplissement au moindre prix que faire se pourroit, pour ce qu'il fasse le devis et l'accomplissement en son vivant, et s'il ne faisoit le devis ou l'accomplissement en son vivant, ou que l'obligation fust par service ou

égards n'attribuer à la promesse de donner que les effets
d'un legs, mais c'était un adoucissement sensible de droit
primitif ; la portée de la règle *donner et retenir ne vaut* devait
s'affaiblir encore avant d'arriver jusqu'à nous.

II

L'évolution que nous venons d'étudier n'eut d'importance,
il faut le dire maintenant, que pour les contrats verbaux. A
l'époque franque nous avons vu que le contrat formé par
écrit était obligatoire par cela même ; dans notre vieux droit
coutumier les obligations contractées par « lettres » étaient
aussi régies par des règles particulières, qui se maintinrent
longtemps. Les *lettres* contenant une promesse n'étaient pas
seulement un moyen de preuve, un *instrumentum*, elles constituaient un mode spécial de s'obliger. « Bone cozes est, dit
Beaumanoir, après que nos avons parlé... de plusors manières de convenances et des marciés et de porter garant,
que noz en cest capitre parlons d'autres manieres de convenences, si comme de celes esqueles on s'oblige par lettres (1). » Cette expression *s'obliger par lettres* revient à chaque instant (2) ; elle désignait une curieuse institution. Ce
qui obligeait, ce n'était point l'écriture ni la signature du
promettant, mais bien l'apposition d'un *sceau*. Tout le monde
n'avait pas un sceau possédant cette force obligatoire ; c'était
là un privilège des gentilshommes. « Manières de lettres sont :
la première entre gentixhomes de lor seaus ; car il poent fere
obligation contr'eus par le tesmognage de los seaus (3). » Les
simples roturiers au contraire ne pouvaient s'obliger par lettres
qu'en faisant constater leurs conventions par une personne
ayant un scel public : « homes de poeste poent fere recon-
nissances de lor convenences par devant lor segneurs dessoz
qui il sunt couquant et levant, ou par devant le sovrain (4). »

autre bonté, l'en devroit regarder à qui l'obligation seroit faite et l'état de
l'une et de l'autre et estimer par le regard de la justice ô le conseil des
proudes gens. »
(1) Beaumanoir, XXXV, 1.
(2) Voy. Beaumanoir, XXXV, 13, 15.
(3) Beaumanoir, XXXV, 10.
(4) Beaumanoir, XXXV, 18.

On allait généralement devant le bailli et on prenait des lettres de baillie (1). On pouvait aussi aller devant la Cour d'Eglise, mais il fallait alors pour faire preuve que la lettre fût renforcée par la déposition d'un témoin (2) L'obligation ainsi contractée existait pleine et entière sans qu'aucune prestation eût été accomplie, sans qu'aucun symbole fût intervenu. Sur un point cependant on avait hésité jadis à admettre cette efficacité c'était lorsqu'il s'agissait d'une donation. Alors, bien que la promesse de donner fût faite par lettres, si la saisine effective n'avait pas eu lieu, aucun lien n'enchaînait le donateur. Un passage des assises de Jérusalem, qui nous a servi à établir le sens primitif de la maxime *donner et retenir ne vaut*, constate que la donation était contenue dans un « privilège » c'est à dire dans une charte dûment scellée. Britton maintient la théorie, mais avec quelques restrictions : « Et sunt acuns purchaz qe rien ne vaillent se induccioun en la seisine ne sue, si cum des choses corporeles, et acuns que vaylent sans institucioun fere de seysine meyntenaint sour le doun, si cum de choses nent corporeles, si cum sunt franchises et servages de soil : et dount ceste assise tient leu aussi bien devant la seysine come après, si cum de chemiz aver en autrui soil ou commune pur acune annuelle rente. Car le afecionn ou l'unité des voluntez et le bayle des escrits de veisin a autre suffist pour seisine (3). » Un curieux passage de Joinville, dans lequel nous voyons saint Louis exécuter une lettre contenant une promesse de donation, ne nous permet pas de décider si le roi obéissait à un devoir de morale ou se conformait à une véritable obligation (4). Mais bientôt la règle s'adoucit.

---

(1) Beaumanoir, XXXV, 23 : « Le vente ou li escanges ou les detes ou les convenences qui sont fetes entre personnes qui n'ont point de seel ou ils ont seaus, mais il lor plest mix à prendre letre de baillie porce qu'ele est plus sure et plus isnelément mise à exécussion, doivent venir devant le bailli et recorder le marcié et lor convenences, et puis requerre que letres lor en soient baillées selonc le forme c'on doit fere letre de baillie. »

(2) « No pourquant quant le lettre est fete par le Cort de Crestienté, et le ples en vient en Cort laie, ele ne vaut que un sol tesmoing. » Beaumanoir, XXXV, 18.

(3) Livre II, ch. III, de *douns*, n° 13.

(4) « La léaulté dou roi peut l'on veoir ou fait de mon signour Renaut de Trie, qui apporta au saint unes lettres les quiex disoient que le roys avoit

L'importance des obligations par lettres dut diminuer lorsqu'il fut admis que le consentement suffisait à obliger, mais elle resta fort grande; non seulement l'exécution dans ce cas était plus facile et plus énergique, mais surtout la lettre fournissait la preuve directe du contrat. Pour les conventions verbales la règle, que le consentement à lui seul obligeait, reçut un correctif important dans la théorie des preuves. C'est ici que va apparaître une idée, que nous avons indiquée au début de cette étude, à savoir que pendant longtemps on ne distingua pas nettement ces deux questions : Un contrat est-il obligatoire? Un contrat peut-il être prouvé ?

§ 4.
La preuve de contrats.

Au point de vue auquel nous nous plaçons maintenant il est impossible de dégager des textes une théorie une et toujours la même. Rien n'est plus variable suivant les coutumes que l'organisation des preuves. Mais on peut décrire un certain nombre de systèmes, qui sont autant de types principaux.

Nous signalerons avant tout celui qui contient le Livre de Jostice et de Plet. Il justifie pleinement nos affirmations, et il est d'autant plus curieux que le Livre de Jostice reconnaît, nous l'avons vu, la force obligatoire du consentement. Mais pour bien le comprendre il est nécessaire de rappeler quelques principes généraux sur la théorie de la preuve au moyen-âge.

donnée aus hoirs la contesce de Bouloigne, qui morte estoit novellement, la contée de Daumartin en Gonesse. Li scaus de la lettre estoit brisiez, si que il n'avoit de remcenant fors que la moitié des jambes de l'ymaige dou seel le roy, et l'eschamel sur quoi li roys tenoit ses piez. Et il le nous monstra à tous qui estiens de son consoil, et que nous il aidissions à conseillier. Nous deisines trestuit sanz nul descort, que n'estoit de riens tenus à la lettre mettre à exécution. Et lors il dist à Jehan Sarrazin, son chambellain, que il li baillast la lettre que il li avoit commandée. Quant il tint la lettre il nous dist : « Signour, vez ci le seel de quoi je usoie avant que je alasse outre-mer, et voit on cler par ce seel que l'emprcinte dou seel brisié est semblable au seel entier; par quoy je n'oseroie en bone conscience la dite contée retenir.» Et il lors apela mon signour Rebaut de Trie et li dist : je vous rent la contée. » — *Histoire de saint Louis*, édit., Natalis de Wailly, §§ 66, 67, p. 38.

I.

Dans la procédure formaliste (1) des cours féodales, tout demandeur, en formulant sa prétention, devait en même temps offrir d'en faire la preuve : « en toutes demandes quelles eles soient, on doit offrir à prover la reson c'on met avant, s'ele est niée de l'averse partie ; car riens ne vaurroit resons c'on meist en se demande, s'ele estoit niée et on ne le provoit » (2). Cette preuve, en matière civile et pécuniaire, c'était le plus souvent la preuve par témoins, ou *garants*. Le demandeur devait donc offrir la preuve par garants et avoir ses garants tout prêts à ses côtés lorsqu'il formait sa demande ; c'est ce qu'exprime cette phrase qui apparaît souvent dans nos vieux textes : « on ne peut appeler sans garants » (3). Ces témoins étaient du reste des témoins formalistes, qui ne faisaient que répéter une formule de serment, et ne se distinguaient que faiblement des anciens *cojurantes* (4).

A la demande le défendeur devait répondre par une négation adéquate, qui à l'origine suivait chaque mot en le condisant ; il devait aussi offrir de fournir une défense « tel ni et tele deffense, comme il doit » (5). Il pouvait paralyser la preuve formaliste offerte par le demandeur, soit en l'empêchant de se produire, soit en la faisant tomber. Cette riposte, qui anéantissait l'offre de preuve ou la preuve du demandeur, portait divers noms. C'était tantôt la « deresne », tantôt « l'escondit », suivant la terminologie variable des coutumiers. Chacun de ces mots recouvrait des procédés divers

(1) Sur ce formalisme voyez la belle étude, déjà citée, de M. Brunner : *Wort und Form im altfranzösischen Process.* (Sitzungsberichte der Wiener Akademie der Wissenschaften. LVII, Band., p. 955, ssq.)

(2) Beaum, VI, 5.

(3) Voy. *Livre de J. et P.* V, 3 § 2 ; XIX ; 22, § 1.

(4) Cela est si vrai que, parfois, bien que les coutumiers exigent toujours deux témoignages pour former une preuve, il suffit que le demandeur offre son serment et celui d'un *garant.* Pour une interprétation différente de cette particularité, voy. M. Brunner : *Entstehung der Schwurgerichte*, p. 200, ssq.

(5) Voy. Brunner, *Wort und Form*, p. 704, ssq ; et pour la formule que nous citons le *Livre de Joslice et de Plet*, passim.

qui se réunissaient dans cette idée : un acte du défendeur
ayant pour but de faire tomber l'offre de preuve ou la preuve de
l'adversaire. Parfois le défendeur, au lieu d'accepter la preuve
qui lui était offerte, pouvait se disculper par son serment.
C'est ce que le Grand Coutumier de Normandie appelle
simplement la « *deresne* » (1) ; dans l'ancienne coutume de
Rheims cela porte le nom d'*escondit* (2). Dans le *Livre de
Jostice et de Plet* cela se nomme la « simple prove », la « prove
au défendeur » (3). Dans la *Compilatio de usibus Andegaviœ*
on dit qu'il y a alors « deresne par le plain sairement « (4).
Dans ces hypothèses le défendeur avait le choix ou d'accepter la preuve par témoins qu'on offrait contre lui, ou de se
libérer par serment : « Si est li copables loisanz de prendre
la prove au demandeor et do garant, et de quenoistre que
c'est voirs, ou d'escondire par la soe » (5). C'est là une formule qui se retrouve souvent dans le Livre de Jostice et de
Plet, et que nous rencontrerons plus d'une fois (6).

Ce mode de défense, on le conçoit, était réservé par les

(1) Selon le *Grand Coutumier de Normandie* il faut alors des *cojurantes* :
« Deresne est espurgement de ce dont aucun est querellé, qui est faite par
son serment et par le serment de ceux qui lui aydent, » ch. LXXXV.

(2) Varin, *Archives législatives de la ville de Rheims*; — *Coutume*, ancienne rédaction art. 73, 74.

(3) Les exemples en sont nombreux ; voici quelques passages que nous
citons ici seulement pour fixer la terminologie : III. 4, § 14, (pag. 109) :
« L'en demande comment l'en puet home prover de tricherie ? Et l'en respont que, en ques dont la chose est si petite que bataille n'en puet nestre, ce
doit aler par sairement (*et le chois de la prove*) est à cell à qui l'en demande. » — IV, 23, § 2, (p. 148) : « Et ce aucuns se plaint que il li aut
vées ses denrées, et l'ofre à prover par soi et par garant, et li autre face
encontre tel ni et tel défense comme il doit, en tel chose n'est pas bataille,
ainz vet par prove ; et li chois de la prove est à celui à qui l'en demande. »
— VI, 16, § 4 (p. 158) : « Cil à qui l'en demande s'en passera contre le
créancier et contre son garant par sa prove. » — XII, 17, § 3 (p. 244) : « Se
aucuns dit que il a paié ses relevoisons et ses aires dit que non a, et ce est
dedenz l'an, et fin set quenoue ; cil qui dit qu'il a paié ne sera pas quites
par sa prove que de cinq sols et de mens ; et dou sorplus par deus tesmoins
et par li. » — IV, 10, § 1, (p. 130) : « Et ce aucuns met sus défaut de montrée à celui à qui l'en demande, il s'en passera par son serment,... or demande l'en quantes foiz il s'en passera par son serment ? Nos disons en
dens, et s'il i a contens, en la tierce foiz bones gens en seront crouz...
Entech : l'en ne doit avoir que *deus proves* à accuser montrée et la tierce fois
doit aler par enqueste et de monstrée. » — Cf. IX, 12, § 1.

(4) Édit., Beautemps-Beaupré, art. 85, (p. 58).

(5) *Livre de J. et P.* XIX, 21, § 1, (p. 208).

(6) Voy. *livre de J. et P.* VII, 10, § 5, p. 162-3 ; XIX, 10, § 2, (p. 206).

coutumes qui l'admettaient, pour les causes de petite importance, ou pour les cas dans lesquels il n'y avait que de
faibles présomptions en faveur du demandeur, ou même des
indices contre lui. Dans les cas plus graves, le défendeur ne
pouvait pas empêcher le témoignage de se produire, et il ne
pouvait faire tomber la preuve résultant du serment des témoins qu'en *faussant* un de ceux-ci, c'est-à-dire en le pro-
voquant par gages de bataille. Cette provocation porte encore le nom de *der esne* dans la *Compilatio de usibus Andegaviæ*
« Il est usage que en apiau (appel) qui ne passe cinq solz
n'a point gage de bataille; et se l'apiau est de diz ou de plus
la *deresne* y siet, on puit prendre plege dou serment » (3). —
« Il est usage que chose qui ne passe v. s. de domages ou
de querelle que il n'i a point de *deresne* que lour plain sairement » (4). Le *Livre de Jostice et de Plet* dit alors que le
défendeur devra *escondire par gages de bataille* (5). Ce second
système est presque le seul connu dans les assises de Jérusalem, dans Beaumanoir et dans Pierre, De Fontaines qui
n'admettent point le serment purgatoire : la preuve par
témoins forme la règle; elle ne tombe que par le « fausse-
ment »; seulement dans Beaumanoir et De Fontaines, à
côté de cette brutale procédure, paraît la preuve par témoins
du droit moderne, qui se dégage des rudesses féodales.

Mais le *Livre de Jostice et de Plet* connaît les deux modes
de défense et les pratique simultanément, selon les hypothèses. Pour les contrats il fait une application frappante de
cette double méthode, application qui est comme un affai-
blissement de l'idée primitive, d'après laquelle le contrat
n'était obligatoire que quand il avait été exécuté au moins
en partie. Voici quel est ce système.

(1) Art. 32 : Édit. Beautemps-Beaupré, p. 49. Il s'agit là du serment qui
était l'une des formalités essentielles de la procédure par duel judiciaire.
(2) p. 58.
(3) IX, 9, § 2, (p. 176) : « Li copables est loisans de prendre la preve de
li et de ses garanz et de quenoistre que c'est voirs, ou d'escondire par gage
de bataille. » — VII, 14, § 3, (p. 167) : « Sera loissanz de prendre la preve
de celui et de son garant et de quenoistre que c'est voir ou d'escondire par
gage de bataille vers un des garanz. » Cf. VIII, 5, § 5, VI, 2, § 1.

II.

Tout contrat, toute convenance donne une action en justice ; mais si le défendeur nie qu'il existe une convention, alors il faut faire une distinction quant à la preuve.

Si le contrat n'a été exécuté ni d'un côté ni de l'autre, la coutume estime qu'il y a eu probablement un projet de convention, non une convention définitive. On dit alors qu'il n'y a que « sormise » mot qui peut se traduire par « simple présomption » (1). Dans ce cas le demandeur a beau offrir de faire entendre des témoins, le défendeur ne les laissera produire que s'il le veut bien ; s'il le préfère, il pourra repousser la demande en jurant qu'il n'y a pas de contrat ; il « s'en passera par sa preuve ». Si au contraire le demandeur affirme qu'il y a eu déjà une exécution du contrat, qu'il offre « à prover par soi et par garanz qui est prez à fere champ et bataille » (2), le défendeur n'a pas d'autre défense que « d'escondire par gage de bataille. »

Ce principe d'abord est établi dans toute sa généralité par un texte : « Enten que qui met sus convenance qui n'est accomplie en aucune chose, et est nié, il n'i a que la prove à celui à qui l'en demande » (3). Puis çà et là dans le cours

---

(1) Voyez pour cette expression les passages suivants, *Livre J. et P.*, VI, 3, § 2 (p. 154) : « Ce n'est que surmise. » — VI, 12, § 4 (p. 157) : « En tel chose n'a que servise (*sormise*). » — IX, 1, § 5 (p. 174). « Se aucun apelé autre par soi et par garanz de vente ou de change, et ele soit niée en tel chose n'a que *sormise*, se il autres fit encontre tel ni tel defanse comme il doit ; el n'a que prove et li chois est à cell à qui l'en demande. » — XIX, 21, § 1 (p. 208) : « En tel chose qui n'a parit (n'apparaît), ne où n'a chatel, n'a que (*sormise*). » — En anglais le mot « surmise » signifie encore soupçon, et dans Shakespeare nous le trouvons employé avec la même acception juridique que lui donne notre Coutumier. Voy. *The Winter's tale*, act. III, scène II ; il s'agit de la reine Hermione, qui, sur de futiles indices, est accusée d'adultère et de haute trahison par Léontès son mari, et par lui traduite en jugement :

> « For life
> I prize it not a straw ; but for mine honour,
> Which I would free, if I shall be condemned
> *Upon surmises*, all proofs sleeping else,
> But what your jealousies awake, — I tell you,
> 'T is rigour and not law. »

(2) *Livre J. et P.* III, 8, § 4.
(3) *Livre J. et P.* II, 16, § 8 (p. 104).

4

de l'ouvrage, l'application précise en est faite aux divers contrats.

1° *Vente.*

« Uns dit à un changeor que il li avoit vendu tornois, et un autre marcheant qu'il li avoit vendu poivre; et l'offri à prover par soi et par garanz. Et li autre fesoient encontre ni et defense, tel comme il devoient et ne disoient pas qu'il lor eust ballé point d'argent. Et droit dit qu'il n'i a que la prueve au changeor, ou au marcheant contre li et contre ses garanz: car tele chose n'est que sormise » (1).

« Uns hons dit à un autre que il li doit trente toneaus de vin, qu'il li vendi vingt livres, et celi vingt livres il li a paiés; et s'il veaut dire que ce ne soit voirs, il est près del mostrer et de l'avérer par soi et par garanz. Li autres fet encontre tel ni et tel defence com il doit. L'en demande qu'en dit droit? Et l'en respont : Cel qui defant est loisanz de prendre la prove de li et de ses garanz, ou d'escondire par gage de bataille » (2).

« Or parlons d'achat. P. dit que G. li a vendu une soe meson, pur convenances accordées entre aus por vingt livres; il est près de paier et demande l'éritage : car s'il est nié ne mesqueneu que il tel convenance ni li eust, que il l'eritage auroit por vingt livres, il est prez de monstrer et de l'avérer par soi et par garanz. G. nie et offre à fere contre lui et contre son garant tel ni et tel deffense comme il doit. Et nos dison que cil est loisanz de prendre la prueve de lui et de son garant et dire que c'est voirs, ou d'escondire par la soie : car en tel chose n'a point le gage, car il n'y a point de chatel (3) porquoi il ait gage de bataille. Mès il eust dit que il eust les deners paéz, il i eust en gage, porce que li chatex i fust (4). »

« Uns hons dist que uns autre li devoit un cheval por quarante sols ; si viaut avoir le cheval por quarante sols ; et l'ofre à prover par soi et par garanz. Et li autres fet encontre

(1) II, 14, § 8 (p. 98).
(2) II, 14, § 9 (p. 98).
(3) Il n'y a point de chatel, c'est-à-dire, de meuble livré, il n'y a point eu de prestation fournie.
(4) IV, 4, § 1 (p. 126).

tel ni comme doit. Et l'on dit qu'il n'i a que la prove à celi à qui l'en demande (1). »

2° *Commodat.*

« Uns hons dit issint ; Pieres me convenance qu'il me presteroit son cheval à aler jusqu'à Blois ; ne l'ai pas eu, si le vuel avoir. Cil nice : li autres l'ofre à prover par soi et par garanz et li autres fet encontre tel ni como il doit : Droiz dit qu'il ni a que la prove à celi à qui l'en demande (2). »

« Se li emprunterres nia la chose que li a esté prestée, quele ne li fu onques prestée en tele chose a bataille et se la chose est tele que bataille en doie nestre (3) ; car se li presterres dit qu'il est prest de prover par soi et par garanz, qu'il li presta la chose, et die quele, et li autre die encontre qu'il fet tel ni et tel deffense comme il doit ; droiz dit que sera loisanz de prendre la prove de celui et de son garant et de quenoistre que c'est voir, ou d'escondire par gage de bataille vers un des garants (4). »

3° *Louage.*

« Un homme se pleint issit, et dit que un home loua un champ vingt livres jusqu'à cinq ans la dablée ; lesquex vingt livres l'en a paiés ; il ne veault baller le champ. Si requeron que vos li facez tenir les convenances : et s'il veut nier que ce ne soit voirs, nos somes prez de prover par nos et par garanz qui vit les deners baillier, les convenances fere. Li copables fet encontre tel ni et tel deffense comme il doit. L'en demande qu'en dit droiz ? Et l'en respont que li copables est loisanz de prendre la prove de lui et de son garant et de quenoistre que c'est voirs, ou d'escondire par gage de bataille. Mes se li denier ne fussent poiez il n'i eut que proves ; et li chois fust au copables (5). »

(1) II, 16, § 7 (p. 100).
(2) II. 16, § 5 (p. 100).
(3) Il y a ici une allusion à la règle d'après laquelle le duel judiciaire n'était jamais admis lorsque l'intérêt engagé était trop faible, généralement lorsqu'il était inférieur à cinq sous.
(4) VII, 14, § 3 (p. 167).
(5) VIII, 5, § 5 (p. 171-72).

4° *Société.*

« Pierres se ploint de Guillaume, et dist qu'il ero sis compoing jusqu'à un an, et avoit mis dou son vingt livres en totes les marchandises qu'il feroit jusque un an, et il au si à moi : et ce fu fet par convenances de lui et de moi accordées ; et s'il veault dire que ce ne soit voirs, ge suis prez de mostrer et de l'avérer par moi et par garanz qui siet de voir et de savoir. Ces convenances Guillaume nie, et fait encontre tel ni de tele deffanse comme il doit. Et droiz dit que Guillaume est loisanz de prendre la prove de li et de son garant, et de quenoistre que c'est voirs, ou d'escondire par gage de bataille ; car li chétiés (chatel) i est et la convenance ; mes se chetel ni eust, il n'i eust que proves ; et li chois fust Guillaume (1). »

5° *Mandat.*

« Un home dit que Gaubert me manda que je li achetasse un cheval cent sols ; ge li achate ; je requiers les deniers qu'il me les rende et praigne le cheval. Gaubert nie qu'il ne se panssa onques ; cil l'ofre à prover par soi et par garanz, qui vit le commandement fere à celui qui aporta le mandement, et oï le mandement ; et li copables fet encontre tel ni et tel deffanse comme il doit. L'en respont que li copables est loissanz de prendre la prove de celui qui demende et de son garant ou d'escondire par la soc. Mes s'il eust chetel en sa chose qu'il manda et l'en l'eust dit en la demande et offert à prover il y eut en gage (2). »

6° *Convention de partage.*

« Uns hons dit issi que quant partie est feste, que l'en ne puet redemander partie. Et s'il die que ele ne fut onques

(1) VII, 15, § 4 (p. 168).
(2) VII, 10, § 5 (p. 163). Ce texte semble contredire les précédents ; il y a eu exécution du contrat, semble-t-il, dans cette hypothèse ; mais remarquons que l'achat du cheval a été fait par l'une des parties seulement et n'a pas été approuvé par l'autre ; s'il y eût eu remise de quelque objet lors de la convention, les choses eussent changé de face ; il y aurait en « chatel. »

fete, et l'en alongue (allégue?) pas tenue, ce n'est que surmise, et li chois de la prove est à celui à qui l'en demende (1). »

De tous les coutumiers français le *Livre de Joslice et de Plei*, est le seul, à notre connaissance qui, présente ce système ingénieux ; mais ce qui montre bien qu'il n'y a point là une bizrrrerie, une anomalie, mais au contraire une conséquence naturelle des vieux principes, c'est que nous retrouvons la même théorie dans le droit allemand que contient le Miroir de Saxe. Cela ressort de la remarquable étude de M. Stobbe sur les contrats dans le droit germanique (2) ; nous ne pouvons descendre avec lui dans les détails, mais nous devons au moins recueillir les conclusions auxquelles il est arrivé. « Voici, dit-il, le résultat auquel nous arrivons pour le Sachsenspiegel :

« I. Le fait de contracter devant la justice, rend le contrat absolument susceptible d'être prouvé.

« II. Si le contrat n'a pas été conclu en justice, le défendeur peut nier par son serment son obligation ou sa dette ; mais il y a à cette règle deux exceptions :

1° Lorsque le demandeur réclame la restitution d'une chose livrée en vertu d'un contrat réel, le défendeur s'il est en possession, et s'il ne prétend pas faire valoir sur la chose un droit dérivé d'une autre source, ne peut point se libérer par son serment ; le demandeur prouve la remise par des témoins, et par son serment établit son droit à la restitution.

2° Lorsque le demandeur a exécuté la convention et réclame l'accomplissement par l'autre partie, dans la plupart des cas le défendeur ne peut par son serment ni limiter le montant de la dette ni nier absolument celle-ci ; le demandeur, lorsqu'il est reconnu qu'il a fourni sa prestation, prouve sa créance par son serment (3). »

Le système que nous avons relevé dans le *Livre de Joslice et de Plei*, s'appliquait bien entendu non seulement aux contrats à titre onéreux, mais aussi aux donations. La promesse de donner ne pourra point être prouvée par témoins ; c'est le serment du défendeur qui décidera : « tot ausi est-il

(1) VI, 3, § 2, (p. 154).
(2) Stobbe : *Zur Geschichte des deutschen Vertragsrechts*, Leipzig, 1855.
(3) P. 70.

de don, come d'achat sans les deniers avoir payez (1). »
Mais, chose curieuse, la même décision est donnée pour le
prêt d'argent; le prêteur n'aura pas la faculté d'imposer la
preuve par témoins. « L'en puet ausint en tel meisme manière apeler de prest comme d'achat qui est fez sans deniers
paier (2). » Ce qui est dit du *mutuum* est dit plus nettement
encore de la répétition d'une somme indûment payée : « Un
homme dit issint : Cel home me doit dix livres que je li
rendi, que je ne li devoie pas; si les démant, et s'il veust
dire que ce ne soit voirs, je suis prez dou prover et de l'a-
verer et par moi et par garanz qui en fera ce qu'il devra. Li
copables fet encontre tel ni et tele deffense comme il doit.
L'en demende qu'en dit droit ? Et l'en respont que li de-
mandères est loisanz de prendre la prove de celui et de son
garant et de conoistre que c'est voirs ou d'escondire par la
soe. Car en tel chose n'a que sormise, com il n'oist cause dom
il ait bataille, ne chetel; et est apparissant que l'en ne poie
pas volentiers chose qui n'est due (3). » — « Uns demandoit
vingt livres et disoit qu'il les avoit donées por laide cause,
porce que cil à qui il les avoit donées n'oceit un home et
et c'estoit à prover per soi et par garanz, qui avoit seu et
veu la promesse fere et les deniers paier. Li copables fet encontre tel ni et tel deffense comme il doit. L'en demende
qu'en dit droit ? Et l'en dit qu'en tel chose n'a point de gage;
car en tel chose n'a que sormise et li chois de la prove est à
celui qui l'en demande (4). » Cela semble absolument contraire à tout ce qui précède, puisqu'ici le créancier tire son
droit de la prestation qu'il a faite. Ces décisions s'explique-
raient encore pour la *condictio indebiti* ou *sine causa*. La réclamation dans le premier cas surtout a quelque chose d'invraisemblable; d'ailleurs la prestation n'avait pas alors été fournie pour créer la créance en répétition. Mais pour le prêt
quelle raison donner ? Il paraît difficile d'en trouver une,
et pourtant il y en a une, car ici encore nous trouvons une
décision analogue dans le *Sachsenspiegel :* « Lorsque l'ache-

---

(1) *Livre de J. et P.* IV, 4, § 1 (p. 126).
(2) *Livre de J. et P.* IV, 4, § 1 (p. 126).
(3) VI, 13, § 1 (p. 157).
(4) VI, 17, § 1 (p. 156).

teur, dit M. Stobbe, n'a pas encore payé son prix, le vendeur actionné peut nier la vente par serment. Cette règle ne s'applique pas seulement lorsque le demandeur n'a pas fourni sa prestation, mais aussi dans le prêt d'argent (*Darlehen*), où le demandeur a déjà donné une somme. Le demandeur ne peut point prouver si ce n'est par le témoignage de la justice (*Gerichtszeugniss*) qu'il a compté la somme au débiteur; le défendeur avoue la dette ou la nie simplement par serment » (*Sachsenspiegel* II, 10 § 2; I, 70 § 2; I, 6, 5) (1). C'est bien la même anomalie que nous avons signalée. Voici comment M. Stobbe en rend compte pour le droit allemand : « L'explication de ce fait, qu'ici le demandeur n'a pas le droit de faire sa preuve, me paraît être celle-ci. Dans les cas où le demandeur a le droit de faire sa preuve il s'agit d'un *negotium* synallagmatique, et il demande la contre-prestation parce qu'il a déjà exécuté lui-même; ou bien il s'agit d'un droit qu'il prétend avoir quant à un objet déterminé. Son droit de faire la preuve est exclu dans le prêt d'argent parce qu'il est impossible de fournir la preuve que le défendeur se trouve en possession d'une chose sur laquelle le demandeur a un droit; car l'argent est chose fongible. Il est impossible, pour employer le langage des textes de fournir une preuve corporelle (*leibliche Beweisung* (2). » Cette démonstration n'est peut-être pas pleinement satisfaisante; mais il est difficile d'en fournir une qui le soit absolument. Sans doute d'un côté il y a là un sentiment de défaveur pour le prêt d'argent; d'autre part on considère que la remise d'une somme, sans qu'une contre-prestation soit exigée, peut être faite à bien des titres, et ne présente pas pour la preuve par témoins un fondement assez solide.

III.

Le système sur la preuve des contrats, que nous venons d'exposer, ne se trouve chez nous que dans le *Livre de Justice et de Plet* ; mais l'idée qui lui donna naissance a laissé sa trace dans d'autres sources.

(1) Stobbe, *op. cit.*, p. 62.
(2) *Op. cit.*, p. 62-63.

Les Assises de Jérusalem n'accordent point suivant les cas le droit de faire la preuve tantôt au demandeur, tantôt au défendeur. Celui qui réclame l'exécution d'un contrat peut en principe toujours faire entendre des témoins; c'est seulement lors qu'il n'en a pas que le défendeur est mis en demeure de se disculper par son serment. Mais la demande n'est jamais écoutée par la justice, que quand il y a eu dans la convention quelque chose d'*aparissant :* cela veut dire que, pour que l'action soit recevable, il faut qu'il y ait déjà dans le contrat un élément extérieur et saisissable ; il faut qu'il y ait eu exécution ou fait équivalent. Il ne pouvait en être autrement, étant donné les principes sur la formation des contrats que nous avons signalés dans les Assises : les règles sur le fond et celles sur la preuve sont en complète harmonie. C'est du moins ainsi que nous interprétons les textes suivants :

Cour des Bourgeois. ch. 105 « S'il avient que un home ou une feme s'en vient à le cor clamer, et dit : « Sire je me clains à vous de tel home qui m'ot en convent de faire me ma meson, » ou « de fere me ma robe ; » et l'autre dit que « non place à Dieu ! », la raison commande que se celui qui ce clame a deus garans qui facent que garans que celui li ot celui convenant, il est tenus de fere par dreit. C'il n'en a garens que celui li ot celuy convenant, celui de qui l'on s'est clamés s'en deit *escondire par son sairement*, ce est qu'il deit jurer sur sains que ce qu'il demande ne lui conventa onques de faire, et atant en est quites par dreit. *Et se le convenant deit estre si aparissant que clamour s'en puisse fere en cort*, et se non, ne deit estre oys (1). » Ibid. ch. 118 : « Se un home se clame d'un autre home de convent qu'il li a fait, et il en a deus garents que li garentissent ce qu'il li demande, celui est tenus par dreit de rendre li ce qu'il li ot en convent. Et se celui qui a clamé n'en a garens, celui de qui il s'est clamés s'en *deit escondire* de convent par un sairement. *Mais il li deit aveir aucune chose d'aparissement* au sairement avant qu'il ne jure, si come en cest cas : « Se vous me vendistes un vostre cheval et me distes qu'il estoit bon

(1) Édit. Beugnot, II, p. 183. Édit. Kausler, ch. cxii, p. 133-34.

et sain, et me conventates qu'il n'avoit nul mahaing, et je le trouve mahaignés et je dis : « Rendés-me mes besans (1), » et celui respont : « Non place Dès que je vos eusse ce convent. » En cest claim et en tous autres ressemblant à lui deit bien aveir sairement, porce que *bien est chose aparissant :* actore nequeunte probare, conventionem jusjurare cogitur (2) ».

Mais les coutumes du moyen âge connaissent, pour donner pleine force au consentement échangé, un moyen dont nous n'avons pas parlé encore ; car il se rattache directement à la théorie des preuves. Ce moyen c'est l'emploi de la juridiction gracieuse. Lorsqu'on contracte devant la justice, la convention naît munie d'une preuve infaillible, tout armée, pour ainsi dire. Les circonstances au milieu desquelles se produit le consentement sont trop solennelles pour qu'on puisse ne voir là qu'un simple projet. D'autre part la preuve est toute trouvée ; les jugeurs qui garnissaient la cour fourniront leur témoignage, si une contestation se produit. Tous les coutumiers, quel que soit d'ailleurs leur système de preuve, s'accordent en ce point (3). La preuve *par record* d'ailleurs était inattaquable ; on ne pouvait pas *fausser* les jugeurs comme on aurait pu fausser des témoins ordinaires ; et l'appel de faux jugement ici en principe n'était pas admis : « quant home qui ont pooir de jugier font aucun recort de jugement en recort n'a point d'apel (4). » On voit quel rôle important jouait au moyen âge la procédure gracieuse. Les textes le montrent bien.

Livre de Jostice et de Plet II, 17 § 2 : « Gautier se pleint de Robert, et dist que pez (transaction) estoit fete dou contenz d'une meson que Gautier li demandoit. Robert nia la pez ; li autres se demande le recort de cels qui furent à la

---

(1) Le prix a donc été payé dans ce cas qu'on donne comme un de ceux où il y a aparissement.

(2) Edit., Kausler, ch. cxv, p. 135-6.

(3) Voy. Brunner : *Die Entstehung der Schwurgerichte*, p. 189, sq.

(4) Beaumanoir, LXIII, 11 : Cela était vrai même quand les jugeurs faisaient record d'un véritable jugement rendu en matière contentieuse ; Beaum. XXXIX, 6 : « Nus ne pot recorder querel qui a esté plédé en cort, fors cil qui poent jugier ; et quant il recordent, on ne pot d'aus apeler du recort ; car s'il recordent jugement qui a esté fes, li aplax passe quand on ne dit riens contre le jugement. » En effet l'appel comme l'indique Beaumanoir n'était valable qu'autant qu'il suivait immédiatement le jugement, LXI, 38.

pez, et nomer le leu où la pez fut fete. Et Robert dit qu'il ne
veault avoir point de recort, com cort de tex genz qui n'on
point recort (1). L'en demande qu'en dit droit? Et l'en dit
que se le cort est tele qu'ele en doie porter recort, li recorz
corra par preudes homes, et par le recort sera seue la forme
de la pez. Et se la pez est queneue, et il ait discort, ausi sera
seue par le recort. Et se la pez fut fete sans justice, ou par
justice qui n'a pas recort, et ele soit niée, le recorz ne corra
pas ; et se cil qui demande veaut prover la pez par soi et par
garanz, et li autres face encontre tel ni et tel deffense comme
il doit, il n'i a que la prove à celui à qui l'en demande (2). »

L'abrégé des Assises de la cour des bourgeois de Jérusalem semble admettre que la façon normale de contracter
c'est de le faire devant la justice : « Sachez que le louage que
l'on fait de son héritage se doit faire en la présence de la cour,
et ce peut faire aussi en la présence de gent qui soient ga-
rent. (3) » Et Jean d'Ibelin parle dans le même sens : « Et
por ce que celui qui preste le sien n'est mie destrains de
prester le, s'il ne le viaut, si ne le doit pas prester que à tel
qu'il connoit leaus ou que il ne cuide fermement qu'il le soit
ou que li ait tel plege doné que ne li faille de la plegerie
ou que il ne le meine à torne de bataille por damage qu'il
li dée advenir, *ou que il en receive la plegerie en la cort ou
se face reconoistre la dete en court* (4). »

Nous avons vu avec M. Stobbe qu'en Allemagne le Miroir
de Saxe n'admet, comme pouvant être toujours prouvées par
le demandeur, que les conventions conclues en justice. Le
livre Roisin de Lille a un système semblable. Il divise les
dettes en deux classes. La première comprend celles qu'on
contracte « devant eschevins, (5) » et pour lesquelles sont
édictées de minutieuses prescriptions : pour celles-là, les

---

(1) Les cours inférieures n'avaient pas toujours le droit de record. Voy.
Brunner, *Entstehung der Schwurgerichte*, p. 190-91.
(2) P. 101 ; cf. *Livre J. et P.* II, 10, § 3 ; V, 3, § 3, (p. 149).
(3) Abrégé, ch. LXIII.
(4) Livre de Jean d'Ibelin, ch. CXVII, Cf. CXXI (édit. Beugnot). — On
trouve une idée semblable dans l'ancienne coutume de Thegra (en Quiercy,
publiée par M. de Rozière, art. 22 : « Costuma es que toiz acortz que sia
fags pels prodhomes establitz deu estar fermes, s'es fags por voluntat de
partidas. » *Revue de législation*, 1870, p. 47.
(5) P. 45, 46, 47, n° 7.

echevins, qui sont les juges, accordent leur garantie, « on li porte ayuwe (aide) d'esquevinage ; » elles sont prouvées par un titre qui porte lui-même le nom d'*ayuwe* (1). Quant aux autres dettes et contrats qui n'ont point été ainsi affirmés et reconnus en justice, ils donnent bien une action, mais le mode de preuve admis est très primitif. Le demandeur affirme d'abord son droit par serment (2) ; alors le défendeur peut prêter sur les reliques un serment contraire (3), et il est quitte de la dette si deux *cojurantes* viennent confirmer son serment : « Est à scavoir que li demandans quant vient à aler as sains pour jurer de son claim s'ayuwe et jure par sa seule main, soit hom soit femme. Et li defendans sour qui on a clamet se doit deffendre par lui tierche main se chou est hom II hommes et lui, se chou est femme II femmes et lui a tierche (4). » Sans doute nous n'avons là qu'un système isolé ; mais il était utile de le noter. Il se rattache directement à l'idée que nous suivons : la difficulté de prouver un contrat.

IV.

Mais les restrictions multiples et diverses à la possibilité de prouver les contrats disparurent assez vite ; partout s'établit cette règle qu'on trouve déjà au fond de l'exposition de Beaumanoir : toute convention est obligatoire ; et le

(1) « Lois est que de toutes les connissances de debtes que on fait devant eschevins, chius cui la debte est, quant on li a se debte payée, doit rendre tantost l'*ayuwe* et le force qu'il a d'esquevinage à chelui qui le debte li a payé ; et s'il ne li violt rendre on li doit commander qu'il le range, s'il ne l'a perdue ; et s'il dist qu'il l'a perdue, il doit fiancher et jurer sour sains, par devant eschevins, qu'il l'a perdue ; et après le serment, il doit chelui quiter par devant eschevins de chelle debte ; et chius, se mestier en a, doit avoir ayuwe d'esquevins que chius l'a ensi quitet. »

(2) P. 34, n° 2 : « Et s'il a clamet li demandans somme d'argent ou se convenenche, il doit dire ensi : « De tel somme d'argent (si nommera la somme) ou me convenenche que jou sour tel persone clamai (si nommera le nom) d'ensi que jou clamai à mon ensiant, si m'ait (*adjuvet*) Dius et chist saint. »

(3) P. 34, n° 1 ; p. 35, n° 2.

(4) P. 30, n°' 9 et 10. Voici le serment des cojurants (p. 35) : « Les parolles que chil qui aident le deffendant doivent dire : « Tel sierment que Jehans chi jura (ou teuls persone, si le nomera) boin sierment y jura au mien ensiant. Si m'ait Dius et chist saint. »

créancier peut toujours la prouver en produisant deux témoins. N'était-ce pas, en renversant tous les obstacles autrefois accumulés, ouvrir à la mauvaise foi une route facile?
Etait-on devenu si perspicace et si habile qu'on n'avait plus
à craindre les difficultés devant lesquelles reculaient les anciens? En réalité la règle, fort dangereuse si on la prend au
pied de la lettre (on le vit bien plus tard), fut d'abord inoffen-
sive; divers principes que nous n'avons pas encore nettement dégagés en restreign   · ·t l'application.

I. C'était d'abord la possibilité pour le défendeur de *fausser*
les témoins, d'escondire par gage de bataille. Nos ancêtres
sentaient bien toute l'importance de ce mode brutal de défense, c'était à leurs yeux une sauvegarde puissante, la ter-
reur des faux témoins : « se aussi n'estoit que l'on ne peust
rebuter ne torner aucun des garenz qui portent garantie de
plégerie, moult de maus en porroit l'en faire qui vodreit
maligner et aver de l'autrui à tort. Que se un homme se
claime d'un autre par l'assise et deist que il fust son pleige
d'une quantité d'aveir, et deist de combien, et celui-ci niast
la plegerie ou dist que il ne fust membrant, et l'autre le pro-
vast par sairement de deus homes, et que l'en ne peut aucun
d'iaus rebuter ne torner par gage de bataille, celui que l'on
diroit qui fu son plege perdreit quanque l'en dirait el
claim » (1). Mais cette garantie barbare devait disparaître à
mesure que la société devenait plus policée. En matière civile
sur les domaines de la Couronne elle n'existe plus depuis
1260, et petit à petit elle est abandonnée également dans les
justices seigneuriales. Pour faire tomber les témoignages on
ne connaît plus que les reproches, qui formèrent bientôt un
système savant et compliqué.

II. D'après le très ancien droit, pour prouver un con-

---

(1) Livre de Jean d'Ibelin, ch. cxvii (édit. Beugnot). Mais tous les coutumiers s'accordent à ne point permettre la bataille lorsque l'intérêt engagé
n'atteint pas un certain chiffre, ce taux est généralement cinq sous : *Établissements de saint Louis* I, 118; Beaumanoir, LXIII, 11; *Compilatio de
usibus Andegaviæ*, art. 32; *Livre J. et P.*, III, 4, § 1; IV, 4, § 1; selon Jean
d'Ibelin (ch. LXXXI) il est d'un marc d'argent; en Normandie il était de
dix sous (*Somma*, part. II, ch. XVIII, § 2, p. 209). Au-dessous de ce taux une
portion des Coutumiers n'admettent comme preuve que le serment du défendeur; les autres déclarent que le demandeur fera entendre des témoins
et que ceux-ci ne pourront être faussés.

trat, on ne pouvait point faire entendre toutes personnes qui en avaient constaté l'existence à un moment quelconque : ceux-là seuls pouvaient être entendus en preuve qui avaient été amenés par les parties, au moment où le contrat se formait, pour en constater la formation. En réalité on prouvait par deux témoins non pas l'existence mais la naissance du contrat. C'est là un principe fourni par les Coutumes germaniques. Beaumanoir le connaît bien : « Une costume, dit-il, ne kort pas, mes laquele soloit courre, si comme noz entendons de cex qui sevent de droit; car nus tesmoins, combien qu'il sceust de le coze, ne solooit riens valoir, s'il n'estoit apelés des parties à le coze fere, proprement por porter tesmongnage de le coze qui fut fete, se mestiers estoit; mais maintenant est tout autrement, car cil qui furent à le coze fere, ou qui l'oïrent recorder sont oy en tesmognage, s'il ne sont débouté par autre reson, que par ce qu'il ne furent pas apelé » (1). Bien d'autres sources attestent l'existence de cette vieille règle : « Il est droiz et usage que quant un home baille son avoir à un autre à garder en sa chambre sans garant appeler, que de bataille point n'i a se l'autre le li nie, fors le plain sairement ou l'anquête » (2).

« Un home par nom ou Renaut ou Martin recommanda à son oste une courée ou un loquet fermée en laquelle courée Renaut diseit que il i aveit dedans c bezanz, les jurés deivent esgarder sur ce plait que ce Renaut a II garens, qui fassent que garens, qui li *veyssent bailler la corée close et oyssent dire* que en la courée avoit C besanz, sans contredit que l'oste en feyst de ces C besanz l'oste deit amender le mains de ces besanz par dreit et parl'assise » (3). Les formules du Livre de Justice et de Plet, dont nous avons cité plusieurs, nous ramènent à la même idée : « C'estoit à prover et à avérer par soi et par

---

(1) XXXIX, 57. Voy. *Assises*. Livre de Jean d'Ibelin, ch. LXXIX. C'est un texte curieux qui montre les premières dérogations apportées à l'ancien principe.

(2) *Compilatio de usibus Andegariæ*, art. 77. (Edit. Beautemps-Beaupré, I, p. 56). L'enquête dont il est ici question est une preuve par témoins exceptionnelle, admise seulement dans un petit nombre de cas et très différente de la preuve par témoins du droit commun. Voy. Brunner, *Entstehung der Schwurgerichte*, p. 438-450; Voy. aussi *Ancienne coutume de Bayonne*, LXXXV, 5 (Balasque et Dulaurens, tom. II, p. 629).

(3) *Assises*, B. C., édit. Kausler, ch. CV, p. 126.

garanz qu'il avoit seu et veu la promesse fere et les deniers poier » (1). — « S'il veut nier que ce ne soit voirs nos somes prez de prover par nos et par garanz qui vit les deniers baillier et les convenances fere » (2).

Mais déjà du temps de Beaumanoir, dans la coutume qu'il retrace, on n'avait plus ces exigences ; on ne les eut bientôt plus nulle part. Il fallut toujours deux témoins oculaires, des témoins ayant perçu par leurs propres sens les faits dont ils déposaient (3), mais c'était tout ; il n'était plus nécessaire qu'ils eussent assisté à la formation même du contrat ; il suffisait qu'ils pussent attester un fait propre à en révéler l'existence.

III. Lorsque ces dernières transformations furent opérées on se trouva exposé a de sérieux dangers. On avait élargi outre mesure et affaibli à la fois le système des contrats et le système des preuves. La chicane avait beau jeu. De là ces satires sans fin contre les témoins, que nous trouvons dans les auteurs du quinzième et du seizième siècle (4). Fatalement on devait arriver à restreindre l'emploi de la preuve testimoniale, exiger que tous les contrats de quelque importance fussent constatés par écrit. Cela était nécessaire et n'avait rien d'exorbitant. Depuis longtemps les principes sur les *lettres* obligatoires, que nous avons exposés, s'étaient modifiés. Les lettres de baillie avaient fait place aux titres

---

(1) VI, 12 § 4 (p. 156); Cf. VII, 10 § 5 (p. 163).

(2) VIII, 5 § 5 (p. 171-172). On peut encore citer un passage de la *Somma de legibus Normanniæ*. Part. I, ch. LXIV, § 1 : « Testem autem in laicali curia dicuntur, qui actoris propositionem testantur in hæc verba : « Hoc vidi et audivi et quod curia esgardaverit super hoc facere sum paratus. » (Dans *Ludewig* : Reliquiæ manuscriptorum omnis ævi, tom. VII, p. 269.)

(3) Voy. *Livre J. et P.*, XIX, 33 § 1 (p. 307) ; Livre de Jean d'Ibelin, ch. LXXVII (édit. Beugnot) ; Loysel, Institutes. liv. V, tit. V, règles 2 et 3 ; pour la nécessité d'avoir *deux* témoins, Voy. Beaumanoir, XXXIX, 5 ; Cf. LXI, 5 ; Loysel, V, 5, 10.

(4) Voy. par ex. Rabelais, *Pantagruel*, liv. V, ch. XXXI : « Derrière une pièce de velours figuré à feuilles de menthe, près d'*Ouy dire* je vis nombre grand de Percherons et de Manceaux, bons estudians, jeunes assez ; et demandans en quelle faculté ils appliquoient leur estude, entendismes que delà de leur jeunesse ils apprenoient à estre tesmoins, et en cestuy art proffitoient si bien, que partans du lieu et retournés en leur province, vivoient honnestement du mestier de tesmoignage, rendant sceur tesmoignage de toutes choses à ceux qui plus donneroient par journée, et tont par ouy dire. » Édit. Rathery et Burgaud des Marès, tom. II, p. 134-135.

authentiques dressés par les notaires. Pour donner un titre faisant foi contre soi, sans l'intervention de l'officier public, il n'était plus nécessaire d'être gentilhomme, d'avoir un sceau; il suffisait de savoir signer. L'acte *sous seing privé* était né. Bouteiller le connaît déjà : « Tu peux et doibs scavoir que l'écriture qui est faicte de aucun par sa main vaut contre luy, mais pour luy ne vaut... Si comme je promets à payer à autre aucun don et je lui en baille lettres écrites de ma main, scachez que ce luy vaut preuve » (1). Voici un autre texte qui remonte au commencement du quatorzième siècle : « Tout vendères doit warandir especialement quant il s'i est obligiés par *chirographe* ou serment » (2).

La réforme nécessaire fut opérée en France par l'ordonnance de Moulins, dans son art. 54, rendu « pour obvier à la multiplication des faits que l'on a vu ci-devant être mis en avant en jugement, sujets à preuve de témoins et reproches d'iceux, dont adviennent plusieurs inconvénients et involutions de procès. » Ce qui montre bien qu'on se trouvait en face d'un mal très réel résultant d'un système général, c'est que nous voyons édicter dans les pays voisins de la France des dispositions analogues à l'art. 54 de l'ordonnance de Moulins (3).

Nous sommes parvenus au terme de la longue évolution que nous voulions étudier. Les principes du droit moderne sont dégagés et acquis; ils se transmettront tels quels jusqu'aux rédacteurs du Code civil. Nous savons maintenant par quel chemin on était passé et quels détours on avait faits avant d'en arriver là. Les auteurs du dix-septième et dix-huitième siècles ne connaissaient point en général ces précédents. N'apercevant que l'apport le plus récent, et ne soupçonnant pas l'existence d'une couche antique depuis longtemps effacée ou recouverte, ils déclaraient que dans les contrats toutes les règles du droit français avaient été empruntées au droit romain. « La plupart des contrats ont leur

---

(1) *Somme rural*, I, 106 (édit. Charondas, p. 620); *vide tamen*, *ibid.*, I, 107 (p. 621).

(2) *Ancien Cout. de Picardie*, coutume de Ponthieu et Vimeu, p. 115 (édit. Marnier).

(3) *Statut de Bologne de 1454*; *Statuts de Milan de 1498 et 1552*; *Édit perpétuel des archiducs de Flandre de 1611* (art. 19); Voyez ces documents en tête du traité de la *Preuve par témoins* de Boiceau, édit. de Danty (1715).

source et leurs principes et la décision des difficultés dans le Droit Romain, auquel il faut se rapporter et conformer en ces matières » (1). Et cela n'a rien que de très naturel ; le vieux fonds avait complètement disparu. Cependant, en cherchant bien, peut-être trouverait-on à l'époque classique de notre ancien droit quelque lointain écho, quelques vestiges des théories que nous avons relevées dans les Coutumiers. Voici du moins une ou deux observations par lesquelles nous terminerons cette étude.

Les interprètes agitent aujourd'hui sur l'art. 1131 du Code civil la question suivante : lorsqu'une promesse écrite ne contient l'indication d'aucune *cause*, mais est simplement conçue en ces termes, « je paierai, je promets de payer, » le créancier qui l'invoque est-il tenu de prouver une cause licite, ou au contraire est-ce le débiteur qui doit prouver le défaut de cause? La Cour de cassation et un assez grand nombre d'auteurs admettent que la promesse contient une présomption en faveur du créancier, et rejettent le fardeau de la preuve sur le signataire (2). La vérité nous paraît être plutôt dans le sens opposé (3). Nous n'avons point l'intention d'entrer dans cette controverse; nous voulons seulement rappeler qu'elle existait aussi dans l'ancienne jurisprudence, et que plus on remonte dans le passé, plus on voit les juristes disposés à imposer au créancier porteur de la promesse l'obligation de prouver qu'elle a une cause. N'est-ce pas que dans les siècles les plus reculés on était plus près de l'époque où l'on ne considérait les conventions comme obligatoires que lorsqu'elles avaient été fixées par une prestation accomplie? Voici quelques citations qui nous paraissent intéressantes à cet égard. « Quant letro est baillié por

---

(1) Pocquet de Livonière, *Règles du droit français*, liv. IV, ch. II, art. 1. — Voy. Pothier, *Traité des obligations*, *passim* ; voici la seule restriction générale qu'il croit utile d'apporter : « Les principes du droit romain sur les différentes espèces de pactes et sur la distinction des contrats et des simples pactes, n'étant pas fondés sur le droit naturel et étant très éloignés de sa simplicité ne sont pas admis dans notre droit. » *Obligat.*, n° 3 (Édit. Bugnet, tom. II, p. 4).

(2) Voy. Bonnier, *Traité des preuves*, n° 557 ; Marcadé, sur l'art. 1315, n° 3 ; Larombière, sur l'art. 1132 ; Colmet de Santerre, tome V, 48 *bis*; Demolombe, tom. XXIV, n° 366.

(3) Voy. Aubry et Rau, § 345, note 20 (1ʳᵉ édit., tom. IV, p. 321-325).

dete, ele doit dire en ceste manière: « Je, Pierres, de tel liu, fes savoir, et cetera, que je doi à Jehan, de tel lieu, vingt livres de Parisis, por le vente d'un ceval qu'il m'a vendu, baillié et délivré et dont je me tieng à paiés. » Et si ce sunt autres denrées, il les doit nommer, et le nombre des denrées espéciffier, et le pris, et le nombre de l'argent. Car le letre qui dist que je dois deniers, et ne fet pas mention de quoi je les dois, est souspechonneuse coze de malice; et quant tele letre vient en cort, si doit savoir li juge le coze dont tele dete vint, avant qu'il le face paier » (1). Beaumanoir, on le voit, ne considère point la question comme douteuse. Au seizième siècle Boiceau, l'auteur de la preuve par témoins, le commentateur de l'article 54 de l'ordonnance de Moulins est aussi très-ferme dans sa doctrine : « La seconde question qui se présente souvent sur cette seconde partie, est au sujet d'une promesse sous-seing privé, laquelle se trouve n'être point causée, comme il s'en voit souvent qui sont écrites en ces termes : Je Caius confesse devoir cent écus à Titius, que je promets de lui payer à sa volonté. Car il est certain que cette reconnaissance est, comme on dit, *toute nue*, parce qu'il n'y a aucune cause exprimée et c'est ainsi que le pacte nud et simple est conceu, quelque chose qu'en aient dit les docteurs et glossateurs de droit ; car Ulpien appelle une paction nue, celle qui n'est point causée et ne donne aucune action ; et c'est pourquoy j'ai vu souvent alléguer en justice par forme d'exception contre ces sortes de promesses sous-seing privé, qu'elles étoient nulles, parce

(1) Beaumanoir, XXXV, 22. Certains textes nous paraissent établir la liaison entre la théorie primitive de l'*accomplissement* préalable et la théorie postérieure de la *cause*. Voici en particulier un passage de la *Summa de legibus Normanniæ*, Pars. II, ch. XXVI ; *de pactis* : « § 1, querelarum ergo hujus modi quædam est ex alicujus pacti contractu ; quædam vero ex alicujus rei obtentu. Quædam ex contractu, verbi gratia : pro domo quam tibi feci, mihi debes X solidos quos propter hoc mihi promisisti, — § 2. Querela de rei obtentu est, verbi gratia : debes mihi X solidos quos pro me vel a me recepisti, quos mihi debes eo quod eos sic obtinuisti. Est ergo omnis talis querela aut ex debito aut ex restitucione, ex debito vero modo supra dicto. *Pactum enim et rei perceptio debitores constituunt eorum receptione et obligant. Ex promisso enim nemo debitor constituitur nisi causa legitima præcesserit promittendi*. » *Ludewig*, op. cit., tom. VII, p. 313. — Cf. le chapitre CCXVII des *Assises*, B. C. (édit. Kausler) cité plus haut.

qu'elles n'étoient point causées, et sur ce fondement on pre-
noit des lettres de rescision pour les faire déclarer nulles,
comme faites sans cause, et n'ayant pas même dû être faites.
On demande si le créancier en ce cas peut être reçu à prouver
par témoins quelle est la cause de cette promesse, qui ne s'y
trouve point exprimée ; ce que j'estime être permis ; suivant
cette ordonnance, qui déclare qu'elle n'entend point préjudicier à la fois des écritures privées, en sorte que le créancier
peut se servir de ces sortes d'écritures, et si elles sont dé-
niées, les prouver par témoins. » On le voit, Boiceau ne
songe pas à se demander qui devra faire la preuve ; dans son
esprit c'est un fardeau qui nécessairement incombe au
créancier ; on hésitait seulement à lui permettre de faire
cette preuve. Le rapprochement qu'il fait de la promesse
non causée avec le pacte nu est bien significatif. L'annota-
teur de Boiceau, Danty, confirme pleinement cette doctrine,
mais il est moins exempt de doute ; il voit dans cette décision
quelque chose d'exceptionnel et de rigoureux : « Quoiqu'une
promesse ne soit point causée, dit-il, néanmoins elle tient lieu
de présomption tacite que celui qui l'a faite est débiteur de la
somme qui y est exprimée, car personne n'est présumé s'obliger sans cause, on ne s'avise pas de signer sérieusement une
promesse sans avoir reçu la somme et gratuitement, dans l'es-
pérance de la faire déclarer nulle quand on voudra comme
n'étant point causée. Ce qu'il y a de particulier est que cette
présomption ne rejette point la preuve sur le débiteur qui
n'est point chargé de prouver qu'il n'a rien reçu (ce qui est
une proposition négative qui ne se peut prouver) ; mais c'est
au créancier, quoiqu'il ait un titre en main (scavoir la promesse non causée) à prouver qu'il a effectivement donné de
l'argent et que cette promesse a une cause, son titre étant nul
sans cela » (1). La question commence à changer de face :
à la fin de notre ancien droit elle était fort discutée (2).

---

(1) Partie II, ch. III, p. 23 (édit. Lyon, 1708), nous donnons d'après Danty
la traduction du texte latin de Boiceau.

(2) Danty, additions au 3e chapitre (2e partie) de Boiceau, p. 32-33. Il
estime du reste que les termes « je déclare devoir, » sont indicatifs d'une
cause, seule la promesse de compter ou de livrer serait non causée.

(3) Merlin, Questions de droit, v° Causes des obligations.

Les matières féodales pourraient enfin révéler quelques vestiges des vieilles idées (1), et peut-être leur influence fut-elle pour quelque chose dans les difficultés et les doutes sur l'effet des promesses de vente. Mais ici le fil qui nous guiderait, est si ténu, que nous craindrions, en le suivant, de le voir dès l'abord se briser entre nos doigts.

(1) Les fiefs, on le sait, devaient le droit de quint en cas de mutation par vente ou par acte équipollent. Les plus anciens auteurs admettent sans difficulté que c'est non pas la vente consentie, mais la vente réalisée par l'ensaisinement, qui donne ouverture au droit. (Beaumanoir, XXVII, 7 ; Desmares, décision 203). Plus tard Dumoulin établit la doctrine contraire (sur l'art. 22 de l'ancienne coutume de Paris) ; en dernier lieu il est vrai, l'opinion ancienne tendit à reprendre le dessus ; voy. Guyot, *Répertoire*, v° Lods et ventes, § 3.

DEUXIÈME ÉTUDE

LE CONTRAT FORMALISTE ET LE CAUTIONNEMENT.

Dans la précédente étude nous avons montré avec quelle lenteur s'était introduit dans notre droit ce principe que le consentement suffit à obliger. A l'époque franque, aux premiers temps de notre droit coutumier, la convention n'était liée que par la prestation totale ou partielle, réelle ou symbolique, que faisait l'un des contractants. Mais ces contrats *réels* n'étaient point les seuls qu'on connût alors. Il existait aussi une sorte de promesse solennelle et unilatérale où la forme constituait l'élément obligatoire. Elle avait divers emplois ; mais surtout elle servait à traduire l'engagement des cautions. Nous nous proposons d'étudier ces promesses formalistes et en particulier le cautionnement ; ce contrat a d'ailleurs longtemps conservé au moyen-âge des traits curieux et archaïques, avant d'être recouvert comme les autres par le flot montant du droit romain.

§ I.

Les lois des barbares et le droit de l'époque franque.

Chez divers peuples germaniques et dans plusieurs *Leges* on trouve un contrat formaliste qui presque partout se montre sous les mêmes formes. C'est une promesse unilatérale, solennisée par un signe extérieur. Tantôt celui qui s'engage tient à la main un fétu « *festuca* » qu'il jette devant le créancier ou une baguette (c'est encore la *festuca*) qu'il tend à celui-ci ; tantôt c'est un objet mobilier sans valeur

« *wadium* » ou « *wadia* » (1) qu'il remet au stipulant comme gage de sa foi (2).

Cet engagement solennel se montre avec une netteté parfaite dans la procédure. La justice de l'époque franque, comme d'ailleurs celle de la Rome antique, ne s'impose point directement aux parties; il faut au contraire que celles-ci interviennent à chaque instant pour solliciter l'action du juge, accepter le débat ou promettre d'exécuter le jugement. Quand le procès est engagé, par la demande qu'a suivie la réponse négative du défendeur, les juges rendent une sentence indiquant quelle preuve doit être fournie et qui doit la fournir,

(1) La promesse par *wadium* ne saurait être ramenée à un contrat *réel*. Le *wadium* remis n'a point le caractère d'une prestation accomplie; il est donné non par le futur créancier, mais par le futur débiteur.

(2) Ainsi, selon nous, la *festuca* et le *wadium* auraient également joué le rôle d'*instrument promissoire*. Voyez cependant en sens contraire l'ingénieux et savant travail de M. Marcel Thévenin : *Contributions à l'histoire du droit germanique*. (*Nouv. Rev. historique* 1880, p. 69, ssq. 447, ssq.). Nous espérons démontrer notre thèse dans les développements qui vont suivre. — A un autre point de vue M. Thévenin signale entre l'emploi de ces deux objets de profondes différences : à l'opposé du *wadium*, qui est *donné*, la festuca serait toujours tenue à la main ou jetée; jamais transmise (*loc. cit.* p. 72, ssq.). Quand la *festuca* est un fétu, elle est en effet toujours jetée. Si elle sert, comme cela arrive souvent, à caractériser une renonciation solennelle ou un engagement public pour lequel il n'y a pas de créancier déterminé, l'homme qui renonce ou qui promet jette simplement le fétu devant lui. Voy. Capitulaires apocryphes de Benedictus Levita, VI, 285 : « profitemur omnes stipulas dextris in manibus tenentes, easque propriis e manibus ejicientes... nec talia facere, nec facere volentibus consentire. » — Cf. Cartulaire de Nimes n° 1 (édit. Germer Durand); *Pertz. Scriptores* IV, p. 124. Mais quand le promettant se trouve en face d'un créancier, il jette son fétu vers celui-ci, peut-être même dans son sein. Voyez D. Vaissette, *Histoire du Languedoc*, preuves, tom. I, n° CIX : « Ita vero de hac predicta causa aliquis homo Aldulfus nomine illorum... fidem talem fecit *sua festuca jactante inontra Fulcradane* (la créancière) ut.. hanc convenientiam stare et adimplere faciat. » Comparez dans la loi salique le rituel de l'affatomie, tit. XLVI : « sie fistucam in lusum jactet... et ipse in cujus lusum fistucam jactavit. » Un passage curieux quoique confus de la *lex romana utinensis* montre aussi que les deux parties touchaient la festuca : Liv. XXIV, 2 (Canciani tom. IV p. 509) : « stipulatio est inter duos homines, de qualecumque rem intentio est possunt inter se de ipsa causa sine scripta et sine fidejussores per stipula finire. Stipula hoc est ut duos de ipsos levet festucum de terra et ipsum festucum in terre rejactet et

déterminant d'avance en même temps quelle satisfaction fournira à l'adversaire celui qui doit prouver s'il échoue dans sa preuve (1). Ce dernier doit s'engager ou à prouver ou à payer, et c'est par le contrat formaliste qu'il prend cet engagement.

I

Dans les lois lombardes, qui souvent reflètent si fidèlement les vieilles coutumes germaniques, ce contrat s'appelle la *wadiatio* (2). Il se constitue au moyen de la *wadia* ou *wadium* (3) ; c'est un objet mobilier sans valeur que le débiteur donne (4) au créancier, qui le reçoit (5).

Nous voyons la *wadiæ obligatio* employée à des usages divers. Elle sert invariablement pour les promesses qui se succèdent au cours d'une procédure, et dont les plus importantes sont les promesses de preuve (6). Dans les actes extrajudiciaires, outre la fidéjussion dont nous parlerons bientôt, elle réalise

---

dicat: per ista stipula omne ista causa dimitto. Et sic ille alter prendat ipsum festucam et cum salvum faciat ; et iterum ipse alius similiter faciat. Sic hoc fecerint et aliqui de illos aut de hæredes eorum ipsa causa removere voluerit, ipsum festucam in judicio coram testes presentetur, ambo duo qui contendunt, et si hoc fecerint, ipsa causa removere non possunt.» — Lorsque la *festuca* est une baguette, sans doute le promettant la tient: *Lex salic.* L, 3 ; « adprehendat festucam et dicat verbum. » *Edict Chilp.* 6 « ipse in sinistra manu festucam teneat et dextera manu auferat; » mais il la passe aussi au créancier, s'il y en a un présent. Un texte lombard, que nous citons plus loin, décrivant un acte selon le droit franc, contient ce détail: « actores baculos vadimonii reis restituunt. » (Pertz *Leges* IV. p. 599).

(1) Ce jugement sur la preuve, *Beweisurtheil*, comme l'appellent les Allemands, se retrouve dans la procédure du moyen-âge. Il apparaît très nettement surtout dans les sources normandes ou anglo-normandes. Voy. Brunner: *Entstehung der Schwurgerichte* p. 171 ; Bigelow: *History of procedure in England.* p. 288, ssq.

(2) *Liutp.* 15 ; *form. ad Rot.* 282, (*Lib. pap.* Pertz, *Leges.* IV, 358).

(3) *Formul. ad Rot.* 302.

(4) *Rot.* 360, 361, 366 ; *Liutp.* 15, 36-40.

(5) « Accipit », *Liutp.* 36, 38 ; « suscipit », *Rot.* 360, 361, 366. *Liutp.* 38. Voy. Val de Lièvre: *Launegild und wadia* p. 110 ssq.

(6) *Rot.* 360-2 ; *Liutp.* 61 ; *formul. ad Liutp.* 62. Val de Lièvre op. cit. § 7, p. 134, ssq.

les promesses de payer ou de restituer (1) ; ou encore elle rend immédiatement obligatoires des conventions, qui ne l'auraient été qu'après une réalisation partielle (2). La *wadia* joue alors le rôle que remplissent le denier à Dieu ou la paumée dans notre ancien droit, quoique représentant une idée différente.

Chez les Francs, soit Saliens soit Ripuaires, s'engager par le contrat formaliste se dit : *fidem facere*, faire foi, ou encore : *adhramire, arramire, achramire*, mot qui donnera *aramir* en vieux français. C'est par l'emploi de la *festuca*, que se symbolise l'engagement, et c'est surtout dans la procédure qu'il intervient très nettement. Voici les textes de la loi salique et de la loi des Ripuaires où il en est question.

Lex salic. L, 2 « Si quis ad placitum legitime fidem factam noluerit solvere. » — LVI « Si nec de compositione, nec de ineo (la preuve par l'eau bouillante) nec de ulla lege (lex=preuve) fidem facere voluerit... rachimburgii judicaverunt ut aut ad ineo ambularet, aut fidem de compositione faceret. » — LVII, 2 « quod si nec legem dicere voluerint, nec ternos solidos fidem fecit. » — *Édict. Chilp.* 7 « Si nec fidem facere nec componere voluerit. »

Lex ribuar. XXX, 1 (*al.* 31) : « Eum secundum legem ripuariam super quatuordecim noctes ad ignem repraesento. Et sic de ejus praesentia cum festuca fidem faciat. » — LVIII (60), 21 : « Si autem homo regius homini regio vel ecclesiastico sacramento fidem fecerit (3). » LXV (68), 1 : « Si quis ripuarius sacramento fidem fecerit, super quatuordecim noctes sibi septimus seu duodecimus, vel septuagesimus secundus cum legitimo termino noctium studeat conjurare. Si autem contentio orta fuerit quod sacramentum in die placito non conjupost quadraginta noctes, si autem perrexit post armorum rasset, etc. » LXVII (69), 2 : « Si quis autem post fidem factam sacramenti in hostem bannitus fuerit, si non perrexerit

_____

(1) Val de Lièvre *op. cit.* p 125-6 ; *form. ad Rot.* 360 : « tu dedisti sibi wadia quod tu dares illi solidos 100 in kalendis maiis.

(2) *Codex cavensis diplomaticus* n° 52 et 1, p. 65, cité par Brunner : *Zur Rechtsgeschichte der röm. und germanischen Urkunde.* p. 15.

(3) Il s'agit de la preuve par le serment du défendeur.

positionem super quatuordecim noctes conjurare studeat. »

La *fides facta*, contenant souvent la promesse de *payer le jugé*, ce terme, prenant un sens dérivé, en arriva à désigner fréquemment l'amende même que, suivant sa loi personnelle, le plaideur vaincu devait payer au vainqueur (1).

En dehors de la procédure les textes nous montrent également la *fides facta*. Selon M. Sohm, qui nous paraît avoir raison, la moitié d'un titre de la loi salique est consacré à cette *fides facta* extrajudiciaire (2), et la loi des Ripuaires ne semble restreindre à aucune matière le rôle obligatoire de la *festuca* (3).

D'où venait ce terme: *fidem facere ?* M. Brunner pense que les Francs l'avaient emprunté aux Romains en copiant les formules de la stipulation, où souvent figurait le mot *fidejubere* (4). S'il y avait là un emprunt fait aux Romains, nous croirions qu'il aurait été fait non à la langue juridique, mais plutôt au langage et aux usages populaires où « *fidem dare,* » « *fidem interponere* » désignent souvent un engagement d'honneur (5). Dans César on trouve même l'expression remarquable: « *fidem facere jurejurando ;* » il est vrai qu'elle est mise dans la bouche d'un Germain (6). Nous pensons plutôt que les lois franques traduisent une expression de la langue germanique, quelque chose comme le « *Treugelöbniss* » du droit allemand postérieur. On peut en rapprocher peut-être

---

(1) Ce point, qui ressort de textes nombreux, a été parfaitement établi par M. Löning: *Der Vertragsbruch* p. 33, ssq. Voy. aussi M. Sohm *Das Recht der Eheschliessung*, p. 43, ssq.

(2) *Lex salic.* L. 1 — Sohm : *procédure de la loi salique* (traduction Thévenin)

(3) Cf. Brunner: *Zur Rechtsgeschichte der römischen und germanischen Urkunde.* Berlin, 1880, p. 15, 16.

(4) *Op. cit.* p. 222 n° 9 : « Vielleicht ist auch die fränkische Bezeichnung der Wadiation, das *fidem facere* der Lex Salica, auf einen für das Stipulationsversprechen üblichen römischen Sprachgebrauch zurückzuführen. Paul. *sent.* II, 3; cf. *Dig.* XLV, 1, 122 § 1 und die Bemerkungen Mommsen's in *Corpus inscript. lat.* III, 937. »

(5) Voy. Freund et Thell : *Grand dictionnaire de la langue latine* V° *Fides.*

(6) *B. G.* IV, 11 : « si principes ac senatus sibi jurejurando fidem fecissent. » cf. *ibid.* I, 3 ; V, 6.

une phrase de la Germanie de Tacite. L'historien parle des engagements extravagants que prennent les Germains dans l'ardeur du jeu, et qu'ils exécutent scrupuleusement, sacrifiant ainsi jusqu'à leur liberté; et il fait cette remarque: « *ipsi fidem vocant* (1). »

Faire la promesse solennelle, spécialement celle fournie en justice, se disait encore : *adrhamire*, comme nous l'avons indiqué plus haut. Les textes abondent, qui contiennent ce terme (2); mais récemment on a contesté que tel fût son véritable sens. M. Thévenin, après un examen attentif et minutieux des principaux passages, conclut que ce mot signifie: *tirer à soi, invoquer* une preuve déterminée. Nous tenons avec la très grande majorité des auteurs pour le premier sens, mais devant une contradiction considérable il est nécessaire d'asseoir sur des preuves notre sentiment.

Nous remarquons d'abord que certains textes très-clairs distinguent soigneusement le fait d'invoquer telle ou telle preuve, et la promesse de fournir cette preuve. Ce second fait, désigné par le mot *adhramire*, ne vient qu'après le premier, dont il est présenté comme la conséquence, il suit même le jugement qui détermine la preuve à fournir.

Voici d'abord, un jugement de l'année 782 (D. Vaissette, *Hist. du Languedoc*, tom I, preuves n° V): « et tunc prefati missi, vassi dominici et judices interrogaverunt Arloyno, qui est assertor, vel causilicius et mandatarius de jam dicto Danielo archiepiscopo, si potebat habere tale testimonia per quibus hoc quod dicebat super Milone comite hoc legibus aprovare potuisset, et tunc *asseruit Arluinus et dixit : sic habeo;* — unde ad ipsa ora per judicio de supradictos missos vassis dominicis ac judices Arloynus mandatarius *suam adramivit testimonia*. Nuper veniens Arloynus ad suum placitum

---

(1) *Germ.* 21: « Aleam (quod mirere) sobrii inter se serio exercent tanta lucrandi perdendive temeritate ut cum omnia defecerunt, extremo ac novissimo jactu de libertate et de corpore contendant. Victus voluntariam servitutem adit; quamvis junior, quamvis robustior alligari se ac venir patitur. Ea ex re prava pervicacia, ipsi fidem vocant. »

(2) Voy. par ex. de Rozière, form: 472, 476, 479-483; 481 § 2, 486-488 ; 491 § 2, 492, 494-496, 502. — Pardessus, *Diplomata* : n° 418 ; Dom Vaissette : *Hist. du Languedoc*, I, preuves n° V.

quod arramitum habuit, et ibidem sua testimonia protulit bonos homines idoneos his nominibus. »

Voici encore un plaid de Clovis III de l'an 691 (Pardessus: *Diplomata* n° 418); il s'agit d'une revendication d'immeuble: » Chrotcarius diaconus Chunebereto interpellavit dum dicerit quod loca noncobantis Malcha etc., quem antecessor suos Boso quondam, eidem per vindicionis titulum firmaverat, vel per sua precaria possidit... (*C'est la demande formée*) — qui ipsi Chuniberctus dedit in respunsis, ut cum ipso Chrotchario de ipsa loca in racionis fuisset, et ei exinde postea pretium de dedissit et sua voluntate exinde satisfecissit, et tali extromento memoratus Chrotcarius ei ob hoc fecissit vel firmassit, (*Voilà la preuve invoquée, c'est un écrit*)... sic et a proceribus nostris sicut inluster vir Ansoaldus comis palati noster testimuniavit, fuit judicatum ut memoratus Chuneberctus ipse extromento in noctis quadraginta, quod evirit (erit) ubi licerit proximus mensis september dies viginti, in nostri praesentiam debiat praesentari (*c'est le jugement qui ordonne la preuve*), quod ita per festuca visus est achramisse (*enfin la promesse de preuve suit le jugement*).

Ces noms de preuves diverses, serment, témoins, écrits, que régit le verbe *adhramire* sont d'ailleurs présentés dans d'autres sources, comme faisant l'objet d'une *fides facta* ou d'une *sponsio* au même point du procès : qu'on se reporte aux passages des lois salique et ripuaire cités plus haut, où il s'agit de *fidem facere de sacramento* ou *de ineo*. D'autre part voici un texte bien connu de la loi des Alamans, xxxvi (al. 37), 3: « Et si quis alium mallare vult de qualicumque causa in ipso mallo publico debet mallare ante judicem suum... In uno enim placito mallet causam suam, in secundo si vult jurare juret secundum constitutam legem. Et in primo mallo *spondeat* sacramentales et fidejussores praebeat, sicut les habet, et wadium suum donet misso comitis vel illo centenario ut in constituto die aut legitime juret, aut, si culpabilis est, componat. »

Enfin une giose du *Liber papiensis*, commentant un capitulaire de Charlemagne inséré au corps du droit lombard, traduit *adhramire* par *promittere*. « Karol. M. 28. Ut sacramenta, quae ad palatium fuerint adramita in palatio perfician tur (1)... *glossa :* adramita, id est promissa. » C'était bien aussi la doctrine de nos anciens auteurs (2).

Le terme *adhramire* prit d'ailleurs des sens dérivés. On dit : «*adhramire aliquem*,» pour déclarer qu'on garantissait la représentation d'une personne en justice, et « *se ipsum adhramire*» lorsque, sans fournir de fidéjusseurs, on promettait de comparaître soi-même (3) : les deux sortes de promesses se trouvent l'une à côté de l'autre, de même que chez les Romains il y a la *cautio* simple à côté de la *satisdatio*. D'autre part enfin il est probable que dans certains cas *adhramire* veut dire: faire un serment. La promesse solennelle et le serment se confondront en effet dans la suite ou du moins constitueront deux manifestations d'une même forme.

Il paraît acquis que *fidem facere*, aussi bien qu'*adhramire*, signifient : promettre; mais est-il bien certain, comme nous l'avons avancé, qu'il s'agisse là de promesses formalistes? On l'a nié avec une grande force (4). Ce qui fait la difficulté c'est que si l'on trouve très souvent la *festuca* et le *wadium* intervenant dans la *fides facta* et l'*adhramitio*, il arrive aussi que ni l'une ni l'autre ne sont mentionnées. M. Löning observe

(1) Pertz, *Leges*, IV, p 491. Cf. *Ibid*. « *Expositio* : ut alii dicunt de his tantum loquitur sequens capitulum que, licet ad manum regis non pertineant, arramiuntur sponte fieri ad palatium. »

(2) Voy. Bignon : *Marculfi monachi formularum libri duo* 1613 ; notes p. 588 : « Adhramitum — promissum. Adhramire enim non est jurare sed cavere se certa die et certo loco juraturum ; de sacramento fidem facere. » — Le mot *adhramire* est sûrement la transcription et l'adaptation en latin d'un mot tudesque ; cependant parfois on l'a fait venir du latin *arrha*. Voyez *Diplomata*, Prolégomènes de Bréquigny p. 260 : id per festucam achramire dicebatur, id est arris datis se facturum promittere. » M. Franken paraît même incliner dans ce sens : *Französisches Pfandrecht* p. 64, note 2.

(3) Capit. 817, c. 15 (Pertz, *Leges* I, 213) « si liber homo de furto accusatus fuerit et res proprias habuerit, in mallo ad presentiam comitis se adhramiat. Et si res non habet fidejussores donet qui eum adhramire et in placitum adducat faciant. » — *Lex franc. Chamav.* XLVIII : « Si fur de septem latrociniis comprobatus fuerit, exiet ad judicium Dei. Si ibi incenderit tradant eum ad mortem. Et postquam ad judicium ambulaverit, si ibi non incenderit, tunc liceat seniori suo *wadio suo illum adhramire* et pro eo emendare ac de morte liberare. »

(4) M. Löning: *Der Vertragsbruch*, p. 6. ssq.

« que dans les cas de beaucoup les plus nombreux où il en
est fait mention, il est question de la *fides facta* de la procédure,
de la promesse fournie devant la justice d'accomplir un acte de
procédure ou d'exécuter un jugement, non de la *fides facta* de
droit privé (1). » Mais, outre que la *festuca* figure aussi dans la
fides facta extrajudiciaire, si son emploi est nécessaire alors que
la promesse, faite devant la justice, emprunte déjà une certaine
solennité au milieu dans lequel elle se produit, n'est-il pas évi-
dent qu'elle devra intervenir à plus forte raison lorsque les particuliers traitent entre eux loin des juges (2)? Au surplus, certains textes semblent présenter la *fides facta* et l'emploi de la
festuca comme deux choses inséparables: « fuit judecatum ut
in exfaido et fredo solidos quindece pro ac causa fidem facere debirit, quod ita et in presenti per fistuga visus est fe-
cisse (3) ».

Outre le rôle qu'elle joue dans les actes obligatoires, la
festuca paraît encore dans les actes translatifs de propriété
ou de possession (4). Ce transfert porte souvent le nom de
werpitio, *guerpitio*, d'où est venu notre mot *déguerpir* (5).
M. Brunner a exposé récemment une théorie qui ramène cette
seconde fonction à la première. Il rappelle d'abord l'investiture primitive du droit germanique, qui s'accomplissait sur
les lieux par la remise d'un objet détaché de la terre, une
motte de gazon ou une branche: « mais cela ne suffisait pas,
dit-il, il fallait un autre acte formaliste, la sortie, *exire*, de l'a-

---

(1) *Op. cit.* p. 8, 9.

(2) M Lüning cite (p. 13) des formules où l'engagement est pris simplement par le mot *spondeo*: de Roz. 368, 370; mais il s'agit alors d'écrits,
c'est-à-dire d'une source particulière d'obligations dont nous avons déjà
parlé.

(3) Plaid de l'an 693. Pertz, *Diplomata* I, 66.

(4) Voy. de Rozière 286 : « per manibus partibus ipsius luc vel herba
vel terra visus fuit tradidisset et per suum festucum contra ipso illo
exinde exitum fecit » — cf. 287, 288, — Pérard: *Recueil de pièces pour
l'histoire de Bourgogne* p. 163 : « ville... » Radulfus, Archenradus et Bon
fridus cum festuca se in omnibus exutos dixerunt.

(5) Rozière, 210 : « Precepto de lestwerpo de manu regis. » — Pérard
op. cit. p. 33 : « per festucam et sui et fratris sui Richardi, heredum que
ac proheredum suorum vice, easdem res nihilhominus guerpiverunt; » p.
67 : « et qualiter illorum lex fuit per pilos vel per festucas vuirpaverunt. »

liénateur. Cette sortie avait lieu réellement dans les temps anciens, telle qu'elle est décrite dans la loi salique au titre *de Chrenecruda*, où le débiteur qui cède le fonds saute par-dessus la haie un pieu à la main. A cet *exire* formaliste succéda cependant bientôt un *se exitum dicere*, à l'abandon de fait de la possession un contrat portant sur l'abandon de la possession. Ce contrat se formait, selon le droit franc, par une déclaration verbale accompagnée de l'offre de la *festuca*: il est désigné sous les noms de *warpitio, exfestucatio, se exitum dicere*, enfin d'investiture (*Auflassung*) et correspond pour le droit franc à la *missio in vacuam possessionem* contractuelle du droit romain. Il n'est même pas invraisemblable que l'expression usuelle *se exitum dicere* ait été choisie en se référant aux expressions congénères des titres romains portant abandon de la possession (1). » Bien qu'il soit difficile de voir là un contrat au sens propre du mot, cette théorie rend compte d'un grand nombre de textes, qui distinguent et enregistrent successivement: d'abord la tradition translative *per herbam, per ramum, per andelangum, per cartam*, puis le délaissement de la possession, *guerpire* ou *se exitum dicere*. Mais d'autre part il est des textes qui montrent très nettement le transfert même de propriété réalisé au moyen de la *festuca* (2). Enfin celle-ci sert encore à transférer des choses incorporelles, soit qu'il s'agisse de renoncer à une action intentée et d'abandonner ainsi les droits qu'on peut avoir sur une chose (3), soit que l'on veuille transmettre à un tiers des créances ou actions, afin de pouvoir agir par autrui dans une législation qui n'ad-

---

(1) *Zur Rechtsgeschichte der römischen und germanischen Urkunde* 1880. p. 274-275.

(2) De Rozière, 159: « dono per festucam et andelangum. » — 201: « ad ipsam præfatam Ecclesiam per hanc cartulam traditionis sive per festucam atque per andelangum ad opus sancti Illius a die præsente perpetualiter transfirmo. » — 216 : « Præcepto de lesiwerpo de manu regis: — Veniens fidelis noster ibi in palatio nostro in nostra vel procerum nostrorum præsentia, villas nuncupatas illas, sitas in pago illo, sua spontanea voluntate nobis per festuca visus est werpisse vel condonasse. »

(3) L'expression qui revient alors fréquemment c'est: *Calumniam werpire*, Pérard, *op. cit.* p. 95. « Vulpivit quod calumpniabatur. » — p. 120 : « calumniam prati omnimodo guerpivit. » — p. 123 « quidquid calumpniabatur guerpivit. » cf. p. 153.

met pas facilement la représentation en justice (1). Mais ces
fonctions diverses d'un même symbole ne sont pas faites
pour nous étonner. Comme le contrat, le transfert ne repose
au fond que sur un consentement échangé, et si un peuple
primitif a trouvé telle forme extérieure propre à attester le
consentement sérieux en matière de contrat, il est naturel
qu'il la trouve également bonne à révéler la volonté des parties dans les translations de propriété. L'histoire du droit
d'ailleurs nous offre plus d'un exemple de ces actes formalistes
qui servent à la fois pour les contrats et pour les tran-
sferts; qu'on se rappelle l'*as* et *libra* de l'ancien droit romain.

Chez les francs, dans la formation du contrat formaliste, au
lieu de la *festuca* nous trouvons parfois le *wadium* (2). On
peut d'ailleurs montrer directement que les deux symboles,
s'ils différaient dans l'apparence extérieure, avaient cependant
la même fonction. Dans le *Cartularium langobardicum*, un
passage indique comment d'après la loi salique une veuve peut
être fiancée à un nouvel époux. L'auteur inconnu avait certainement devant les yeux le droit lombard, en même temps
qu'il décrivait ainsi par occasion un usage du droit franc. La
procédure gracieuse qu'il rapporte ici commence par trois procès fictifs dont les deux premiers doivent toujours se résoudre
par le serment, et le troisième par le duel judiciaire. Il y a donc
lieu aux promesses de serment et de bataille; or l'auteur en le
constatant, s'exprime ainsi: « Et factis actionibus et jure pro
his datis vadimoniis a reis, actores baculos vadimonii reis res-

---

(1) De Rozière, 592 : « (quod) propter simplicitatem suam causas minime possit prosequere vel admallare clementia regni nostri petiit ut in-
lustris vir ille tam in pago quam in palatio nostro ad mallandum vel pro-
sequendum recipere deberet, quod in præsentia per festuca eas eidem visus
est commendasse. »

(2) *Lex franc. cham.* XLVIII : « Liceat seniori suo *wadio suo illum*
adhramire. » — De Rozière, 465 (il s'agit d'un rapt suivi d'une composition à l'amiable) : « intervenientibus bonis hominibus taliter et convenit ut jam dicti homines pro redemptione vitæ eorum per wadios suos jam
dicto illo unus quis pro solidis tantis dare deberent, quod et ita fecerunt,
et hoc placitum institutum quod evenit tunc temporis hoc debeant de-
solvere. Unde et fidejussorem pro ipsis solidis hominem illum obligarunt. » cf. *ibid.* 611.

titunt (1). » Ce *baculus vadimonii* ne peut être que la *festuca*, et ainsi la promesse par *festuca* du droit franc est assimilée par un ancien à la promesse par *wadia* ou *vadimonium* du droit lombard (2).

Dans d'autres lois barbares on retrouve la promesse par *wadium* ; elle est mentionnée plusieurs fois dans la loi des Bavarois (3), et l'on se rappelle le passage de la loi des Alamans cité plus haut : « In primo mallo spondeat sacramentales... et wadium suum donet misso (4) ».

II

Il est temps d'arriver à l'application la plus fréquente et la plus pratique du contrat formaliste, c'est-à-dire à la fidéjussion. C'est ici encore le droit lombard et le droit franc qui nous fourniront surtout des exemples.

Chez les Lombards, non seulement la *wadia* est le moyen employé pour créer la fidéjussion, mais il est à peu près certain que partout où il y a *wadia* il y a en même temps cautionnement. Dans l'*Edictus*, dix-sept passages mentionnent la *wadia* (5) ; sur ce nombre quatorze y joignent explicitement une fidéjussion et les termes employés semblent montrer qu'elles sont inséparables. Trois passages seulement parlent de la *wadia* seule (6), mais M. Val de Lièvre a montré que ces trois textes

---

(1) Pertz, *Leges* IV, p. 699.

(2) Val de Lièvre *op. cit.* p. 119 ssq.

(3) II, 15, 3 : « Qui contra legem facit componat sicut lex habet et donet wadium comiti illo de fredo, sicut lex est. » — X, 2, 3 : « Et postquam intraverit et se cognoverit reum injuste quod intrasset, det wadium domino domus. » cf. XVII, 2.

(4) XXXVI (al. 37), 3.

(5) *Rot* 360-362, 366 ; *Liutp* 8, 15, 36-40, 61, 96, 128 ; *Rachis* prol. 5, 8. Voy. M. Val de Lièvre *op. cit.* p. 166 ; le même auteur constate (p. 169) que sur 400 titres privés qu'il a dépouillés, plus des trois quarts unissent la *wadia* et la fidéjussion.

(6) *Liutp.* 8, 61 ; *Rachis* 5.

se réfèrent nettement à d'autres passages de l'édit, où la fidéjussion intervient (1).

Voici comment les choses se passaient. Le débiteur principal fait sa promesse au créancier, en lui remettant la *wadia*,
puis il présente un fidéjusseur qui reçoit à son tour cette même
wadia des mains du créancier. Cela ressort de textes nombreux
où l'on trouve les expressions : *dare wadiam et eam recipere
per fidejussorem* (2). La dation de la *wadia* par le débiteur
contenait donc plutôt la promesse de fournir un fidéjusseur
qu'un engagement distinct et principal. Ce qui le montre c'est
que, quand le fidéjusseur aura été présenté pour recevoir la
wadia celle-ci sera dite *libérée* (3); ce qui le montre encore,
c'est que l'obligation pour le débiteur de reprendre dans un
certain délai la *wadia* par la main de son fidéjusseur, l'obligation pour le créancier de la rendre au fidéjusseur, sont
sanctionnées par la loi et leur violation punie d'une amende (4).

D'après le droit franc c'est aussi par la promesse formaliste
que se contracte le cautionnement. Parfois les textes ne sont
pas explicites sur les détails de l'opération ; ils se contentent
de montrer le fidéjusseur présenté par le débiteur principal,
qui lui-même vient de s'obliger par *fides facta* (5). Mais nous

---

(1) *Op. cit.* p. 170. Notons que les promesses judiciaires doivent toujours en principe être garanties par des cautions, *ibid.* p. 171.

(2) *Liutp.* 36 : « Si quis alii wadiam dederit et voluerit eam per fidejussores suos recipere et duxerit ad eum qui wadiam recepit fidejussores. »
— *Formul. ad Liutp.* 128 : « Petro te appellat Martinus, quod ipse dedit
sibi vadia dare solidos 100 in kalendis augusti et vult suscipere per fidejussores. » — *Expositio ad Rot.* 182 : « Tunc wadia a fidejussoribus sus-
cipiatur. » Voy. Val de Lièvre *op. cit.*, p. 184 ; Pertile : *Storia del diritto
italiano*, tom. IV, p. 147.

(3) *Liutp.* 37 : « Si quis alteri homini wadiam dederit et, antequam
eam per fidejussorem liberit, violenter de manu illius abstraxerit cui eam
dedit componat. » — *Form. ad Liutp.* 36 : « tu dedisti sibi unam wadiam
et antequam fecisses deliberare per fidejussorem traxisti sibi de manu. »
— *Glossa ad Liutp.* 35 : « Hæc lex dicit... Si potest statim liberare wadiam
per fidejussores. »

(4) *Rot.* 360 , *Liutp.* 36, 128.

(5) D. Vaissette, *Hist. du Languedoc* I, preuves n° CIX (plaid de l'an
878 ; il s'agit d'une transaction en justice) : « Segarius vero illem fecit

trouvons aussi des documents qui font intervenir le *wadium* exactement comme dans la loi lombarde. La pièce la plus importante à cet égard est un plaid de Clovis III de l'an 692 (1). On y voit les *advocati* de Chaino, abbé de Saint-Denis, poursuivre l'abbé Ermenoaldus, comme caution de l'évêque Anserbercthus pour une dette de quinze cents livres d'huile et de cent muids de bon vin : « suggesserunt eo quod item que venerabili viro Ermenoaldo abbati ante hus annus vuaddio pro olio mille quingentas liberas et vino bono modios cento pro Anseberctho episcopo ipsi Chaino abba ei commendassit. » Les *advocati* rappellent que précédemment les parties ont comparu devant l'évêque Sigfried et qu'un accord s'est établi entre elles. Il a été convenu qu'Ermenoaldus, à la mi-avril devait avec trois *cojurantes* jurer qu'il ne s'est point porté fidéjusseur près de l'abbé de Saint-Denis, sinon qu'il paierait dix livres d'argent. Or voyons comment la fidéjussion est décrite. Dans leur demande, les *advocati* prétendent que Chaino a donné à Ermenoaldus le gage (qu'il avait reçu du débiteur principal), et par suite voici en quels termes est conçu le serment que devrait prêter Ermenoaldus pour se disculper : « Ermenoaldus abba apud tris homenis sua manu quarta ante ipso pontefici hoc conjurare deberit ; *quod ipso wadio de mano Chainone abbati nunquam achramisset.* » L'expression : *wadium de manu achramire* veut dire garantir le gage, en le recevant des mains du créancier. Ces mêmes termes se retrouvent d'ailleurs dans la loi des Francs Chamaves : XVI « qui propter alium hominem wadium adhramivit, et ipse homo eum damnum incurrere demittit, ille qui suum wadium adhramivit, de suo omnia componat post septem noctes. » Une formule que nous avons citée

---

fidem de parte uxoris suæ et sua, vel de parte Petroni suum heredem, ut si post hunc diem exinde contra Fulchradane aut suis successoribus pro ipsos res ulla repetitione removebat Segarius legem suam componat... Hictarius similiter fidem fecit vinculo legis suæ et Ingibaldus secundum legem suam fidem fecit. » Segarius, Hictarius, Ingibaldus, s'étant ainsi constitués débiteurs, vont constituer des fidéjusseurs, et le texte continue ainsi : « *Unde* Segarius in contra Fulchradane fidejussorem talem dedit... Leoni nomine... Simili modo Hictarius pro ipsam notitiam fidejussorem alium opposuit, Deolmio nomine... Iterum vero Ingibaldus alium fidejussorem de sua parte dedit Rostagno nomine. »

(1) Pardessus, *Diplomata*, n° 424.

plus haut décrit aussi en termes plus brefs cette cérémonie du cautionnement (1).

M. Sohm croit retrouver le même procédé dans la loi des Bavarois, append. 4. (2). Ce texte décrit, sous des traits pittoresques, la garantie formelle dans la revendication immobilière. Les parties sont sur les lieux mêmes, et là l'*auctor* couvre son acquéreur, dont il confirme l'acquisition ; puis il prend sa place en face du revendiquant, auquel il promet de défendre au procès et de payer la composition, s'il succombe : « cum sinistra vero porrigat wadium huic qui de ipsa terra cum mallet per hæc verba : « ecce wadium tibi do quod tuam terram alteri non do legem faciendi. » Tum ille alter suscipiat wadium et donet illud vicessoribus istius ad legem faciendam. » Ces *vicessores*, auxquels le revendiquant rend le *wadium* qu'il a reçu de l'*auctor*, ce sont les *fidéjusseurs* de ce dernier (3).

M. Sohm enfin a cherché dans l'Édit de Chilpéric un dernier exemple de cautionnement formaliste (4). Il s'agit dans le texte d'un individu qui, cité en justice, ne peut se défendre en produisant des *cojuratores* ou des témoins ; il doit alors promettre de payer la composition et donner des fidéjusseurs. S'il n'en trouve pas, voici ce qu'il faut faire : « Si non habuerit qui pro eo fidem faciat, ut ipse in sinistra manu festucam teneat et dextera manu auferat. » Cela veut dire, selon M. Sohm, qu'il tendra d'une main la *festuca* au créancier et la reprendra de l'autre. Bien qu'il n'y ait pas de fidéjusseur, on fera comme s'il y en avait un : le plaideur jouera au point de

---

(1) De Rozière, 465 : « convenit ut jam dicti homines per wadios suos jam dicto illo unusquis pro solidis tantis dare deberent, quod et ita fecerunt... unde et fidejussorem pro ipsis solidis hominem illum obligarunt. » — Voy. M. Thévenin, *loc. cit.* p. 458 ; l'auteur donne ici encore au mot *achramire* le sens de tirer à soi, sens qui, cette fois, cadre assez bien, il faut le reconnaître, avec les textes.

(2) Pertz : *Leges* III, p. 33.

(3) Sohm. *Eheschliessung*, p. 39, 40. L'auteur (note 35) remarque qu'un manuscrit donne expressément la variante *fidejussoribus*. Voy. dans Pertz : Lex Bajuw. test. III, 17, 3, note z.

(4) C. 6 : « Similiter convenit ut quicumque admallatus fuerit et in veritatem testimonia non habuerit unde se educat, et necesse est ut mittum fidem faceret, si non habuerit qui pro eo fidem faciat, ut ipse in sinistra manu festucam teneat et dextera manu auferat. »

vue formaliste à la fois le rôle de débiteur principal et celui de
fidéjusseur ; d'une main il tendra la *festuca* comme débiteur
principal, et de l'autre il la recevra comme fidéjusseur (1).
Cette interprétation, que sa subtilité rend tout d'abord sus-
pecte, ne nous paraît pas admissible. M. Thévenin a proposé
une autre explication plus satisfaisante ; il voit dans l'acte
décrit un serment solennel. « L'individu, dit-il, doit faire une
prestation pour la garantie de laquelle il doit fournir des fidéjusseurs. Or il n'en a pas : cette disposition lui permet de
s'offrir lui-même en garantie. Il assure les conséquences de
cette garantie en tenant la *festuca* de la main gauche et jurant
de la main droite étendue (2). » En effet dans les textes de
l'époque féodale le plaideur, qui ne peut fournir les cautions
exigées, est admis à passer outre s'il est de bonne foi, en s'en-
gageant solennellement par un serment promissoire (3). Ici
cette promesse est assurée par un double symbole : la *festuca*
d'une part, et de l'autre la main étendue et offerte. Cette
dernière formalité subsistera seule dans la suite (4) ; mais
ce n'est pas là le seul cas où les deux manifestations se
trouvent réunies (5).

Avant d'aller plus loin, il importe de remarquer que l'acte
complexe, d'où résulte la fidéjussion et où figurent trois
personnes, va créer deux séries d'obligations : la caution est
engagée envers le créancier, mais en même temps le débiteur
principal s'engage envers la caution qu'il présente et qui aura
son recours contre lui. Enfin ce n'est pas seulement sa forme
qui rend intéressante la fidéjussion des lois barbares ; elle se

(1) Sohm. *Eheschliessung.* p. 41, 42.
(2) *Nouvelle Revue historique*, 1880 p. 77. — M. Thévenin remarque
avec raison n° 3 : « Dextera manu (accusatif) auferat : d. m. est l'objet
marqué par auferat, grammaticalement le régime du verbe auferat. » Mais
il a tort, croyons-nous, de nier qu'*auferat*, soit ici pour *offerat*. Le plaideur offre bien ici la main soit à son adversaire soit au juge ; c'est là une
forme de l'engagement solennel que nous décrirons bientôt.
(3) Franken : *Franzosisches Pfandrecht*, p. 235, ssq.
(4) Voyez dans Franken les passages nombreux de coutûmes du midi
où il est question de « *fermar per sa ma,* » op. cit., 234, ssq.
(5) Voyez un acte du XI° siècle cité par Grimm, *Rechtsalterthümer*
p. 128: « abnegationem fecit *cum manu et festuca* more Francorum. »
Cf. Sohm : *Fränkisches Recht und römisches Recht*, p. 30.

distingue aussi par d'autres traits, que nous voulons relever.
Ici nous ne trouverons plus, il est vrai, que des documents
épars, empruntés à des sources diverses ; mais peut-être sera-
t-il permis d'en déduire une certaine généralisation, dans la
mesure au moins où le droit de l'époque suivante viendra
confirmer nos données.

III

On a dit que dans le droit germanique le fidéjusseur devient
le débiteur principal (1). Il y a peut-être quelque exagération
dans cette formule ; le droit lombard et la loi des Burgondes
sont d'accord pour décider que le créancier ne pourra procéder
contre le fidéjusseur que lorsqu'il aura mis le débiteur en
demeure par une triple interpellation (2). Mais pour agir
contre la caution, il n'est point nécessaire de prouver l'insolvabilité du débiteur principal ; c'est même contre la caution
que les textes nous montrent la voie d'exécution immédiatement
dirigée. Cela ressort nettement du droit lombard: « Si forte
ipse ei per wadia obligaverit, ipse prendat fidejussorem
suum (3). » « Si quis vero guadiam dederit et fidejussorem posue-

(1) Sohm. *Procédure de la loi salique* (traduct. Thévenin) p. 110 :
« D'après le droit frank l'action du créancier s'intente principalement et
non subsidiairement contre le fidéjusseur » ; mais l'auteur ajoute : « il n'en
est pas moins vrai, comme le fait remarquer Stobbe, que d'après ce même
droit frank il faut d'abord mettre *in mora* le débiteur principal. »

(2) *Lex Burg.* (IV, 7) : « Si quis fidejussorem acceperit et ante eum pignerare praesumpserit quam auctorem suum cum quo causam habet praesen-
tibus testibus ter admonuerit, pignera quae tollere presumpserit in duplo
restituat » — Rot. 245, 246. — Voy. Plather : *Die Bürgschaft, eine germa-
nistische Abhandlung.* Leipzig 1857, p. 93, ssq.

(3) *Roch.* 5. Voici l'ensemble du paragraphe : on commence par rappeler que les actes de vente ont donné lieu à de grandes difficultés :
souvent, après coup, les vendeurs réclament aux acheteurs, une portion
du prix qu'ils prétendent n'avoir pas été payée, ce qui force les acquéreurs à se disculper par le serment. Puis le texte continue ainsi : « Et
qui pro opinione sua jurare nolebant, dabant pro sacramento suo aliquid et
habebant damnietatem sine causa... Ideo decernimus, ut si quis chartam
venditionis de aliqua re fecerit alicui... et manifestaverint in ipsa charta,
quod pretium inter eos statutum suscepisset, si pulsatus fuerit postea
emptor, quod pretium ipsum non implevisset, sacramentum exinde non

rit et in omnibus prout convenerit adimpleat, alioquin fidejussorem, si in presentia testium datus fuerit, impune pignorare
poterit (1). » La loi des Burgondes désigne même le débiteur
qui a fourni un fidéjusseur par cette curieuse périphrase
« is qui sub fidejussore discesserit; » il semble que ce débiteur
soit libre désormais et disparaisse de la scène juridique (2).
Enfin un passage des Capitulaires dans l'édition de Baluze
donne cette solution remarquable : « Si quis contempto fidejussore debitorem suum tenere maluerit, fidejussor et hæres
ejus a fidejussionis vinculo liberantur (3). » Sans doute il y
a là un écho du droit romain classique conservé dans les
Sentences de Paul (4); mais pour qu'on pût le produire

procedat, nisi forte autor per wadiam se obligaverit, tunc ipse prendat fidejussorem suum. » Ce texte a été fort discuté; voy. Cesare Nani, *Studii
di diritto longobardo* II, p.89, ssq. (1878). Il nous paraît cependant assez simple. Il décide qu'en principe l'acte de vente régulier qui portera quittance
du prix fera pleine preuve quant au paiement et rien ne pourra plus être
réclamé à ce titre. Mais il peut se faire que l'acte porte quittance, bien
que le prix n'ait pas été payé, s'il a été fourni au vendeur quelque garantie dont il s'est contenté, par exemple une obligation solennelle garantie
par un fidéjusseur. Il y a alors une sorte de novation. C'est ainsi que chez
nous le prix de vente est parfois considéré comme payé s'il a été réglé
en effets négociables. Cf. Wach : *Der Arrestprocess in seiner geschichtli-
chen Entwicklung.* Leipzig, 1868, p. 13.

(1) *Summa legis Langobardorum*, herausg. von Anschütz, p. 51 ; cité
par Nani, *op. cit.* p. 100. — Il est certain d'autre part que dans la loi
lombarde la *pigneratio* pouvait être dirigée aussi bien contre le débiteur principal que contre le fidéjusseur : *Ahist*, 21 « postquam jussio
regis fuerit in exercitum ambulandum, nullus præsumat *fidejussorem aut
debitorem* pro quacumque causa pignorare. » — Liutp. 108 « Si quis
fidejussorem aut debitorem suum pigneravit. » Cf. *Expositio, ibid.* §§ 2,
3. — Cf Pertile, *op. cit.* IV, p. 471 : « Il creditore non soddisfatto
poteve per ottenerne l'adempimento stagire a sua scelta così i beni de
debitore principale come quelli del fidejussore perche queste era obligato egualmente del debitore. »

(2) *Lex Burg.* XIX, 5. — Rappelons-nous aussi les textes nombreux de
la loi lombarde qui déclarent que la *wadia* est *liberata* lorsque le fidéjusseur la reçoit, il semble que par rapport au débiteur principal elle ait
alors produit tout son effet.

(3) *Capitulare* incerti anni, datum in synodo cui interfuit Bonifacius
apostolicæ sedis legatus, circa annum Christi DCCXLIV, c 17 (Baluze
p. 151.)

(4) Ce texte figure dans B. Levita VII, 331 (Baluze p. 1098) ; là la
phrase est suivie de cette autre. « Si vero procurator litis victus fuerit

à une époque où s'était effacé le souvenir de la *litis contestatio*, il fallait bien qu'il ne contrariât pas l'idée commune
qu'on se faisait de la fidéjussion et de ses effets.

Comment expliquer cette position avancée, que le droit
germanique donne au fidéjusseur ? Ce n'est point que celui-ci
soit un *expromissor*, bien que nous devions dans la suite
trouver des traces d'une semblable conception. Mais le créancier, n'est tenu d'accepter comme caution que celui qui est
incontestablement solvable et qui a des biens au soleil (1) ;
dès lors, du moment que la loi le laisse libre de s'attaquer
à son choix soit au débiteur principal soit au fidéjusseur,
n'est-il pas naturel que cette façon d'agir soit devenue une
pratique générale ?

Cette interversion des rôles, tels que nous les concevons
aujourd'hui, a été expliquée d'une autre manière : on y a vu
la traduction fidèle de l'acte formaliste, qui s'accomplissait
quand le *wadium* passait de main en main. C'est alors le fidéjusseur qui le dernier s'est trouvé en contact avec le créancier, c'est donc lui qui figure le débiteur immédiat (2). On ne
saurait méconnaître que cette idée a laissé une trace dans
un texte intéressant. *Lex salic. Extravag.* B, 6 : « Pos-
quam autem debitor wadium dederit, liber erit, si fidéjus-
sor moritur, propter wadium quod emisit in debitore (creditore ?). Et si vivent ambo quod spopondit qui wadium dedit
det; si non pro jecto componat 17 sol. et supra quod spopondit » (3). Le contrat formaliste paraît là comme un com-
posé dont toutes les parties se tiennent, si bien que l'une
venant à manquer tout s'écroule. L'obligation du fidéjusseur
s'éteignant par sa mort, comme nous le dirons dans un instant, on en tire cette conséquence que l'obligation du débiteur
principal cesse en même temps, en tant du moins qu'elle

mandator ejus ad solutionem tenetur. » Et Baluze renvoie avec raison à
l'*Interpretatio* du Brevaire d'Alaric, lib 2, titre 17 : des Sentences de Paul.
  (1) *Liutp.* 38, 128; *Lex Burg.* 84, c. 4 ; Platner *op. cit.* p. 14 sqq.
  (2) Sohm, *Eheschliessung*, p. 38, n° 35, « Die Bürgenbestellung
schliesst schon ihrer Form nach gleichzeitig ein *wadium dare* von Sei-
ten des Hauptschuldners in sich; nur dass der Bürge, weil er zuletzt
die Wette empfängt, als der zunächst verhaftete eintritt. »
  (3) Edit. Behrend, p. 122.

dérivait de la *wadiatio*, *propter wadium* : sans doute l'obligation antérieure, qu'on a voulu garantir par la fidéjussion, subsistera (1).

Si le fidéjusseur est ainsi le premier exposé aux coups, le
droit barbare ne le laisse point sans protection. Le débiteur
principal est exposé à de fortes amendes, à une *pœna privat a*
comme eussent dit les Romains, s'il laisse exécuter la caution (2). Mais ce n'est pas tout. Le fidéjusseur, au lieu d'attendre qu'il ait payé pour exercer son recours, peut prendre les
devants et saisir les biens meubles du débiteur principal, afin
de les remettre en paiement au créancier qui l'inquiète: les
diverses lois punissent le débiteur qui résisterait à cette saisie. C'est d'abord la loi lombarde: *Liutp.* 40, « Si quis alii
homini wadia dederit et fidejussorem posuerit, et ipse fidejussor cum pigneravit et pignera ipsa ad creditorem ejus dederit,
et postea ei ipse cujus pignora erit, per virtutem tulerit, componat ipse pignera in octogild. » Cf. *Lex burg.* 5, 6, 39.
La loi des Burgondes indique nettement à quelles conditions
le fidéjusseur pourra se libérer par ce moyen: XIX, 9 « quicumque fidejussor res debitoris dederit illi cui fidejussor
accesserit, usque ad domum ipsius sub sua defensione per-
ducat, si autem non fecerit, non sit a fidejussione penitus abso-

---

(1) Sohm : *Eheschliessung*, p. 40 n⁰ 35: « Der debitor ist der *qui wadium dedit*, und sein *wadium dare* ist die Handlung, an welcher der
Bürge (durch Empfang des *wadium* aus der Hand des Gläubigers)
Theil einnimt, so dass darum durch Tod des Bürgers (des einen contrahen-
ten) das ganze Geschäft hinfällig wird, und auch der Schuldner von
seiner Verpflichtung aus del *wadium* frei wurd. »

(2) *Lex burg.* XIX, 8: « Quod si dissimulaverit implere quod placitum
est, et necesse fuerit fidejussorem constrictum atque compulsum debitum de suo solvere, in triplum ab eo quem fide dixit impleatur quicquid
fidejussorem in hac causa solvisse constiterit, » Cf. *ibid.* 5, 6. — *Liutp.*
39: « Si quis alii homini wadiam dederit pro quacumque causa et
fidejussorem posuerit et postea ipsi fidejussore antesterit., componat
solidos XX, » — *Franc. Cham.* 16: « Qui propter alium hominem wadium
adhramivit, et ipse homo cum damnum incurrere dimittit, ille qui suum
wadium adhramivit de suo omnia componat super noctes septem; ille
qui precatur adhramire duplum componere faciat. » — *Capit. Paderb.*
ann. 875 c, 27, (Pertz *Leges* 1, 50): « Ille qui debitor fidejussoris extitit, duplum restituat pro eo quod fidejussorem in damnum cadere permi-
sit. »

lutus (1). » Dans ces âges si rudes, la force privée a souvent mission de soutenir le droit. La loi des Burgondes contient même une diposition bien curieuse, d'après laquelle si le débiteur principal est insolvable il suffirait au fidéjusseur de le livrer en personne au créancier : XIX, 7. « Si is qui fidejussorem dedit non habuerit unde solvat, ipsum fidejussor ad se absolvendum tradat, et a fidejussore aliud non requiratur. » Mais il paraît impossible d'entendre le texte dans ce sens (2). Nous croyons qu'il s'agit là d'une caution qui a promis simplement la représentation en justice d'une personne déterminée : elle devra alors emmener, au besoin traîner celle-ci au tribunal (3) ; mais si elle n'a rien promis de plus, elle ne devra point *payer le juge*, comme on dira plus tard, quand même le débiteur serait insolvable. Elle a rempli son obligation, on ne peut rien lui demander de plus.

Nous avons plus haut indiqué par avance un autre trait bien remarquable du cautionnement germanique, c'est que l'obligation qui en naît s'éteint par la mort de la caution et ne passe point à ses héritiers. Nous n'avons que deux textes de l'époque franque qui fassent l'application de ce principe. L'un est emprunté à la loi des Burgondes (4), l'autre aux capitu-

(1) Platner, *op. cit.* p. 92, 93. — Le fidéjusseur peut d'ailleurs selon la loi des Burgondes saisir même les meubles appartenant à la femme du débiteur : en vertu du *mundium*, pour les créanciers, c'est comme s'ils appartenaient à celui-ci. XCVI, *de fidejussoribus* : « Quicumque tam burgundio quam romanus fidejussor accesserit, et pro fidejussione aut pro quolibet debito mariti res uxoris pigneratæ fuerint, nullam calumniam fidejussor habeat pro pignere, ita tamen ut maritus, cui pro debito suo res uxoris pigneratæ sunt, apud fidejussorem suum se absolvat et res uxoris, quæ sunt, restituat ».

(2) C'est cependant ainsi que l'entend M. Stobbe : *Vertragsrecht*, p. 124 no 65 : « Es kann aber auch der Bürge den Schuldner dem Gläubiger in Personalhaft übergeben und dadurch sich selbst von der Bürgschaft frei machen. Da so seine Verpflichtung nur dann bestehen bleiben würde wenn es ihm nicht möglich ist durch Ueberlieferung des Schuldners sich zu befreien, so ist er zu Uebernahme der Verbindlichkeit nach burgundischem Recht in noch geringerem Masse verpflichtet als die Subsidiarität es an und für sich bringt. Lex burg. 19, 7. » D'ailleurs M. Stobbe considère la loi des Burgondes comme purement anomale.

(3) Platner, *op. cit.* p. 93 ; p. 63 ssq.

(4) LXXXII, 2, *de fidejussoribus* : « Aut si fidejussor mortuus fuerit, heredes mortui judicem loci interpellent ut ejus ordinatione [pars adversa]

laires de Louis II (1). Mais la concordances du droit postérieur permet d'affirmer qu'il y avait là une règle générale (2).
C'est d'ailleurs un trait qu'ont conservé d'autres législations
antiques des peuples indo-européens. L'obligation du *sponsor*
et du *fidepromissor* romains ne passaient point à l'héritier (3)
et la loi de Manou applique la même règle à l'engagement de
la caution indoue (4). Sans doute partout chez ces peuples
divers le cautionnement était considéré comme un bon office,
justifié par des liens de confiance entre la caution et le débiteur, qui de leur nature sont intransmissibles : le côté moral
l'avait emporté sur le côté pécuniaire.

IV

On a pu remarquer dans plusieurs des textes cités plus
haut que le créancier agissant contre le fidéjusseur, comme d'ailleurs ce dernier lorsqu'il poursuit le débiteur principal, procède
par *pigneratio*. Ce mot désigne une saisie privée, accomplie
par un particulier avec le consentement des lois, mais par sa
force personnelle et de son autorité privée. Elle nantit le
créancier et au bout d'un temps plus ou moins long aboutit
non à une vente, mais à une appropriation directe au profit du
créancier (5). Cette conséquence dernière de la saisie n'avait
alors rien d'exorbitant. Selon les coutumes des barbares, le
paiement d'une dette se fait ordinairement non en argent, mais
en meubles corporels; le paiement normal, c'est notre *datio*

ullum fidejussorem ipsa conditione cogatur accipere et ab hæredibus fidejussoris mortui nihil quæratur. »

(1) *Capit. div.* a. 875 c. 42 (Pertz, *Leges* 1, 527) « Si de una causa plures
fidejussores dati fuerint, et unus ex ipsis fidejussoribus mortuus fuerit
ut proinde causam suam non perdat, set pro eo, qui de illis fidejussoribus
vivi sunt, solvatur quod promisit. »

(2) Voy. William Lewis: *Die Succession des Erben in die Obligatio-
nen des Erblassers*, p. 147, ssq. — Stobbe : *Vertragsrecht* p. 132 ssq. —
Platner *op. cit.* p. 125, ssq.

(3) Gaïus, III, 120.

(4) Voy. M. Appleton, *Études sur les sponsores* (Revue de Législation
1876, p. 649).

(5) Voyez pour le droit lombard. *Liutp.* 108-110; cf. *Rot.* 251, 252,
Cesare Nani, *op. cit.* p. 121, ssq.

in solutum (1). En Germanie les troupeaux étaient la véritable monnaie, et la monnaie métallique y était peu estimée, au dire de Tacite. Par suite de la rareté de l'argent monnayé cette coutume subsista après la fondation des royaumes barbares. Lorsque l'exécution était opérée par la puissance publique au profit d'un particulier, c'étaient encore des meubles en nature qu'obtenait ce dernier (2).

Nous croyons qu'à l'origine tous les peuples germaniques admirent la *pigneratio* pour les seules obligations contractuelles qu'ils connurent d'abord, c'est-à-dire les obligations unilatérales nées du prêt, *res præstita*, ou de la *fides facta* (3). Ces contrats sont les seuls, nous l'avons dit, dont traite la loi salique ; nos contrats synallagmatiques ne lui sont pas inconnus, mais ils n'apparaissent que comme opérations au comptant (4). Parmi les lois des barbares il en est deux qui incontestablement ont retenu cette saisie privée. C'est d'abord la loi lombarde, comme nous le montrerons bientôt, puis la loi des Frisons, qui l'appelle de son germanique : *Pant* (5). Il ne faut pas croire d'ailleurs que cette procédure laissât sans défense celui contre qui elle était dirigée. L'homme qui pratiquait une *pigneratio* sans être créancier ou sans l'être dans les conditions voulues, commettait un délit aussi bien que le débiteur qui résistait à tort, et s'exposait à payer une forte composition (6). C'est sous la forme d'une action *ex delicto*

(1) Sohm : *Procédure de la loi salique* (traduct. Thévenin, p. 14 ssq.) — *de Rozière*, n° 166 ; *Lex alam.* 55 , 56, 2.

(2) *Lex sal.* L, 2.

(3) Siegel : *Geschichte des deutschen Gerichtsverfahren*, § 5, p. 35 ssq. Bethmann-Hollweg : *Der civilprozess des gemeinen Rechts* tome IV, § 69, p. 413, ssq. Cf. Naegeli, *Das germanische Selbstpfändungsrecht*. Zurich 1876.

(4) *Nouvelle Revue historique*, novembre-décembre 1880.

(5) *Additio sapientum* IX, 2 (Walter I, p. 373) : « Si vero quislibet servum alterius per vim sustulit pignoris nomine, quod *pant* dicunt, et ille damnum aliquod commiserit, ille qui eum sustulit pro damni qualitate mulctam cogatur exsolvere. » Le créancier est ici responsable du dommage causé par l'esclave saisi, tandis que d'après le § 1, s'il s'agissait d'un gage concédé, le dommage causé par l'esclave ou l'animal engagé serait réparé par le propriétaire. On peut expliquer cette différence par la défaveur avec laquelle était vue la *pigneratio*, mais aussi par cette considération que le saisissant est en voie de devenir propriétaire.

(6) *Rot.* 261 ; *Liutp.* 41 ; *Lex burg.* CVII ; XIX, 3.

tendant au paiement de la composition et du principal, *capitale*, que la personne lésée introduisait sa demande. D'ailleurs dans de telles hypothèses, au lieu de laisser accomplir la saisie sauf à agir ensuite contre le prétendu créancier, la personne attaquée pouvait évidemment résister par la force; elle repoussait alors un acte illégal.

En organisant ainsi cette procédure, les coutumes germaniques suivaient une tendance commune aux législations primitives. Dans une communauté où la puissance publique était faible et encore rudimentaire, elles remettaient à l'individu le soin de réaliser, au besoin par la force, le droit né dans sa personne. D'autre part, au moyen de peines sévères, fixées d'avance, elles réprimaient les abus que les particuliers pourraient faire de cette faculté; on sait que pendant longtemps chez les races germaniques, comme à Rome, le droit pénal occupa une partie du terrain qui devait être logiquement un jour celui du droit civil.

Mais lorsque les grands royaumes barbares se fondèrent, la *pigneratio*, la saisie purement privée, dut tendre à disparaître ou à se modifier. D'une part le pouvoir public, renforcé et grandi, répugnait à laisser aux individus le droit d'exécution qui rentrait dans ses attributions naturelles. D'autre part le nombre des conventions obligatoires augmentait. La vente à crédit, les contrats synallagmatiques s'introduisaient. Pouvait-on ici admettre la *pigneratio*? Cela semblait bien difficile, dans ces actes où des droits réciproques amenaient des comptes à régler, où chacun était créancier et débiteur à la fois. En face de ces difficultés, il semble que les diverses *leges* aient adopté des solutions différentes. Les unes laissèrent subsister la *pigneratio* avec ses anciens caractères, peut-être même l'étendirent à toute espèce d'obligations, exigeant seulement l'intervention de la puissance publique pour autoriser la saisie de certains objets précieux: telle est la loi lombarde (1). D'autres, comme la loi salique, maintinrent la *pigneratio* seulement dans les deux cas d'application primitifs,

(1) Voyez sur la loi Lombarde l'ouvrage de M. Nani déjà cité : *Studi di diritto longobardo*; studio secondo, capo secondo : il pignoramento privato nel diritto longobardo. Les ouvrages antérieurs publiés en Allemagne y sont tous analysés et critiqués.

mais y introduisirent un élément contentieux, en exigeant que, pour saisir, le créancier demandât toujours l'autorisation du juge (1). D'autres enfin la proscrivent d'une façon générale, exigeant toujours que le créancier obtînt un jugement et que pour l'exécution il appelât à son aide la puissance publique: de ce nombre sont la loi des Wisigoths (2), celle des Bavarois (3), l'édit de Théodoric (4), le capitulaire *de partibus Saxoniæ* (5). La loi des Burgondes, excepté dans un cas auquel nous arriverons bientôt, semble bien édicter la même prohibition (6), et la loi des Ripuaires ne contient aucune mention de la *pigneratio*, là où la loi salique dans les passages correspondants l'organisait sous une forme mitigée.

Mais il convient de faire une remarque importante, et qui nous ramène à notre sujet. Dans les lois qui connaissent la *pigneratio*, elle est incontestablement admise contre le fidéjusseur alors que dans d'autres cas son application est douteuse: parfois, dans les lois qui la prohibent en général, elle est exceptionnellement admise contre la caution. On reconnaît par là un nouveau caractère du cautionnement: il ouvre habituellement la saisie privée au créancier, et il gardera ce trait distinctif dans le droit du moyen âge; pour le moment, ce sont les lois barbares que nous devons interroger.

(1) Bethmann Hollweg. *op. cit* p. 474. — Sohm : *Procédure de la loi salique*, §§ 5-9. D'après M. Sohm cette procédure présenterait, non pas une modification du droit primitif, mais le type originaire et pur de la *pigneratio*; on la retrouverait dans toutes les *Leges*, sauf celle des Lombards. Dans le même sens voyez : Bigelow. *History of procedure in England*, ch. v. p. 201 ssq.— Mais la très grande majorité des auteurs repoussent justement cette opinion. Voy. Nani, *op. cit.* § 13 ssq.

(2) V. 6, 1 : « Pignerandi licentiam in omnibus submovemus; alioquin si non acceptum pignus præsumpserit, negemus de jure alterius usurpare, duplum cogatur exsolvere. »

(3) XIII, 1 : *de pignoribus*: « pignorare nemini liceat nisi per jussionem judicis. »

(4) CXXIII : « Capiendorum pro suo arbitrio pignorum unicuique licentiam denegamus : ita ut si probabile fuerit hoc agendi judicis præstet auctoritas. »

(5) C. 25 : «De pignore ut nullatenus alterum aliquis pignorare præsumat et qui hoc fecerit bannum persolvat. »

(6) XIX, 1 : « Qui ante audientiam cujuscumque pignera abstulerit causam perdat, et inferat multæ nomine sol. 12.

Dans le droit lombard la *pigneratio* est incontestablement admise contre celui qui s'est obligé par *wadia*, contre le fidéjusseur par conséquent ; c'est au contraire une question fort discutée que de savoir si elle est possible pour d'autres obligations. La difficulté vient de ce qu'on trouve dans l'édit deux textes difficiles à concilier. L'un, de Rotharis, semble pour toute dette permettre la *pigneratio* (1), l'autre, de Liutprand, ne paraît l'admettre que quand l'obligation est née de la *wadia* et que de plus elle a été contractée devant témoins (2). Les essais de conciliation n'ont pas manqué (3) ; le problème était agité déjà par les jurisconsultes de Pavie qui commentaient ces textes alors qu'ils étaient encore en vigueur (4). Pour nous, le texte de Rotharis fut écrit à une époque où l'on ne songeait encore qu'aux deux cas primitifs, la *wadiatio* et le prêt ; et Liutprand voulait déterminer non pour quelles dettes mais à quelles conditions la *pigneratio* dorénavant serait possible. Plus tard on fut embarrassé par la généralité des termes de l'édit de Rotharis, et les opinions furent divisées ; mais il nous paraît difficile d'admettre qu'on permit jamais la *pigneratio* dans les contrats bilatéraux. La *wadiatio* et le prêt restent d'ailleurs les seuls exemples que citent les gloses (5).

Le fidéjusseur est bien un de ceux que peut atteindre la *pigneratio* mitigée admise par la loi salique puis qu'il s'oblige par *fides facta*. Quant à la loi des Burgondes, elle établit très nettement un lien entre la *pigneratio* et la fidéjussion : le titre XIX a pour rubrique : *de ablatis pigneribus et fidejussoribus*. Ce

---

(1) *Rot.* 245 : *De pignerationibus et devitas* « Si quis debitorem habens, appellet cum semel bis et usque tertio, et si debitum non reddederit aut non composuerit, tunc debeat pignerare in his rebus quibus pignerare lecitum est. »

(2) *Liutp.* 15 « Quicumque homo sub regni nostri dicione cuicumque amodo wadia dederit et fidejussore posuerit, presentia duorum vel trium testium, quorum fides amittitur, in omnibus complere debeat. Et si distolerit et pigneratus fuerit in his rebus in quibus lecitum est pignerandi nulla calomnia qui pigneraverit patiatur.... Et si hominis inter non fuerint, quando wadiatur, quicumque quasi fidejussorem pigneraverit, componat sicut supra legitur. »

(3) Nani, *op. cit.*, p. 77. ssq.

(4) *Glos. ad Roth* 245 ; *Expositio ad Liutp.* 8 § 6 ; *Glos. ad Liutp* 107.

(3) Par. ex. *Glos. ad Roth* 245 « ammoneat de prestito reddendo non cum wadia obligato. »

titre commence par un paragraphe qui défend de pratiquer aucune saisie avant d'avoir comparu devant le juge: « qui ante audientiam cujuscumque judicis pignera abstulerit, causam perdat et inferat multæ nomine solid. XII ; » dans la suite il parle de la *pigneratio* du fidéjusseur par le créancier et de celle du débiteur principal par le fidéjusseur sans rappeler aucunement cette intervention du juge, parfois même en des termes qui paraissent l'exclure (1). Ne trouvons-nous pas là une loi qui, excluant en principe la saisie purement privée l'admet exceptionnellement en matière de cautionnement (2)? Cela est d'autant plus facile à admettre qu'au moyen âge dans plus d'une coutume nous trouverons unies la même règle et la même exception.

§ 2.

Le contrat formaliste au moyen âge : la plévine.

I

Le contrat formaliste ne disparut point avec l'époque franque, nous le retrouvons à l'époque féodale. Il est souvent désigné par les mêmes termes que précédemment: *fidem facere, faire foi*, ou ce qui est la même expression: *faire fiance, fiancer*. De nouveaux termes s'introduisent aussi: *plevir sa foi* (3),

---

(1) XIX 5. « Is qui sub fidejussore discesserit ter admonitus coram testibus vel post admonitionem pigneratus. » Cf. § § 9, 10, 11.

(2) Nani, *op. cit.* p. 65. « Bethmann Hollweg ritiene pure che secondo la legge dei Burgundii avessere luogo tre inviti e quindi una autorizzazione giudizale, ma noti nello stesso tempo che questo procedimento era limitato alle obligazioni guarentite per mezzo della fidejussione. Ed in vero e solamente riguardo ad essa che troviamo fatto cenno delle tre ammonizioni e della *trina conventio*. Che anzi se il divieto della *L. burg.* XIX, 1, fosse meno esplicito e categorico, si sarebbe tentati di credere que pei debiti guarentiti da fidejussione si ammettessa un procedimento assai spiccio e del tutto stragiudiziale; tre intimazioni e quindi immediamento il pignoramento. » Ce que M. Nani indique, sans oser l'enseigner, nous paraît être la vérité.

(3) *Chanson de Roland* (édit. Petit de Julleville) v. 403. ssq : «Tant che valchérent Guenes et Blancandrins, — Que l'un à l'altre la sue feit plevit, — Que il querroient que Rollanz fust ocis. » — v. 50«7 De notre Prod m'ad plevie sa feid. »

ou simplement *plevir*, d'où le nom de la caution et du cautionnement : *plège, plègerie*. Mais les formes extérieures changè-
rent. La *festuca* disparaît ; on trouve à peine quelques traces
de son emploi dans des affirmations solennelles faites en
justice (1), ou dans les usages extrajuridiques du peuple (2),
qui conservent tant de vieilles pratiques. Le *wadium* au contraire se conserva assez longtemps dans la pratique judiciaire.
La procédure du moyen-âge, comme celle de l'époque franque, connaissait le *jugement de preuve*, et les parties s'enga-
geaient à l'exécuter en remettant leur gage, généralement un
gant. Chacun sait que le duel judiciaire donnait lieu aux *gages
de bataille*, que nous trouvons encore très nettement décrits
au XIVᵉ siècle (3). Dans bien des lieux c'est toute preuve à
fournir qui est promise par gage (4). *Livre de jostice et de plet*,
XVIII, 24 § 7 : « Se aucuns a gagée a jor aucune chose devant
jostice a aucun et il ne la rand il doit cinq sols d'amende. »
On trouve fréquemment le vieux terme *arramir* employé
pour désigner ces offres et promesses de preuve : « Et en doit
porter son gage en main au seignor et doit requerre jor
resnable a prover ce qu'il a arrami (5). »

Le gage servait souvent, comme la *fides facta* de l'époque
franque, à promettre le paiement d'une amende dont le chiffre restait parfois à déterminer. Cela s'appelle *gager l'amende*
ou *faire le droit gage de sa loi* (6). A la fin du XVIᵉ siècle, nous

(1) Voyez *l'Ordonnance des majours de Metz* I, 19. (Nouvelle Revue historique 1878, p. 318).
(2) Dans Molière (*Le dépit amoureux*. Acte IV, scène IV) Marinette et
Gros Réné savant bien que.

« ....une paille rompue
Rend entre gens d'honneur une affaire conclue. »

(3) *Aurea pratica libellorum Petri Jacobi Aurelianensis* (Coloniæ
Aggripinæ M. D. LXXV), p. 393 : « Super dicta pugna pignus meum et
has chirothecas meas hic in medio in præsentia vestra offero et reddo. »
(4) Cela s'appelle la *Wadiatio*, dans les sources normandes et anglo-
normandes. Voy. Brunner : *Entstehung der Schwurgerichte*, p. 174. Le
même usage se trouve dans beaucoup de coutumes du midi : Franken. *Das französische Pfandrecht*, § 17; p. 220, ssq. ; cela s'appelle :
fermancia, fermansa.
(5) De Fontaines, XXII, 1 ; Cf. Beaumanoir XXXIX, 20, 74 ; LXI, 17.
Voy. Du Cange, Vᵒ *Adramire*.
(6) *Établissements de Saint-Louis* (édit. P. Viollet) I, 51, 105. —
Du Cange : Vᵒ *Emenda, emendam gagiare* ; il cite entre autres tex-

trouvons encore cette expression, défigurée il est vrai, dans la *Pratique* de Lizet (1). Cette coutume remonte bien loin, et tout souvenir en a disparu ; cependant on peut en trouver un dernier écho dans certains jeux d'enfants, où celui qui se trompe donne un gage qu'il devra racheter ensuite par une pénitence. Là encore on *gage* la peine.

Mais en matière extrajudiciaire, dès l'époque franque, les formes de la *fides facta* commencent à changer. Dorénavant c'est encore une promesse solennelle, généralement un serment promissoire, mais l'élément matériel qui viendra la soutenir sera un geste de la main. S'il s'agit d'un engagement qui doit être pris envers une personne déterminée, le futur débiteur met ses mains dans celles du créancier (2). Alors même qu'il s'agit simplement d'un serment affirmatoire, la main jouera un rôle : on la lèvera ou bien on la posera sur des reliques.

Ces formes se montrent très nettement dans Grégoire de Tours. Ainsi, il raconte que deux esclaves, unis par un mutuel amour, vont se marier à une église : leur maître les réclame, mais le prêtre refuse de les lui rendre, s'il ne promet de respecter leur union. Voici comment ce dernier point est exprimé : « Non enim poteris (inquit) eos accipere, nisi ut *fidem*

tes : « Charta Curiæ Camerac. ann. 1399 : genu plicato per traditionem sui capitii emendam gagiavit in manu domini præpositi in ecclesia Cameracensi. » L'acte même est décrit dans cette pièce. — A *gager l'amende* on opposait « *amender connissamment* (préalablement) ». *Ancien coutumier de Picardie*, édit. Marnier, p. 68.

(1) Édition de Paris 1603. p. 34 « Fréquentement ès justices subalternes non royalles, les officiers du seigneur composent de l'amende avec le prisonnier à certaine somme de deniers ce qu'ils ont accoustumé appeler *gaigner l'amende*... Ne pourront doresnavant les seigneurs subalternes ne leurs officiers... recevoir aucune composition ou *gaignement* d'amende. » Il nous paraît certain qu'il faut rétablir *gager, gagement* ; peut-être Lizet ne connaissait-il plus la signification de ces termes.

(2) On pourrait être tenté de ramener ce mode d'obligation à la *paumée* ; il paraît tout différent. La *paumée*, que nous avons ramenée à la catégorie des contrats réels, ne se montre jamais que dans la vente, dans la location, en un mot dans les contrats qui supposent un trafic, une sorte de troc. L'esprit qui la dicte s'est conservé dans le dicton populaire : « tope là et c'est conclu. » Au contraire la *fides manualis* que nous étudions maintenant apparaît comme un engagement reposant sur l'honneur, et dépassant de beaucoup le domaine de la spéculation.

facias de permanente eorum cunjunctione ; similiter ut de
omni pœna corporali liberi maneant repromittas, ... At ille...
posuit manus suas super altare cum juramento, dicens : quia
nunquam erunt a me separandi (1). » Ailleurs un certain
Aventinus veut libérer des captifs qui se sont refugiés près
de lui ; il offre à leur maître de les racheter : « Sed ille obli-
gans se sacramento ait : nunquam hæc nisi in pago meo sum
accepturus. *Dedit que dexteram suam,* quod si illuc pecuniam
transmitteret, iste confestim captivos a vinculo servitutis ab-
solveret. Transmisso itaque pretio, oblitus dominus *fidei suæ,*
dum captivos absolvere dissimulat, ipse ligatur. Nam statim
summitas digiti *de manu quæ fidem fecerat* dolere graviter
cœpit, deinde paulatim dolor accrescens per manum bra-
chiumque totum extenditur (2). »

Un capitulaire nous montre des sujets, qui, pour promettre
solennellement de dire la vérité, mettent leurs mains dans
celles du comte : « Tunc judex ille qui in loco ipse est faciat
jurare homines illos, quilibet sint, Francos aut Longobardos
quos ipse nominatim dixerit, ut dicant veritatem. Et si creden-
tes homines fuerint, *in manu comitis sui dextras dent* (3). »
C'est de la même manière que l'autrustion jure fidélité au roi
et le *vassus* au *senior* (4).

Cette façon de promettre en donnant ou en étendant la
main paraît d'ailleurs avoir été un vieil usage des peuples primitifs et particulièrement des Indo-européens. On le constate
chez les Grecs (5). On le trouve dans les traditions et les coutumes populaires des Romains. « Sicut dextra osculis aversa

(1) *H. F.* V. 3.

(2) *De gloria Confessorum,* c. LXVIII.

(3) Pertz, *Leges* I, p. 43.

(4) Marculfe I, 18 : « Ille fidelis... noster veniens ibi in palatio nostro...
in manu nostra trustem et fidelitatem nobis visus est conjurasse. » Capitul. 816, c. 2. (Pertz *Leges* I, 196) : « Senior vassali sui... postquam
ei ipse manus suas commendaverit. » *Annal. Lauris.* an. 757 (Pertz. *Script.*
I. 140).

(5). Voyez dans Plutarque, *de liberis educandis,* un vieil adage de Pytha-
gore et son interprétation : « Μὴ παντὶ ἐμβάλλειν δεξιάν· ἀντὶ τοῦ, προχεί-
ρως οὐ δεῖ συναλλάσσειν. — Non cuivis injice dextram : hoc vult non temere
esse contrahendum. » (Edit. Reiske VI, p. 42).

appetitur, *in fide porrigitur*,» dit Pline l'Ancien (1) ; et les poëtes, chantant les anciennes légendes, en donnent de nombreux exemples (2). Les Romains usaient même de cette pratique sous l'Empire dans leurs traités avec les barbares (3) ; de leur côté, nous voyons les chefs germains s'engager de la même manière (4). Sans doute dans la monarchie franque, à un moment où le droit perdait de sa précision et se transformait, cette coutume populaire prit spontanément une valeur juridique, qu'elle n'avait pas eue jusque-là.

II

Au moyen âge, c'est décidément la forme consacrée du contrat formaliste : cela s'appelle toujours la *fides*, mais on y ajoute l'épithète *corporalis* ou *manualis*. Les textes abondent qui le démontrent (5).

(1) H. N. VI. 103, 1.

(2) Virgile. *Æn.* III, 610 ; VIII, 407 ; et *Servius*, sur ces passages. Voy. les textes nombreux cités dans Freund et Theil, *Grand dictionnaire de la angue latine*, V° Dextra, — Facciolati et Forcellini, *Totius latinitatis lexicon*, eodem verbo.

(3) Tacite. *Ann.* II, 58 : «inter quæ ab rege Parthorum Artabano legati venere. Miserat amicitiam ac fœdus memoraturos et cupere *renovari dextras.* » — *Hist.* 1. 54 : « Miserat civitas Lingonum vetere instituto dona legionibus dextras hospitii insigne. »

(4) *Richeri. Histor.* I, 64 (Pertz *Script.* III. 561) : «Gothorum principes Ragenmundus et Ermingardus... regi obvenienti militatum occurrunt, ejusque manibus manus suas inferunt, militiam spondentes.»

(5) Voyez en particulier le cartulaire de St-Pierre d'Avenay (Histoire de l'abbaye d'Avenay par M. L. Paris. 1879, tome II) : *Promesses de garantie* : N° LXXIV. p. 119 : «Fidem prestiterunt in nostra presentia corporalem quod occasione vendilionis predicte... nec per se nec per alios prenominatam ecclesiam molestabunt.»— N° LXXXVIII, p. 128 : «fide præstita corporali quod contra vendilionem... non venient in futurum.» — N° XCVII, page 136 : « promittentes fide sua præstita corporali. » Quelques textes sont plus explicites encore : N° LXXVI, p. 126 : « fidem præstantes corporalem *in manu* dicti clerici de non contra veniendum in futurum. » — XCVI, p. 134. « Promiserunt etiam per fidem suam corporaliter præstitam *in manu nostra* quod legitimam garandiam portabunt.» Si ailleurs les termes sont moins précis ; p. 87 « fide firmaverunt interposita, » p. 105 « per suæ fidei interpositionem, » il ne faut voir là qu'une façon de parler plus brève.

Cartulaire de l'abbaye de Launoy (Mémoires de la société archéologi-

Les termes français qui traduisent ces expressions latines sont *fiancer, faire foi et serment, promettre par la foy et serment de son corps* (1), ou encore parfois *créanter.* Voici d'abord une pièce qui démontre bien cette correspondance que nous venons d'indiquer. Dans le cartulaire de Saint-Pierre-d'Avenay on trouve deux actes qui se répètent, l'un en latin, l'autre en français. Le premier est une *notitia* dressée par Jehan Oisons, official de Jehan de Blois, constatant que Gui de Cernay et Isabelle sa mère ont donné certains biens et vendu certains autres à l'abbaye d'Avenay ; le second contient des lettres obligatoires de Guy de Cernay, qui reconnaît la donation et la vente. Dans un passage la *notitia* s'exprime ainsi : « Hæc omnia supradicta donaverunt et vendiderunt predictis abbatisse et ecclesie tanquam francum alodium et promiserunt predicti miles et mater ejus *fide data* quod contra dictas donationem et venditionem per se vel per alium non venient in futurum, nec aliquid in eisdem reclamabunt vel facient reclamari, sed adversus omnes juri parere volentes legitimam eisdem abbatisse et ecclesie de predictis tanquam de franco alodio portabunt garandiam et garantisabunt (2). » Voici maintenant le passage correspondant des lettres : « Toutes ces choses ensi com elles sunt ci-desour dites et devisées devons (donnons ?) nos et avons vendu à celle abbesse et à

que du département de l'Oise, tom. XI 1re part.). No XCII, (de l'an 1183) p. 160 : « Hujus autem pactionis quam ipse Matheus firmam et inconcussam se tenere *propria manu* plevivit. »

Bigelow : *History of procedure in England*, appendix No 13 (pièce de 1171) : « Fide corporaliter prestita super sanctum evangelium juravit de nunquam ulterius super hac donatione facturum aliquam calumpniam. » *Ibid.* No 34 : « predictam compositionem nos fideliter servaturos et a nostris firmiter servari facturos *in manu Petri Redonensis archidiaconi* fide corporali firmaverunt. » M. Bigelow a seulement soupçonné la portée de ces expressions. Dans le corps de l'ouvrage (p. 115), rappelant un de ces passages où il s'agit de promettre *corporaliter*, il dit en note : « This probably refers to the ceremony of the oath. »

(1) *Registre criminel du Châtelet de Paris* (XIVe siècle), I, p. 388 : « avaient promis et juré en la main de messire Wuillaume de Beaucamps. » — p. 183 : « jurèrent sur les Sains Évangiles et par la foy et serment de leur corps garder bien et seurement icelluy prisonnier. » — p. 337, 354 : « promettre par la foy et serment de son corps. »

(2) *Histoire de l'abbaye d'Avenay*, tome II, p. 131.

celle église devant dites comme de franc alue, et si *premet par ma foi* que je contre ce don et ce vendage devant dit ne venrai ne ferai venir ne par moi ne par autrui des or en avant, en (et) *premet par ma foi fiencie* que j'en porterai loial garantise de ces choses devant dites à celle abbesse et à celle église envers tous cex qui à plait et à droit en voroient venir ne pourroient, comme de franc alue (1). »

Voici ce que nous lisons dans un fabliau : « Je vous créanterai sans guerre — Et vous fiancerai maintenant — Ma main en la votre tenant... — Que vous raurez votre terre (2). »

Le *Livre Roisin* de Lille, parlant des *trèves*, cette curieuse institution par laquelle le moyen âge corrigeait le fléau des guerres privées, indique qu'elles se contractent par la fiance : « Et teuls sont les paroles que l'on doit dire as truiwes prendre et au fiancher : Vous fianchiés boines truiwes et loyaux à chelui de vous de vos parens de vos amis et de vos forche (?) (3). » Et un peu plus loin il indique que dans cette promesse les mains ont été données : « Et quiconques che crit enfraindroit ne trespasseroit, ne truiwes briseroit, il kieroit en autel fourfet et en autel jugement que s'il brisoit truiwes qui tantost *fuissent prisses de main à autre* (4). »

En Angleterre au XIIe siècle le *Dialogue de l'Échiquier* nous montre le baron ou son sénéchal qui promettent le paiement des droits dans la main du shériff (5).

Dans un petit livre de pratique du commencement du

(1) *Ibid.* p. 133.
(2) Fabliaux et contes des poètes français des XI-XVe siècles (édit. Méon, 1808, I, p. 179) ; cité par M. Franken (*Französisches Pfandrecht*), qui d'ailleurs rapporte à tort ce passage à la *paumée*, op. cit. p. 60.
(3) Edit. Brun Lavainne. p. 97
(4) *Ibid.* p. 98. Beaumanoir LIX, 10 : « puis que pes est *créantée* ou convenanciée à tenir. » — LX, 5 : « adont la justice les doit fere penre, s'il sont trové, et tenir tant qu'il aient *fiancé asseurement*. » *Établissements de Saint-Louis* (édit. P. Viollet), I, 31 « la jouslise le doit faire asseurer... et doit faire fiancer ou jurer à celui de qui il se plaint. »
(5) *Dialog. de Scacc.* II, 19 (Stubbs : *Select charters*, 3e édit. p. 240) : « At si de rege tenens baroniam audita summonitione *fidem* in propria persona, vel *manu generalis œconomi* quem vulgi senescallum dicunt, *in manum vicecomitis dederit*, sub hoc tenore verborum, quod de hac summae dé hac summonitione grantum baronum in Scaccarii die compot sui faciet, sic vicecomes contentus sit »

XVII° siècle, le *Nouveau stile et protocolle des notaires tabel-lions, greffiers, sergens et autres practiciens* (1), nous trouvons encore notre vieille formule dans un modèle d'acte notarié contenant un don mutuel entre époux : « Promettans lesdits mariez chacun endroit soy, par leurs sermens et par la foy de leurs corps, pour ce donnez corporellement es mains desdits notaires, ceste présente grâce mutuelle et don esgal et toutes les autres choses dessus dites, avoir agréables, tenir fermes et stables, et les accomplir du tout à toujours par manière des-sus dite et non aller, dire, venir, ou maintenir encontre pour quelque cause que ce soit (2). »

La *fiance*, au lieu de constituer un contrat, contenait, sou-vent un serment, professionnel (3), ou même un serment simplement affirmatoire (4). La partie qui jurait posait sa main sur les reliques ou sur l'évangile, ou encore elle levait en l'air sa main droite pour que celle-ci jouât son rôle néces-saire. Sans doute c'est de là qu'est venu l'usage encore observé de nos jours, lorsqu'un serment est prêté en justice,

(1) A Troyes, chez la vefve Nicolas Oudot, 1637.

(2) F° 48 r°.

(3) Dans le livre de Jacques d'Ibelin (*Assises*, édit. Beugnot, I. p. 454) est rapporté le serment par lequel le roi de Jérusalem promet de respec-ter les coutumes : « lors doit estre apportée l'évangille et le seignor se doit agenoiller et *mettre la paume destre dessus.* » — *Charte de la Pérouse, de l'an* 1260 (Bourdot de Richebourg III, 2, p. 1007): « Quand li sires mettera son Baele (bailli) le daet (doit) fere jurer sur saint *ou la main des cossors* (consuls) que léaument menet la ville à l'usage, ob le consael (conseil) de cossors. » — Dans *le livre Roisin*, au chapitre des *serments*, que doivent prêter les divers fonctionnaires, chaque paragra-phe commence par ces mots : « Vous fianchiés et jurés. » — *Livre des métiers* (édit. Depping, p. 77) « De si adonc qu'il ait *fiancé sa foi* qu'il gardera et fera le mestier bien et léaiment, et celle *fiance* doit estre faite devant deux du mestier. »

(4) Ces expressions *faire foi et serment* pour désigner le serment affir-matoire se conservent très tard. Nous les trouvons dans un *Protocolle pour faire demande en toutes actions selon le stile du Chatelet de Paris*, à la suite du *Stile et protocolle des notaires* plus haut cité p. 171, v° : « Requeste pour faire foy et serment. Alain Huot requiert à l'encontre de S. Brideval, qu'il vienne en personne en jugement et faire foy et ser-ment si au temps des arrests faits en leurs mains à la requeste dudit Alain, il estoit tenu ou devoit aucune somme ou sommes de deniers n'y autre chose à Jean le Cacheux. » *Ibid.* p. 181 v°.

de faire lever à celui qui jure sa main droite dégantée (1).
Pour le serment professionnel, le langage a conservé dans une
métaphore le souvenir de l'ancienne pratique. Le décret du
3 novembre 1789, qui nommait des adjoints au juge dans les
procédures criminelles, déclarait encore, dans son article 2,
qu'ils « prêteraient serment à la commune *entre les mains* des
des officiers municipaux ou syndics, ou de celui qui la préside,
de fidèlement remplir leurs fonctions ». Et dans le Concordat
conclu entre Pie VII et le gouvernement français nous lisons:
« art. 6. Les évêques, avant d'entrer en fonctions prêteront
directement *entre les mains* du premier consul le serment de
fidélité qui était en usage avant le changement de gouvernement, exprimé dans les termes suivants : je jure et promets
à Dieu *sur les saints évangiles* de garder obéissance et fidelité
au gouvernement établi par la constitution de la République
française, etc. Art. 7. Les ecclésiastiques du second ordre prêteront le même serment *entre les mains* des autorités civiles
désignées par le gouvernement (2). »

  Nous pouvons remarquer que la *fiance* est encore parfaitement connue de Beaumanoir comme mode général de s'obliger. XXXIV, 9. « Si aucuns convenancent par foy ou par serement à rendre ou à payer aucune coze à certain jour. » Et
même, dans un autre passage, il a l'air de mettre la fiance sur
la même ligne que le denier à Dieu et les arrhes (3). Nous

---

(1) Voy. Du Cange Vᵒ *Fidem levare:* « manum vel digitum levando
per fidem suam promittere. Litt. remiss. ann. 1460 in reg. 192 Chartoph.
reg.c. 80: *Ipse Georgius promisit sibi quod nullum faceret malum levando
fidem sive digitum.* »

(2) On peut remarquer que, tandis que ces expressions figurent dans la
loi du 18 Germinal an IX, qui confirme le concordat, la bulle de confirmation papale n'a pas dans le latin conservé la vieille image. Il y est dit :
« Consensimus ut episcopi, antequam episcopale munus gerendum sus-
cipiant, *coram primo consule* juramentum fidelitatis emittant : » et plus loin:
« Consensimus ecclesiasticos secundi ordinis in eadem verba jurare *coram
auctoritatibus civilibus* etc. »

(3) XXXIV, 60 ; « Noz entendons que marciés es fes sitost comme il
est *créantés* à tenir par l'accord des parties, entre gens qui poent fere
marciés, ou si tost que denier Dieu eu est donés, ou si tost comme eres
en sont donés, car cascune de ces trois cozes vaut confermement de
marcié. » Il semble bien ressortir des textes que nous avons recueillis que
créanter est synonyme de *faire foi ;* on peut se demander seulement si

remarquerons aussi que les termes usités, *faire foi et serment*
semblent distinguer deux choses : la promesse que la main
consacre, et le serment qui l'accompagne ; parfois en effet
dans les actes cette distinction sera très nette.

Mais c'est assez disserter sur la physionomie générale de
notre contrat ; il faut dire maintenant quelles étaient ses principales applications.

III

1. — Il est une de ses fonctions qu'il faut faire passer avant les
autres. C'était par ce mode que se nouait le contrat qui servait de fondement à la féodalité, le lien qui unissait l'homme
au seigneur, la foi et hommage (1). Pour faire foi et hommage
l'homme s'agenouillait, et mettant ses mains dans les mains du
seigneur lui promettait fidélité : « Quant home ou feme fait
homage au chief seignor dou reiaume, il doit estre à genoills
devant lui et metre ces mains jointes entre les soes et dire li :
Sire je deviens vostre home lige de tel fié.. et vous promet à
garder et à sauver contre totes riens qui vivre et morir puissent...
Et qui fait hommage de chose qui seit ou reiaume à autre que
au chief seignor, il le deit faire en la manière dessus devisiée,
mais tant que il ne deit pas faire ligece (2). » Le seigneur, à
qui incombaient aussi des devoirs envers son homme d'après
le droit féodal, baisait le vassal sur la bouche (3). Bien que
l'hommage fût considéré comme créant à lui seul le lien d'o-
bligation (4), l'usage s'introduisit de le faire suivre d'un serment de fidélité prêté par le vassal (5).

en faisant suivre ce mot de ceux-ci, *par l'accord des parties*, Beaumanoir
n'en a pas changé la portée. Voyez notre première étude.

(1) Dumoulin, *Coutume de Paris*, art. 3. glos. : 3 « quod vulgo Galli
vocant fidem et homagium, sive unico verbo brevius et aptius loquendo,
fidelitatem facere. »

(2) *Assises de Jérusalem* II. C. c. 195 (édit. Beugnot I, 313.)

(3) *Ibidem.*

(4) Bracton, *De legibus Angliæ* édit. Travers Twiss, I, p. 634 : « propter
obligationem homagii. » — p. 420 : « Sciendum est quod homagium
est juris vinculum. »

(5) Bracton. I, p. 614, ssq : « Debet quidem tenens manus utrasque.

Ces formes se conservèrent seulement pour l'hommage
lige. Voici ce que dit Dumoulin : « Tale homagium facientes
solent recognoscendo et promittendo fidelitatem, cum juramento solemni, flexis genibus, ponere manus suas intra manus domini, in signum summæ subjectionis, reverentiæ et
fidei, et a domino admitti ad osculum pacis in signum specialis confidentiæ et amoris. Quæ forma et solemnitas non servatur nec congruit in præstatione homagii inferioribus dominis,
quoniam soli supremo principi debetur fidelitas et ligia et
summa abjectio, et reverentia summa puta cum flexu ge-
nuum et junctione manuum (1) ». L'hommage simple était
une simple promesse : « Agnitio et sponsio fidelitatis clien-
tariæ. » Le vassal ne s'agenouillait point et ne donnait pas
les mains ; cependant il y avait encore *fides corporalis*.
Dumoulin a soin d'indiquer que l'homme doit avoir la
main levée et étendue : « Secundum expono de modo spon-
sionis et promissionis fidei, quæ debet fieri *per porrectionem
manus vel manuum*, sicut antiquitus solebant et adhuc hodie
frequenter iniri et firmari pacta (2). »

II. — Nous avons indiqué par avance dans notre première
étude la seconde application de notre contrat : ce sont les
fiançailles. Ici le nom à lui seul est significatif ; mais il est aisé de
montrer en plus que la forme typique se retrouve également.
C'est par la jonction des mains que les fiancés se promettaient
mariage, et le rituel du mariage catholique en garde encore

ponere intra manus utrasque domini sui..., et debet dicere hæc verba :
devenio homo vester de tenemento quod de vobis teneo et fidem vobis portabo de terra et membris et terreno honore .. et fidem vobis portabo
contra omnes gentes,... et statim post faciat domino suo sacramentum
fidelitatis hoc modo : Hoc audis, domine, N. quod fidem vobis portabo
de vita et membris, corpore et catallis et terreno honore ; sic me Deus
adjuvet et hæc sancta Dei evangelia. » Cf. *Livre de Jacques d'Ibelin*,
ch. 1. (Beugnot I, p. 456).

(1) *Coutume de Paris*, art. 3, gl. 3 n° 15.

(2) *Ibid*, n° 16.

(3) Dans Grégoire de Tours, *H. F.* (I, 42) cette jonction des mains figure
en une légende touchante. Il s'agit non de fiancés, mais de deux jeunes mariés. Au lit nuptial, l'épousée tout en pleurs avoue à son mari
qu'elle s'est vouée à Dieu ; elle lui offre une part de la béatitude céleste

la trace (1). A une époque relativement récente, au XIVe siècle, le *Registre criminel du Châtelet de Paris* fournit plusieurs passages où sont rappelées fidèlement les formes anciennes ; toujours ce sont des gens du peuple qui parlent et l'on sait combien le peuple conserve de vieux usages. « Lequel prisonnier lors prist elle qui parle par sa main destre et lui promist *par la foy et serement de son corps* estre son mary, et qu'il ne auroit ne ne prendroit autre femme à mariage ; et semblable promesse fist, elle qui parle, audit prisonnier(2). » — « Lequel qui parle, meu de l'amour que son cuer avoit déjà mise en icelle Marguerite, promist et enconvenança lors à icelle Marguerite *par la foy et serement de son corps, et leurs mains destres pour ce bailliées li uns à l'autre,* que il seroit son mary et l'espouseroit, en lui promettant foy et créantement de mariage (3) ». — « Ainsy comme ils estoient couchez ensemble en un lit de nuit... *fiancèrent de leurs mains et par parolles li uns l'autre, et promistrent et jurèrent li uns à l'autre eulx entre espouser* (4). » De même dans la compilation de Johannes Gallus on voit un homme, pour fiancer une jeune fille, mettre sa main dans celle de son gardien ou baillistre : « *De amende licite pour avoir fiancé une fille de la garde du roy :* Miles, qui vocatur Galebrum, qui quandam domicellam existentem in gardia domini regis *in manu baillivi tunc eam tenentis affidavit,* condemnatus fuit pro facto hujusmodi emende domino regi in trecentis libris turon et præceptum fuit baillivo ut eam levaret (5). »

III. — Enfin la *fiance* servait à contracter un cautionnement, et nous voilà ainsi ramenés au contrat qui fait le principal objet de cette étude. Le débiteur principal amenait au créan-

qui l'attend s'il veut respecter sa virginité. L'époux consent, et, dit le texte, « datis inter se dextris quieverunt ».

(1) On peut remarquer aussi qu'en parlant des promesses des fiancés, souvent accompagnées de serment, les textes du droit canon emploient l'expression « fidem facere. » Voy. c. 1. X. 4, 4 ; cc. 2, 4, 5, 9, 10, 12, 16, 30, 31, X, 4, 1.

(2) I, p. 151.

(3) I, 205.

(4) I, p. 381.

(5) A la suite du *Stylus parlamenti,* cum scholiis Aufreri. 1525. fo CXIIII.

cier le futur *plége*, et celui-ci s'obligeait par la foi et serment, généralement en mettant sa main dans celle du créancier. Ici encore les témoignages abondent, reliant les usages du moyen âge à ceux de l'époque franque. Voici quelques textes.

Capitul. a. 875, c. 27 (Pertz, *Leges* I, 50) : « Fidejussor.... tantum damni incurrat quantum manus sua fidejussoris extitit. »

Ménard, *Histoire de Nîmes*, I, Preuves, n° 1 (ann. 876) : « Per manum fidejussori suo D. repromiserunt. »

Cartulaire de Saint-Victor de Marseille, n° 26 (p. 33) a. 845 : « Ibique veniens Alexandrius, advocatus Albuini episcopi... *se per manum fidejussoris sui* Bertelaigi de satisdando thelonio obtulit. » — n° 143 (p. 168) a. 1098 : « Nobis autem supradictis monachis placitum istud fecerunt et fidejussores nobis dederunt... *fide sua* nobis promittentes. » — p. 1089 : « Ille comes accepto consilio sicuti est prudens quæsivit ut in sua protestate se firmarent ut quod ipse juste judicaverit sic fieret. Petrus Poncius cum suo ingenio conjunxit sibi Petrum de Rossel, dederunt *in manu ejus fidejussorem* Brunonem Stephanum, et monachi dederunt suum fidejussorem. »

Cartulaire d'Avenay, n° LIV (p. 104) : « Fidejussores super hoc constituimus.... qui omnes juraverunt,... qui omnes fidem interposuerunt,... qui fidem interposuerunt quod creantum inde facerent bona fide. » — n° LVIII, (p. 106) « fidejussores ejusdem... qui mihi super eadem summa pecunie *fide et juramento tenebantur obligati,* absolute quitavi. »

Enfin on peut voir dans Du Cange, aux mots : *plegius, plegire, plevire, plevissare,* un grand nombre de textes également probants.

Nos coutumiers du XIII° siècle sont moins explicites. Cependant le *Livre de Jostice et de Plet,* exposant comment on constitue un fidéjusseur, décrit un procédé éminemment formaliste. Seulement il semble qu'il n'y ait que des formules verbales échangées ; mais les symboles manuels intervenaient sans doute aussi. Les trois parties sont en présence, débiteur, fidéjusseur et créancier : « Plévine si est quant aucun dit tex paroles : « Je doi à P. vingt livre à paier à tel jor, si vos prie G. que vos me replevissiez. » — P. dit : « G. plevissez-vos cest home de vingt livres qu'il me doit ? — Et G. dit : « Oïl, si mi met. » — « Et je vos i met. » — « Et ge i antre. » — « Et je recoit (1). » Qui ne voit que cette scène n'était pas seulement parlée, qu'elle devait être mimée en même temps ?

D'après le *Grand coutumier de Normandie*, il semble que la plégerie se formait par une simple déclaration: « Simple plevine est faite en ceste forme : Je plevis Jean qu'il rendra à Michel vingt sols à Noel (2). » Beaumanoir ne donne aucun détail précis à cet égard; il renvoie quant aux formes du cautionnement aux us et coutumes du pays (3) ; il emploie fréquemment le mot *pléger* pour désigner l'acte par lequel la caution s'oblige. Il faut remarquer d'ailleurs qu'avec ces coutumiers nous touchons à l'époque où un nouveau principe va donner une force juridique au simple consentement: le cautionnement, comme les autres contrats, va devenir un contrat consensuel. Même avant le triomphe des idées nouvelles, on ne trouvait plus un intérêt réel à relever les formes traditionnelles de la plégerie : les cautionnements de quelque importance se faisaient par *lettres obligatoires*, et nous savons que c'était là un mode spécial et solennel d'obligation.

Cependant à la fin du XIV⁰ siècle nous trouvons parfois encore les vieilles formes scrupuleusement observées. Le *Registre criminel du Châtelet* nous fournit un curieux passage où une plégerie figure à côté d'un engagement féodal, et qui montre bien l'identité de forme que nous avons signalée entre les deux obligations: « Auquel duc de Lencastre et *en sa main* il (Merigot Marchès) fist lors serement et par *la foy de son corps* promit et s'obliga servir bien et loyalement le roi d'Engleterre et ledit duc de Lencastre à toujours mais. » Voilà la promesse féodale, voici maintenant la plégerie qui la suit: « De tenir et accomplir ses dites foy et serement *s'obliga*

(1) XIX, 38, § 1.
(2) Ch. CX, *De pleges.*
(3) XLIII, 7 : « Pierres proposa contre Jehan qu'il estoit ses pleges de cent livres às us et as coustumes du païs. »
De même les *Établissements de Saint-Louis* expriment l'acte du débiteur qui constitue des cautions et celui du créancier qui les reçoit en disant que l'un *met* les plèges et que l'autre les *prend* (édition Viollet. 1, 69, p. 106).

en la main du dit duc de Lencastre iceluy son oncle (Gerault du Seel) *par la foy et serement de son corps* et sur l'obligacion de tous ses biens quelconques, corps pour corps et avoir pour avoir (1). » C'est bien là un vraie plégerie, car plus loin Mérigot Marchès, l'accusé, rappelle « le serement et promesse dessus diz par luy faiz audit duc de Lencastre, *ce aussi que son dit oncle l'avait plegié par la manière que dit est cy-dessus* ».

Tout cela nous paraît intéressant. Mais ce n'était pas seulement par sa forme que la *plégerie* du moyen âge rappelait et continuait la fidéjussion de l'époque franque ; elle avait aussi gardé les traits propres à celle-ci, en les accentuant parfois avec plus de vigueur encore. C'est ce qu'il nous faudra montrer maintenant, pour indiquer ensuite comment disparurent peu à peu tous les traits de cette ancienne physionomie.

§ 3.

La procédure suivie contre le plége.

Dans un précédent paragraphe j'ai montré ce qu'était devenue la *pigneratio* germanique, ou saisie privée, dans la plupart des lois des barbares (2). Les *Leges* avaient généralement cherché à en restreindre l'exercice, parfois à l'exclure. Beaucoup l'avaient maintenue, atténuée et modifiée ; c'était en matière de fidéjussion que le créancier le plus souvent conservait son ancien e prérogative, si bien que celle-ci tendait à devenir comme un caractère naturel et distinctif du cautionnement.

Dans le vieux droit coutumier, les choses sont à peu près dans le même état. La saisie privée se retrouve ; il est même naturel que sur bien des points elle ait gagné du terrain dans l'âge de violence et de décomposition sociale d'où sortit la féodalité (3). « Anciennement, disait déjà Laurière, on procé-

(1) II, p. 186.
(2) Voir ci-dessus paragraphe 1, n° IV.
(3) On trouve parfois, jusque dans les actes, des plaintes instructives à cet égard. Voy. *Cartulaire de Saint-Victor de Maseille*, n° 904 (ann. 1188) : « Sed nec creditores qui forte ante hanc obligationem cum monasterio con-

dait par voie de gagerie d'autorité privée et sans permission
de juge (1). » Cela s'appelle dans les vieux textes : *pignorare
prendere, gagiare, nantare ;* et en français, *prendre sans justice, faire prise, gager, nanter, prendre gage* ou *gage abandon.*

D'ailleurs, les documents épars que nous fournit la diversité coutumière, attestent des conceptions différentes quant à
l'étendue de ce droit. Souvent au XIIIᵉ siècle, il est encore
admis sans difficulté pour toute espèce de dette reconnue,
parfois même lorsque la dette est contestée (2). Au XIXᵉ siècle,
la coutume de Bergerac en contient l'application la plus étendue (3). Cependant presque partout où elle est permise, la
saisie privée subit au XIIIᵉ siècle d'importantes restrictions.
Un passage intéressant de Pierre de Fontaines semble en faire
un privilège des nobles, la traitant ainsi comme la guerre privée : « De l'abandon te di-gie que li uns frans hom puet prendre de l'autre et tenir jusque justise s'en melle ; et vileins en
doit fere prendre par justise et borgois aussi, s'il n'est garniz
par charte royal qu'il prendre en puisse. Et ceste forme oste
molt de tricheries et s'accorde à tote loiauté (4). » C'est là

traxerunt in predictum honorem aliquam molestiam inferre valeant, forte
*pignorando vel aliquid tale faciendo, secundum quod prave et injuste
homines facere consueverunt.* »

(1) *Glossaire du droit français,* Vᵒ Simple gagerie.

(2) Par exemple : *Coustumes de Vesdun* (ann. 1275) dans Bourdot de
Richebourg, II, 1009. « Chascun bourgeois de la franchise peut gager
son plege cognu et son dette cognu, sans moi et sans mon Chastellain, et
sans acheison. » *Coustume de Charroux,* an. 1247 (Giraud, *Histoire du
droit français,* II, p. 401) : Art. 19 : « Li homme de Charros pouent prendre
les choses de lor deptor por ce que il lor devent, sans monstrer à seignou-
rage de chose cognognue, se li deptres no deffent, de par le senhor. » —
M. Prost retrouve le même usage à Metz : *L'ordonnance des Majours*
(*Nouv. Rev. historique,* 1878, p. 227, ssq.).

(3) Bourdot de Rich., IV, 1067 art. 19 : « Quilibet burgensis pignorare potest pro suo debito cognito vel non cognito. Et si injuste pigneraverit et bajulus dicti domini de dicta pigneratione audiverit clamorem
seu querelam super qua lis contestata fuerit, a dicto pignerante habere
poterit sexaginta solidos pro emenda. Si vero juste pignoraverit et dictus
bajulus audiverit querelam ut supra, habebit dictus bajulus dictos sexaginta solidos pro emenda a dicto pignorato. »

(4) *Conseil,* édit. Marnier, XV, 19, p. 129. Un arrêt de 1389, rapporté
par Jean le Coq, repousse le droit que de Fontaines reconnait aux gentils-

sans doute une invention des nouveaux jurisconsultes ; mais les privilèges accordant à des bourgeois le droit de saisie privée ne sont point rares ; l'un des plus célèbres est celui qu'en 1134 Louis le Gros avait accordé à la ville de Paris, et qui pour la netteté et l'énergie des termes ne laisse rien à désirer (1).

Ce fut surtout en restreignant le champ d'application non quant à la qualité des créanciers, mais quant à la nature de la créance, qu'on limita la saisie privée. D'assez nombreux statuts municipaux du midi de la France la prohibent lorsque le débiteur est un bourgeois, et l'admettent au contraire lorsque le débiteur est un étranger ou forain (2). Par là même, la conception change totalement ; la saisie n'est plus qu'une mode de représailles (3), une voie exceptionnelle, que doit précéder

hommes, et que réclamaient encore, même en dehors de leur justice, les seigneurs justiciers. Johannis Galli *Quæstio* 223 (A la suite du *Stilus Parlamenti cum Scoliis Aufrerii* fo 80) : « Non fuit per arrestum recepta consuetudo in causa domini de Parthenay, imo dicta non receptabilis consuetudo qua quis habens jurisdictionem possit de facto ratione sui debiti vel redditus gagiare super bonis debitoris ubi nullam habet jurisdictionem. »

(1) Isambert, *Anciennes lois*, I, p. 143 : « Burgensibus nostris Parisiensibus universis præcipimus et concedimus, si debitores sui, quibus sua crediderint debita, quæ, si negata fuerint, legitime probari poterunt, terminis sibi a Burgensibus datis non solverint, Burgenses de rebus debitorum suorum qui de justitia nostra sint, ubicumque et quocumque modo poterunt, tantum capiant et inde sibi invicem adjutores existant, — et si aliquando de rebus quorumlibet ceperint, et illi aliquid se illis debere non cognoverint, si legitime inde convinci a Burgensibus non poterunt, Burgenses nullum erga nos forisfactum incurrent, sed expensam et damnum, quæ illi propter hoc facient et habebunt, illis cum lege qua vivunt reddent et emendabunt. — Volumus et præcipimus ut præpositus noster Parisiensis et omnes famuli nostri Parisienses futuri et præsentes ad hoc sint in perpetuum Burgensibus adjutores. » — Voyez aussi les Chartes du même genre que cite M. Viollet : *Les Établissements de saint Louis*, tom. 1, p. 97, note 1, et p. 329.

(2) *Leges municipales Arelatis* (Giraud, *Hist. du droit français* II, p. 239), art. 165. — *Statuts municipaux de la ville de Salon* (Giraud, op. cit., p. 249). — *Coutumes de Montpellier*, art. 32, ibid., t. 1, app. 56. — *Coutumes de Martel*, art. 18, 19, ibid., I, p. 82. — *Coutumes et règlements de la République d'Avignon*, (Nouv. Rev. hist. 1861, p. 478, art. 42).

(3) Cf *Charte de la Pérouse* de 1260, dans Bourd. de Rich., III, p. 1008 : « Si hom de la Paerose gaialtz hom de fors so debtor o sa fiance, et il menael gent ob lo consael do Segnor o de son Baele, et cobes jelact fact o

parfois une réclamation inutile devant le tribunal du débiteur.
Il est à croire, que dans les coutumes où elle s'est maintenue,
la saisie foraine fut à l'origine un reste et un adoucissement
d'un droit de saisie privée antérieur et presque illimité. Pour
la ville de Paris, nous voyons nettement le droit de *pigneratio*
accordé par Louis le Gros disparaître et se changer en une
saisie foraine (1). Celle-ci ne se concevait plus dans la suite
que comme exécutée par le ministère d'un sergent (2); elle ne
conserva plus qu'un trait anormal; c'est qu'elle avait lieu
sans titre. Mais le texte de la coutume n'exigeait point l'intervention du sergent, pas plus d'ailleurs que celle-ci n'était
exigée par le texte d'autres coutumes sous l'empire desquelles, au XVIIIe siècle, on n'excluait la saisie privée contre les
forains qu'en se référant à la jurisprudence de Paris.

Beaucoup de coutumes au XIIIe siècle s'accordent en ce que,
prohibant en principe la saisie privée, elles la permettent
cependant pour certaines créances privilégiées. La plus importante de ces créances, celle qui admet le plus généralement
la *gagerie,* est celle qui naît du cautionnement. Ce trait qu'on
a relevé récemment (3) n'est pas fait pour nous surprendre:
c'est la tradition de l'époque franque qui se continue. Les

hom jetael mort n'en suit tengut au Segnor. » Voy. aussi. Guy Pape
Decisiones (édit. Lyon, 1700, p. 49). *Quest.* 32.

(1) Cout. de Paris, art. 173 (192 de l'ancienne coutume). Dans la transformation plusieurs traits sont restés. Ainsi la charte de Louis le Gros re-
commandait au prévôt de Paris de prêter au besoin main-forte aux bourgeois
L'article 174 de la coutume a reflété ce détail en donnant pour la saisie
foraine compétence exclusive au prévôt de Paris.

(2) Valin, sur *la Coutume de la Rochelle,* I, p. 480 : « Pour entrer dans
le détail de notre article, quoiqu'il n'exige point que l'arrêt de meubles se
fasse par le ministère d'un sergent, il faut dire néanmoins qu'il ne serait pas
valable s'il était fait par autorité privée, puisqu'on le pratique de même à
Paris. On y juge constamment que l'arrêt doit être fait *via juris.* » Voyez
pourtant Papon : *Recueil d'arrêts notables,* liv. XVIII, tit. 5, art. 27. — Loisel : *Institutes coutumières,* liv. VI, tit. 5, règle 1, édit. 1783, tom. II, p. 404.

(3) M. Viollet, *Établissement de saint Louis* I, p. 187 : « Les droits du
créancier étaient exactement les mêmes contre le débiteur et contre le plége
dans le droit germain); il était certainement armé contre l'un et contre l'autre
du droit de saisie extra-judiciaire ; mais chose curieuse, lorsque cet usage
primitif se raviva au moyen-âge, il paraît avoir été assez vite dans quelques
localités déclaré applicable au seul plége et non pas au débiteur principal. »

sources qui nous le donnent sont d'ailleurs trop nombreuses et d'origine trop diverse pour qu'on puisse songer à une coïncidence purement fortuite. Voici les principaux de ces textes.

Ce sont d'abord trois coutumiers français, qui tiennent le premier rang parmi ceux du XIIIᵉ siècle.

1° *Li livres de joslice et de plet.* Il expose la doctrine à plusieurs reprises avec une grande netteté. XIX, 47, 1 : « Quel chose l'en puet prandre sans joslice, et quel non? — Je puis prandre de mon plége sans joslice, segont le droit que l'en use en mainz poïs.... 4 : Et se aucuns te doit deniers, puez-tu prandre le sien? Non tot soit li termes passez. » — XIX, 26, 10 : « Après l'en demande se hons qui n'a point de juridiction puet prandre nules choses qui soes ne sont, de s'autorité? Et l'en dit que non, fors en quas de son plége il puet prandre, et tel chose porte récréance (1). »

2° *Les Établissements de saint Louis*, I, 122 : « Et se aucuns est pléges à autre cil puet bien prandre dou sien se il li quenoist que il soit ses pléges (2). »

3° Beaumanoir : *Coutumes de Beauvoisis*, XLIII, 15 : « En le conté de Clermont, nus hons ne pot prendre de son plège par abandon sans soi plaindre à justice, se li pleges ne li baille du sien par se volenté, fors en le castelerie de Creel, et en la ville et el teroir de Saci-le-Grand, et de Noeve-vile-en-Hés. Mais en çascunne de ces viles pot çascuns penre de ses pleges sans justice (3). »

Le même droit se retrouve dans les Assises de Jérusalem : *Cour des Bourgeois*, ch. LXXXIII : « Et bien sachés que tous hommes peuvent bien prendre le gage de leur plège sans cla-

---

(1) Voyez aussi, *ibid.*, XIX, 46, 3; XIX, 38, 1; XVIII, 7, 1; — IX, 9, 1 et 2. Ce dernier passage semble donner le droit de saisie non-seulement au plége, mais aussi au commodant, le refusant aux autres créanciers.

(2) Édition Viollet, II, p. 222-23; le chapitre est le 118 dans l'édition de Laurière.

(3) En Beauvoisis, comme l'a montré M. Viollet, le droit de saisir le plége était plus répandu que ne le dit Beaumanoir, qui veut tout faire rentrer dans l'ordre. Les habitants de Clermont en particulier se font reconnaître ce droit dans deux chartes, l'une de 1197, l'autre de 1325, qui s'expriment en termes identiques : « quilibet plegium suum nantare poterit sicut debet. » Viollet, *op. cit.*, I, p. 320.

mour de cort, par ensi que il ait deus garens que il li seit plège, car einci est droit (1). »

Enfin la même théorie est présentée par un coutumier suisse, la *Handfeste de Fribourg en Uechtland* de l'an 1249 (2). L'article 59 subordonne en principe la saisie à l'assentiment de l'autorité municipale, ce qui exclut la saisie privée : « Se aucun pour son droit vuelt gagier (*all.* pfenden) aucun il doit gagier par le consoil de l'avoie (*lat.* scultetus) et par le consoil des iiij du consoil que li avoye avoir porra. » Puis l'article suivant (art. 60) autorise la saisie extra-judiciaire lorsqu'il s'agit d'un fidéjusseur, ou lorsque le débiteur est un forain non noble ni ecclésiastique : « Quilibet burgensis alium burgensem fidejussorem suum extra domum libere vadiare potest (3). — Si alter non burgensis burgensi sit fidejussor aut debitor et villam intraverit, ea quæ ille in villa habet per

---

(1) Édition Beugnot, II, p. 65; Kausler, ch. LXXXI. Un autre passage de la *Cour des Bourgeois* semble permettre la saisie contre tout débiteur et non pas seulement contre le plège, ch. LXXXVI : « S'il avient que un hons veut faire bonté à un autre sien amy, et li a faite la bonté, ce est qu'il li a prestée sa beste, ou l'a fait chevaucher devant luy sur sa beste en la sele, et il chevauche derrière lui, et celui vostre ami est tes hom que seit *débteur ou plège* d'aucun hom ou d'aucune feme, et il l'encontrent chevauchant sur vostre beste ou par sei ou par devant vous et vous derrières lui, la raison comande que celui ou celle à qui il est pleges ou dettes li peut bien tolir la beste por sa dette ou por sa plegerie acquitter car ce est dreit par l'assise. » Cependant il faut noter que le plège, lorsqu'il exerce son recours contre le débiteur principal, ne peut point user sans restriction de la saisie privée, celle-ci n'intervient que comme saisie foraine, ch. LXXX : « Mais se le detour qui mist celui en plegerie ne l'en veust traire à nules riens, le vesconte et *la cort deit doner congé as pleges* de prendre tant des choses de celuy qui les a laissé encorre et vendre que il puissent estre quites. Et cil avient que le deteur fust estrange home de hors de la tere, et sen voisist aler, le crédi tour li peut bien tolir son gage sans faire assaver à la cort ou détenir la personne dou detour jusque il l'ait fait assaver à la cort. Et le vesconte deit mander et faire le venir devant lui por fornir ce que il devra à celuy ou cele par qui il sera aresté. Et auci peut fere le plège de celuy qui l'a mis en la plegerie. » Le rapprochement de ces deux textes semble montrer un système en voie de transformation dont toutes les parties ne s'accordent pas parfaitement.

(2) Ce document est d'autant plus précieux qu'il nous offre le même texte en trois langues, latin, français et allemand. Il a été édité par M. Lehr. Lausanne, 1880.

(3) Texte français : « Chascun bourgeois l'autre bourgeois qui est sa fiauce puet apertement gagier fors de sa maison. »

jussum sculteti debet saisire, nec ea propria voluntate debet capere, et hoc ita si iste sit miles aut sacerdos aut homo religionis; si autem alter sit qui burgensi sit fidejussor aut debitor et villam intraverit, ipsum libere vadiare potest (1). »

Remarquons que dans les actes de fidéjussion le droit de saisie est souvent reconnu par le fidéjusseur au créancier (2), et il faut voir là non une clause exorbitante, mais la constatation du droit commun par le style prolixe des rédacteurs.

Quoique faite d'autorité privée, la saisie exercée contre le plége constituait une véritable procédure. Les *Assises de Jérusalem* et les coutumiers français plus haut cités nous donnent sur cette procédure des détails concordants, qui permettent d'en reproduire les principaux traits.

I.

Pour que le créancier puisse agir contre le plége, il faut d'abord, nous disent les textes, que le terme soit échu (3). Mais il n'était point nécessaire que le débiteur principal eût été poursuivi préalablement et démontré insolvable. Comme nous le montrerons plus loin, le plége n'a pas le bénéfice de discussion, et même il a conservé en grande partie la position avancée que lui donnait le droit germanique. S'il n'était pas nécessaire de constater d'abord l'insolvabilité du débiteur principal, ne fallait-il pas au moins par une sommation vaine constater son refus de payer? Cette interpellation, exigée par le droit de l'époque franque, est rappelée dans plusieurs pas-

(1) Le texte français est moins clair quant à cette saisie foraine, mais le texte allemand concorde avec le latin.

(2) Voy. par exemple, *Cartulaire de Saint-Victor de Marseille*, n° 915 (ann. 1234) : « Pro quibus omnibus supradictis attendendis et complendis extiterunt fidejussores dicto Durando pro hominibus supradictis Dodonus et W. Peronctus et Martinus P. Otos et specialiter pro pena, qui renunciaverunt induciis XX dierum et quatuor mensium et beneficio epistule Adriani et novis constitutionibus, *et quod posset eos pignorare autoritate propria per se vel per interpositas personas.* »

(3) « Quand li termes est passés P. doit vanter (nanter) son plege et prendre dou suen. » *Livre de J. et P.*, XIX, 38, 1. — *Assises. Cour des Bourgeois*, c. LXXI. — La créance cautionnée ne se présente à l'esprit de nos anciens qu'assortie d'un terme.

sages des *Assises* (1). Mais d'autre part un passage de Beaumanoir suppose que la procédure pouvait suivre son cours
contre le plége sans que le débiteur principal en sût rien (2).

Le créancier s'adressant à la caution lui demandait de
« faire comme bon plege, » ou « de faire que plege (3) ; » et
pour remplir son obligation le plége avait le choix ou de
payer ou de donner un « gage ou namp, » c'est-à-dire un
ou plusieurs objets mobiliers que le créancier saisissait.
« Uns hons dist issi : G est mis plege por vingt livres de Parisis que Estienne me devoit de deus dras verz. Ge li ai
requis qu'il me ballast ses nanz car termes est passés (4). »
— « Se un home est plege d'aucun vers autre et il li veuille
fere que plege par l'assise ou l'usage don reiaume de Jérusalem, et celui à qui il est plege li demande gage, il li doit
donner gage (5). »

Si le plége refusait l'une ou l'autre satisfaction, alors intervenait la saisie privée : le créancier de sa propre autorité
s'emparait des gages qu'il pouvait trouver. Le plége qui
résistait, qui faisait *rescousse*, était frappé d'une amende, qui
variait selon les coutumes. Les coutumiers français la fixent
généralement à soixante sous. *Livre de Jostice et de Plet :*
« Et s'il ne li viaut baillier ses gages, cil cui la dete est puet
prendre ses gages sanz jostice : et se cil li esqueut il amen-

(1) *C. des B.*, ch. LXXI, Beugnot ; LXIX, Kausler : « Se il avient que un home
ait un sien detor et il vient à lui au terme et lui demande son aveir que
il li presta, et le detour li respont : Je ne vous peus paier. Celui qui presta
l'aveir respont : Puisque vous ne *me volez* paier si irai prendre le gage de
mes pleges. » — Cf. ch. LXXX, Beugnot ; LXXVIII, Kausler.

(2) Beaum., XLIII, 21 : « Si tost comme pleges *est requis, semons* on con-
trains de fere plégerie, il doit sivir celi qui en plege le mist, qu'il l'aquit, ne
ne doit pas tant atendre que grant damaces soient couru sor li, car il sem-
bleroit qu'il le feist por celi damacier qui en plegerie le mist ; et tant pour-
roit-il bien atendre et soi metre en si grant damace que quant il vaurroit
estre aquités, cil por qui il fu pleges aroit bones deffenses por estre quites
des damaces. *Car s'il pooit dire qu'il fust el pais residens et persone bien en
justice et soufisans de li aquiter, et il sor ce s'est lessiés metre en damace
sans li faire savoir*, je croi que en tel cas il ne seroit pas tenus es damaces,
mais du principal de le dete le devroit-il aquiter et délivrer. »

(3) Voy. Assises. *Livre de Jean d'Ibelin*, ch. 118, 122. — *Cour des Bourgeois*, ch. LXXX, Beugnot.

(4) *Livre de J. et P.*, XIX, 38, 2.

(5) *Livre de Jean d'Ibelin*, ch. 121.

dera à la justice (1) » — « qui esqueut son gage à celui à qui il
est plege doit soixante sols à la justice (2). » — *Beaumanoir :*
« Se rescousse est fete à celi qui de son plege veut prendre,
es liex dessus dis, là ù il pot penre de son plege, et il prent
à droit, il doit estre resaisis de se prise. Et si l'amendera cil
qui le rescousse fist, de soissante sous, ou de soissante livres
s'il est gentix hons (3). » — *Etablissements de saint Louis :*
« Sire, cil m'a esqueus ses proies et ses gages, et si estoit
mes pleges; si faites m'en droit... Puis qu'il ne puet des-
dire qu'il ne soit ses pleges il jurra sor sainz de sa main que
il ne li fist l'esqueuse; et o itant en sera quites. Et s'il ne l'o-
soit jurer, il amanderoit à celui tous ses domaches qu'il
avroit aüz en l'esqueusse, à sa prueve; et feroit à la justise
le gage de sa loi (4). »

Le droit du royaume de Jérusalem était plus sévère : « Le
pleige li doit leissier le gage, car s'il ne le feit et il li rescueit
son gage à force, et l'autre peut monstrer si comme il deit
que cil est son plege et que il ait son gage rescous à force,
il l'a atains de force, et qui est atains de force il est encheu
en la main du seignor de cors et de quanque il a (5). » —
« Et se li plege li tot par force son gage, et celui peut monstrer par deus garens qu'il li soit plege, celui deit estre mau-
bailli, si com est de force de vile; car se cil li toleit son gage
à tort, la cort le li eust fet rendre à droit (6). »

D'ailleurs le créancier pouvait en principe saisir tous les
meubles qu'il trouvait aux mains de son plége. Même si ces
objets appartenaient à des tiers, pourvu qu'ils n'eussent pas
été volés, il ne craignait aucune demande en distraction,
comme nous dirions aujourd'hui, les meubles n'ayant pas de
suite (7). Les *Assises de Jérusalem* font à la saisie privée une

(1) xviii, 7, 1.
(2) xviii, 24, 30. Cette même amende est édictée par la coutume de Bergerac, plus haut citée.
(3) xliii, 17.
(4) 1, 122. Edit. Viollet. *Feroit à la justice le gage de sa loy*, c'est-à-dire,
gagerait l'amende selon sa condition.
(5) *Haute-Cour*, Jean d'Ibelin, ch. 123.
(6) *C. des B.*, ch. lxxxiii. (Beugnot); Kausler, lxxxi.
(7) Voyez le remarquable ouvrage de mon collègue et ami Jobbé-Duval :
Etude historique sur la revendication des meubles, p. 168, ssq.

application frappante de cette règle (1) qui régit aussi pendant longtemps la saisie judiciaire (2). Mais d'autre part certaines coutumes limitèrent le droit du créancier en faisant pour lui inviolable le domicile du plége, et ne lui permettant d'exercer qu'au dehors son droit de gagerie (3).

II.

Les gages ont été donnés de bonne grâce ou saisis sans difficulté; qu'en fera le créancier? Dans le premier état du droit coutumier, il est probable qu'au bout d'un certain délai, après une ou plusieurs sommations adressées au plége, le créancier devenait propriétaire des objets. C'est ce qui a lieu encore au xiiie siècle dans un cas de saisie extra-judiciaire, qui, comme le nôtre, dérive des coutumes germaniques : dans le cas où un propriétaire saisit sur sa terre des animaux qui y font du dégât (4). La tradition d'ailleurs était dans ce sens (5) : dans la loi Salique la saisie judiciaire amène une appropriation directe au profit du créancier (6). Ce système grossier était, il est vrai, corrigé par quelques précautions. Dans la saisie

(1) *C. des B.*, ch. xl. (Beugnot); *Livre de Jean d'Ibelin*, ch. 118.

(2) Beaumanoir rappelle très-nettement cette règle, qu'il repousse d'ailleurs, liv, 3 : « Ce n'est pas merveille quand il convient penre les biens d'aucun por dete, s'on prent les cozes c'on voit en son pooir, si comme ce qui est en se meson ou en son commandement. »

(3) Voy. par exemple la *Handfeste de Fribourg*, art. 60 : « Quilibet burgensis alium burgensem fidejussorem suum *extra domum* libere vadiare potest. »

(4) Beaum., cii, 6 : « Se cil qui les bestes sunt ne vout renoncier aux bestes, ne reprendre les, se sires li doit commander qu'il le face dedens sept jors et sept nuis; et s'il laisse passer cel tans, li preneres en doit fere comme ses soies propres; car il appert qu'eles li sunt lessiés por le meffet. » Cf. *Livre de J. et P.*, xix, 47, 2.

(5) Voy. pour le droit lombard, *Liutpr.*, c. 108-110. Cependant il paraît que dans le droit lombard et, probablement dans d'autres législations congénères, primitivement la saisie privée n'aboutissait jamais à priver le débiteur de sa propriété; c'était simplement une gêne indéfinie qui devait forcer le débiteur à s'exécuter. Cf. *Rot.* 251. — Voy. *Cesare Nani. Studio secundo*, p. 121, ssq. — Au dire de Blakstone (III, 14), tel fut aussi pendant longtemps le seul effet de la *distress for rent*. La *distress* anglaise, c'est aussi la saisie extra-judiciaire.

(6) *Salic.*, L, 2; — Sohm, *Proc. de la loi Salique* (trad. Thévenin), p. 15.

par voie d'autorité publique le comte amène avec lui sept ra-
chimbourgs, parmi lesquels le débiteur pourra choisir ceux
qui feront la prisée (1); d'autre part, des sortes de tarifs lé-
gaux ou coutumiers évaluaient de temps à autre les bestiaux et
autres objets qu'on saisissait communément (2). Mais, dès
que l'argent monnoyé se fit moins rare, on dut abandonner
ces pratiques, bien que fort tard il en restât des traces (3).
Vendre les objets saisis était plus simple et plus sûr : par là,
le créancier d'une somme d'argent recevait un paiement adé-
quat; et la vente loyale, surtout la vente à la criée, mieux
que toute estimation, devait fournir la valeur exacte des
choses. Il ne faut donc point s'étonner si nos coutumiers déclarent tous que le créancier devra vendre, pour se payer, les
nans, qu'il a saisis sur le plége.

Mais nos anciens cependant semblent avoir été pris de
grands scrupules au sujet de ces ventes forcées. On se défiait
du créancier, qui, même dans la vente sur saisie judiciaire,
jouait un rôle prépondérant (4), mais surtout on comprenait
mal une vente faite sans le consentement du propriétaire.
C'était comme un *contrat forcé*, c'est-à-dire une conception
contradictoire dans ses termes; une appropriation directe au
profit du créancier semblait plus naturelle. Il résulta de là
que non-seulement on mit un délai entre la saisie et la vente,
pour permettre au débiteur de dégager les gages saisis, mais
encore on admit que celui-ci, pendant un certain nombre de
jours après la vente, pourrait en remboursant le prix et les

(1) *Salic.*, L, 2. — Dans la procédure de la loi Salique, qui représente la
pigneratio privée (L, 1), le créancier, lorsqu'il va sommer pour la première fois
son débiteur, « cum illis qui precium adpreciare debent venire debet. »
(2) *Ribuar.*, xxxv, 11 (al. 38). — *Sax.* 66. — Sohm, *op. cit.*, p. 16.
(3) Voyez : *Très-ancienne Coutume de Bretagne*, ch. 295, 303 et 304 : on
y décrit les *prisaiges*, à la suite desquels les biens sont « baillés au créancier
pour sa dette. » — « Nul prisaige ne suffit s'il n'y a trois hommes non sus-
pects et qui soient jurés à faire bon et loyal prisaige, soit sur meuble ou sur
héritaige. » — Cf. d'Argentré sur l'art. 265 de la coutume de Bretagne,
lettre G.
(4) *Très-ancienne Coutume de Bretagne*, ch. 203 (*B. de Rich.*, IV, 211), « Et
sont tenus ceux qui sont pour la justice et le créancier ou celuy qui est pour
luy les vendre le plus profitablement qu'ils pourroient estre vendus, et en
aura le debteur le serment, s'il voit qu'ils soient vendus frauduleusement;
et s'il le vouleist prouver il y devroit estre ouï. »

coûts racheter sa propriété. Ces ménagements que consacrent
un certain nombre de coutumes, lorsqu'il s'agit de la saisie
par autorité de justice (1), nous devons les trouver à plus
forte raison, lorsqu'il s'agit de la *gagerie* privée exercée contre le plége.

Le délai pendant lequel le créancier devait garder, sans en
disposer, le gage du plége semble avoir été généralement de
quinzaine. C'est celui que fixent les *Assises de Jérusalem* (2),
et le *Grand Coutumier de Normandie* (3). Beaumanoir, en cette
matière comme en beaucoup d'autres, connaît deux délais,
l'un de quarante jours pour les gentilshommes, l'autre de
sept jours et sept nuits pour les hommes *de poeste* (4). Le *Livre
de Jostice et de Plet*, dit qu'il faut attendre « jusqu'à es
nuitz (5), » ce qui peut-être indique le même délai de sept
jours et sept nuits. La coutume de Bergerac donne quarante
jours (6).

Certains textes présentent ce répit comme une *récréance* (7).

---

(1) *Très-ancienne Coutume de Bretagne*, ch. 203 (B. de Rich., IV, 271) : « Et
est tenu celuy qui a fait vendre les gaiges, le faire assavoir au debteur, ou
à celuy qui représente sa personne, qu'ils seroient vendus et combien et à
qui, à la fin que celui debteur un autre pour luy les puisse dégaiger. » —
Valin, *Coutume de la Rochelle*, I, 419 : « Il est de l'humanité de soulager le
(débiteur) autant qu'il se peut; et c'est ce qui a fait introduire l'usage de la
rescousse, qui consiste dans le droit qu'a le débiteur de retirer des mains
des acheteurs les meubles sur lui vendus. » Voir les Coutumes que cite Valin.

(2) *Livre de Jean d'Ibelin*, ch. 122; — *Philippe de Navarre*, ch. 78; —
Cour des Bour. (Beugnot), ch. LXXI, LXXVI.

(3) Ch. LX, *de Pleiges* (Edit. de Gruchy, Jersey, 1881) : « Et si doibt len
scavoir que aulcun ne est tenu à garder plus de quinze jours les namps ou
gaiges qui luy sont baillés pour la debte qui luy est gaigée. »

(4) XXX, 50, 51.

(5) XIX, 38, § 1; XVIII, 7, § 1. — Cette habitude de compter par nuits et
non par jours est un legs de l'époque franque. Sohm. *Frankische Reichs und
Gerichtsverfassung.*; cf., Beaum., LV, 1.

(6) Art. 27 (*Bour. de Rich.*, IV, 1016).

(7) *Livre de J. et P.*, XIX, 26, 10 : « L'en demande se hons qui n'a point de
juridiction puet prandre nules choses qui soes ne sont, de s'autorité? Et l'on
dit que non fors en quas de son plege il puet prendre, et *tel chose porte récréance*. » — XIX, 46 : « Je praing de mon plége; il requiert estre esta-
bliz en sa chose; l'en dit que l'en li doit *recroire*. » — *Assises, livre de Jean
d'Ibelin*, ch. 122 : « Ce celui à qui il est pleige li demande gage il deit donner gage par quinzaine, et celui le deit recevoir et puis *racreire li* tant que la
quinzaine soit passée. »

On appelle *récréance* dans la vieille langue, la restitution momentanée des objets valablement saisis ou la mise en liberté provisoire des personnes légalement arrêtées (1). D'ordinaire la récréance n'avait lieu que moyennant « pléges ou gages suffisants. » Ici une semblable condition ne se conçoit guère, aussi les textes n'en parlent point. Mais comment obliger le créancier à se dessaisir, sans aucune garantie, du gage qu'il a pris ou reçu? On devait décider, que s'il n'avait pas confiance (2), il pouvait le garder, et c'est ce que déclarent les *Assises* : « Se cil (le créancier) veaut il peut retenir le gage, et s'il veaut il li peut recreire jusqu'à la quinzeine, et adonc il li doit rendre (3). » — « Bien sachès que se un home est plege à un autre home par l'assise de la terre, et il demande son gage au terme et celui li baille, et prie puis à celuy a cui il a baillé son gage que il li recree sur quinzaine faisant, bien sachès que se l'acreour veut il emportera le gage en son hostel et le tenra tote la quinzaine, se il veaut par dreit, ne ja force ne li en pora faire le plege (4). »

Lorsqu'était arrivé le terme du sursis accordé par la coutume, le créancier vendait les gages, qu'il reprenait d'abord s'il avait accordé récréance. Mais, comme nous l'avons dit, cette vente n'est pas ferme; le plége pouvait se substituer à l'acheteur par une sorte de retrait. Le *Livre de Jostice et de Plet*, qui donne nettement cette solution (5), exige dans un autre passage qu'avant de rien conclure le créancier offre au plége de reprendre le gage pour le prix qu'il en trouve (6) : il

---

(1) Beaumanoir, LIII, 2, ssq.; — *Livre de J. et P.*, XIX, 26. Voy. mon *Histoire de la procédure criminelle depuis le XIIe siècle*, p. 55, ssq.

(2) *Cour des Bourg.*, ch. LXXII, Beugnot : « Puisque il a baillé le gage... si le prie tant que il li racreit le gage, et li dit que il lui rendra celui gage au chef de la quinzaine. »

(3) *Livre de Ph. de Navarre*, ch. 78.

(4) *Cour des Bourg.*, ch. LXXVI (Beugnot).

(5) XVIII, 7, 1 : « L'en dit ci que hons quant il est plege à autre segont la costume et li termes est passez de la dete, et cil qui la dete est demende ses gages, il la doit baillier et la li doit fere baillier, et la li doit fere valoir as nuiz : et puis les puet vendre en bone foi, par si que li autres les ait dedanz les nuiz, s'il les puet rembre (*redimere?*). »

(6) XIX, 38, 1 : « Quant li termes est passez, P. doit vanter (nanter) son plege et prendre don suen. Et se l'en demande le suen à recroire, l'en le doit avoir jusqu'à ès nuiz, et as nuiz l'en doit fere valoir le gage la dete. Et

y paraît y avoir là doux systèmes différents inspirés par la
même idée. D'après les *Assises de Jérusalem*, qui veulent que
la vente soit faite par le crieur public (1), la criée doit durer
trois jours, et pendant toute la journée qui suit la livraison le
plége peut rentrer en possession en remboursant le prix (2).
Nous y lisons même que le créancier devait se contenter d'o-
pérer d'abord sur un seul gage, pourvu que celui-ci valût un
besant ou plus (3); s'il n'était pas désintéressé par la vente de
ce premier objet, il en demandait au plége un second, puis un
troisième, et ainsi de suite jusqu'à complète satisfaction. Mais
une fois qu'il avait vendu le premier, il n'était plus tenu d'ob-
server les mêmes délais pour la vente des suivants (4). Cette
procédure, qui égrène pour ainsi dire la saisie, était sans
doute une invention due aux plaideurs subtils de Jérusalem
ou de Chypre.

III.

Nous n'avons pas dit jusqu'ici comment le saisi, s'il contes-
tait le droit du créancier saisissant, pouvait faire valoir son
opposition. Comment dans cette procédure brutale introduira-
t-il sa défense, si par exemple il n'est point obligé ou que le
terme de la créance ne soit pas échu?

Dans ce cas le soi-disant plége peut d'abord s'opposer par
la force à la gagerie. Cette vieille législation est logique; elle
remet au créancier le droit de saisir sans intervention de justice, mais elle permet au saisi, sûr de son bon droit, de le
faire respecter même par la violence (5). Chacun agit alors

---

celui gage il doit garder s'il vell; et s'il ne le rant (prant?), *il le puet vendre*
et offrir à celui à qui il est, por tant comme il en puet avoir. Et s'il ne le vell
prendre la vente est ferme. »

(1) *Livre de Jean d'Ibelin*, ch. 122.

(2) *Livre de Ph. de Navarre*, ch. 78 : « Quant la quinzaine est passée, il
deit faire crier le gage trois jours, et au tiers jor livrer par lendemain tote
jor; et se le retour ne rescout le gage le lendemain il est encoru. » — *Jean
d'Ibelin*, c. 122. — *Cour des Bourg.*, ch. LXXVI (Beugnot).

(3) Jean d'Ibelin, ch. 122.

(4) Jean d'Ibelin, c. 122. — Philippe de Navarre, ch. 78.

(5) Beaumanoir, XLIII, 16 : « Cil qui resqueut le prise c'on fet sor li à tort
ne mesfet riens, se ce n'est justice qui prent; car quand justice prent, soit
à tort soit à droit, se resquensse li est fete, cil qui resqueut l'amende est de
soissante sous, ou soissante livres s'il est gentix hons. »

sous sa responsabilité : la justice frappera après coup celui qui se sera trompé. Le créancier repoussé, d'après les textes cités plus haut, ne fera prononcer l'amende pour « rescousse violente, » qu'en prouvant son droit de créance contre le plége.

Mais résister par la force n'est point possible à tous. N'y avait-il aucun moyen pacifique pour arrêter la main du saisissant ? Plusieurs textes supposant une contestation soulevée par celui qu'on veut exécuter comme plége, invitent le créancier à s'arrêter, à ne point passer outre, et à saisir la justice du différend. C'est ce que disent très-nettement les *Établissements de saint Louis* : « Et se aucuns est pleges à autre, cil puet bien prandre dou sien, se il li quenoist que il soit ses pléges ; et se il le deffant, il ne doit pas prandre dou sien à force, mais il s'en doit plaindre à la joutise (1). » Le *Livre de Justice et de Plet* développe une procédure analogue : « L'en dit que se aucuns est mi plege selon la costume ; termes soit passez de la dete, je puis prendre dou sien jusques à la value de la dete. Et s'il nie la plevine, prandré ge dou sien ? oïl. *Et s'il s'en pleint, ge recroiré jusque j'ae prové que il soit mis plege.* Et quand ge l'auré prové, je seré resésiz ; et ce ne le puis prover ge l'amenderai la jotice. Et s'il n'a (nee ?) quand il seit mi plege il cherra en l'amende (2). » Ici c'est le plége prétendu qui saisit la justice, mais le résultat est le même puisque sa plainte a pour effet de lui faire rendre son gage. D'ailleurs un autre passage du même coutumier nous montre le créancier poursuivant en cour un plége qui dénie cette qualité et s'est opposée à la gagerie (3). Enfin les *Assises de Jérusalem* invitent aussi le créancier, qui subit un refus lorsqu'il va prendre les gages du plége, à « se clamer à la cort de plegerie (4). »

Mais on peut voir là un progrès accompli par la coutume. Sans doute au début la contestation du plége ne suffisait point pour arrêter la saisie, et ne créait point un incident judi-

(1) Ch. 122, édit. Viollet (II, p. 223).
(2) IX, 9, 1.
(3) XIX, 38, 2 : « Uns hons dit issi : G. est mis pleges por vingt livres de Parisis que Estienne me devoit de deus dras verz. Je li ai requis qu'il me ballast ses nanz, car termes est passez ; ne le vost fere : si m'en plaing. »
(4) *Livre de Jean d'Ibelin*, ch. 117 et 123.

ciaire. S'il n'osait pas employer la force, il devait laisser s'accomplir la gagerie, sans pouvoir arrêter judiciairement;
puis il citait en justice son adversaire et réclamait l'amende
qui frappait celui-ci, en même temps que la restitution de son
gage. C'est la seule voie que connaissent certains textes (1);
et Jean d'Ibelin, après avoir exposé la procédure perfectionnée
plus haut décrite, déclare qu'elle est facultative pour le créancier, qui peut, s'il le préfère, suivre l'autre méthode plus
simple et plus rude : « Celui qui requiert le gage li peut dire,
ce il viaut, et mener le par l'autre voie ci-devant devisiée,....
et se il ne viaut tenir l'autre voie dessuz dite, si il die :
« Dones meï votre gage et se je le vends à tort je le vos ren-
drei a droit. » Et lors le pleige li doit leissier le gage (2). »

Mais quelle que fût la voie par laquelle la contestation était
portée devant la justice, cela ne changeait rien au rôle res-
pectif des parties, pour la preuve : sur le point de savoir
si le plège était ou non obligé, le créancier était toujours
demandeur. D'ailleurs, quant à la preuve de ce point, nous
trouvons dans nos coutumiers des règles différentes.

Selon les *Assises de Jérusalem* et sûrement aussi selon Beaumanoir (3), le créancier devra prouver la plégerie par deux
témoins oculaires, que pourra fausser le défendeur d'après
les règles ordinaires : « Se celui que l'en dit qui est son pleige
née en cort la pleigerie, il convient que celi qui li met sus li
preuve par deus léaus garens de la lei de Rome, qui jurent
sur sains que celui est son pleige, si com il dit, ou qu'ils oyent
tel reconnoistre à tel qui estoit présent, et les noment, qu'il
estoit son plège de tel chose et disent de quoi (4). »

Le *Livre de Jostice et de Plet*, selon un système que nous
avons relevé précédemment (5), paraît se contenter d'un seul

(1) Par exemple, la coutume de Bergerac, art. 19, plus haut citée page...
(2) *Livre de Jean d'Ibelin*, ch. 123. Comme le montrent *Établissements*, I, 122
et *Livre de J. et P.*, ix, 9, 1, cités plus haut, on intéressa le créancier à s'a-
dresser lui-même à la justice en prononçant pour un simple refus du plège,
l'amende de rescousse.
(3) xliii, 6, 7.
(4) Jean d'Ibelin, ch. 120; cf. ch. 117; —*Cour des Bourgeois*, lxxxii (Beugnot). La preuve est la même lorsque le saisi ne se plaint qu'après la vente
du gage (Jean d'Ibelin, ch. 123).
(5) Voyez, ci-dessus, p. 46, note 4. Ce système se retrouve parfois dans

témoin qui jurera avec le créancier. Voici en effet comment il s'exprime : « Uns hons dit issi : G. est mis pléges por vingt livres de parisis... S'il vient dire que ce ne soit voirs, je sui prez de mostrer et de l'avérer par moi et par garanz, qui en fera ce qu'il devra. — Li garanz vet avant et tant son gage G. fit encontre tel ni et tel deffense comme il doit, et met ce en ni. — L'en demande qu'en dit droiz? Et l'en respont que G. est loisanz de prendre la prove de lui et de son garant, et de quenoistre que c'est voir ou d'escondire par gage de bataille (1). »

Enfin le Grand Coutumier de Normandie dit que dans cette contestation il y a lieu à la *deresne*, c'est-à-dire au serment du défendeur. « L'en doibt scavoir que pour simple plevine n'est aucun mené à loy apparissant, mais à simple deresne se la plevine ne peut estre monstrée par aulcuns muniments (écrits) ou par le record de l'assise où elle fust faicte (2). » Et dans les *Etablissements de saint Louis*, c'est aussi le prétendu plége qui se disculpe par son serment, avec cette restriction que le créancier pourra le provoquer au duel judiciaire (3), si l'intérêt en cause atteint le

le texte définitif des coutumes. Voy. Meaux, art. 178 : « Le forestier, s'il les prend, est *cru sur son simple serment, avec un tesmoing*, de la prinse dudit delinquant et non du dommage. » Cf. Coutume de Montpellier de l'an 1204 (Giraud, *Essai*, I, app., p. 54), art. 25 : « unus legualis et ydoneus testis creditur in rebus mobilibus usque ad c. sol. »

(1) XIX, 38, 2. — Cependant dans un autre passage, supposant que le créancier se plaint d'une rescousse, on nous parle des témoins au pluriel. XVIII, 7, 3. « Uns hons dit issi : Gauthier est mes plége por Robert de vingt livres que Robert me devoit de terme qui est passez; ge demende ses gages, il ne me les vot baillier; ge les pris; il me les queneust (resqueut?) : si requier que vous me facoiz mes gages baillier et amender la vilenie qu'il m'a fete. A ce Robert respont, et dit que il ne fut onques ses pleges; et cil l'offre à prover *par soi et par garanz, qui sont prez de motrer et de l'avérer qui li virent la plevine fere.* Et l'en respont qu'en telle chose à bataille selonc ces moz. » Ce cas diffère-t-il de l'autre en ce que le créancier se plaint nonseulement d'un refus, mais encore d'une vilenie?

(2) Ch. LX, édit. de Gruchy, p. 144.

(3) I, 122, édit. Viollet : « Et se il avenoit que il deïst : « Je ne vos sui de rien pleges et m'an deffan et bien en ferai ce que je devrai... » Si li puet l'en esgarder que se il ose jurer sor sainz de sa main que il ne se meïst en plege, si sera quittes, se cil le viaut laissier coure, par son sairement, et se il n'osoit faire le serment, il li amenderoit tous ses domaches, et seroit tenuz en la plevine, et feroit à la joutise une amande de sa loi. Et se la querelle estoit

chiffre au-dessous duquel la bataille n'est pas admise (1).

Cette diversité n'est point faite pour nous surprendre. Nous avons déjà relevé ailleurs les principaux systèmes de preuve qui coexistent dans nos coutumiers (2); nous en trouvons ici de nouvelles applications. Les textes qui, comme le *Grand Coutumier de Normandie* et les *Etablissements*, font consister la preuve dans le serment du défendeur, ont conservé plus pure la tradition des coutumes germaniques. Ceux qui imposent au demandeur la preuve *par garants*, ou témoins formalistes que l'adversaire peut fausser, se rattachent au système dominant. Nous pouvons constater en notre matière même que ce second système, qui devait bientôt faire place lui-même à la preuve *par enquête*, tendait à se substituer au premier. On sait que le chapitre 122 des *Etablissements*, comme d'ailleurs les chapitres 10 à 175, est la reproduction, quelque peu modifiée d'une vieille *Coutume d'Anjou et du Maine* (3). Outre le texte ancien de cette coutume, nous en avons une rédaction postérieure, qui appartient au xiv⁰ siècle et qu'on appelle la Coutume glosée d'Anjou et du Maine (4). Or, dans le chapitre 118 de ce texte, qui correspond à notre passage des *Etablissements*, il est parlé des *garans* du demandeur : « Et si le plege nie au créancier qu'il ne soit point plege, ils jureront de vérité et cherront en preuve... Se le plege disoit, avant qu'ils jurassent de vérité : « Sire, je le nye vers lui *et envers ses garans*, » si y pourroit len esgarder une bataille entre eus deux ou de deux champions (5). »

de plus de v. s. l'en li porroit bien esgarder par droit qu'il jurcroit qu'il l'aüst mis en la plevine, si come nos avons dit desus, et li autres le porroit chalongier par un gage de bataille, et porroit bien estre la bataille cors à cors ou par ii champions loiez, s'il se voloient changer. » — En s'en tenant à ce texte, si l'on se reporte aux mots imprimés en italiques, il semblerait que lorsque l'intérêt est supérieur à cinq sous, ce n'est plus le défendeur qui se disculpe par serment, mais le demandeur qui jure qu'il a reçu son adversaire comme plége. Cette interversion des rôles ne se conçoit pas; aussi préférerions-nous la leçon donnée par plusieurs manuscrits : « Et il noiast que il ne se fust mis en la plevine, si come il est dit dessus, li autres li pourroit, etc. » Voy. *Viollet*, tom. II, p. 227, note 48.

(1) *Livre de J. et P.*, xix, 38, 3. — *Jean d'Ibelin*, ch. 120.

(2) Voyez ci-dessus, p. 46, ssq.

(3) M. Viollet, tom. 1, p. 8, ssq.

(4) *Ibid.* p. 372, ssq.

(5) Edit. Beautemps-Beaupré, tom. II, p. 328. Je fais ici abstraction de la

IV.

La saisie privée, par laquelle le créancier s'attaque au plége, ne porte que sur les meubles ; elle ne s'étend point aux immeubles. C'est qu'en effet cette institution nous reporte à un temps où les meubles seuls sont le gage du créancier. Lorsque son droit pourra s'étendre aux immeubles, la procédure qui s'organisera, d'abord détournée et hésitante, sera la même quelle que soit la cause de la dette, que celle-ci naisse d'une plégerie ou de tout autre contrat. Nous pouvons, avec les textes, en faire abstraction, en exposant ici la procédure propre à la plégerie.

Mais si le plége n'avait pas de meubles, qu'on pût gager, le créancier ne pouvait-il pas saisir sa personne? La contrainte par corps, réalisée par un *emprisonnement privé*, est une institution que la coutume germanique légua à notre vieux droit coutumier. Les *Assises de Jérusalem* la connaissent (1) et en particulier la déclarent applicable au plége. « Le plège li respont : « Je ne te puis fere que plege ni n'en ai gage que je te baille. » Le dreit commande que puis qu'il dit qu'il n'a de quei faire que plege, que la cort le deit fere jurer sur sains que il n'a desus terre ne desous terre dont il puisse faire que plege ; si en est avant quites se l'acreour ne le veut tenir en sa prison, si com est dit dessus es autres jugements (2). » Le serment dont il est ici question avait pour but de garantir le créancier contre la dissimulation facile des objets mobiliers (3). La contrainte par corps servait surtout

preuve par écrit, et de la preuve par record de cour, dont j'ai parlé précédemment.

(1) *Cour des Bourg.*, ch. xxxix, lviii (Beugnot); xxxix, lvii (Kausler). Voyez en particulier le cas ou le plége recourt contre le débiteur principal; ch. lxxiv : « La cort deit livrer au plege le cors dou detour, et il le doit tenir en sa prison, en son hostel ou la où il vora, come Crestien, jusque qu'il l'ait paié. Et ne le deit batre ni faire li nul mal; et li deit doner à manger au moins pain et aigue, se plus ne li veut doner. »

(2) *Cour des Bourg.* (Beugnot), ch. lxxx; (Kausler), lxxviii.

(3) C'est du reste le même serment que dans la loi Salique prête le débiteur d'une *compositio*, avant de rejeter sa dette sur ses proches, en se dépouillant à leur profit de la propriété de sa maison. *Salic.* lviii, *de Chrene cruda* : « Siquis hominem occiderit et totam facultatem datam non habuerit

à forcer indirectement le débiteur à vendre ses immeubles pour se libérer, alors que le droit d'exécution ne les atteignait pas : le texte des *Assises* cité plus haut paraît montrer que le créancier usait rarement de ce moyen.

En France, au xiiie siècle, la contrainte par corps n'est plus en général un attribut naturel des créances (1). Cela vient sans doute de ce que la coutume de plus en plus, permet au créancier de s'attaquer aux immeubles du débiteur. Ce qui semblerait le montrer, c'est que dans le serment d'insolvabilité qu'on exige du débiteur, on fait parfois promettre à celui-ci de vendre son héritage (2). Mais en disparaissant comme prérogative légale du créancier, le droit d'emprisonnement subsista comme garantie conventionnelle (3). Les cautions en particulier s'obligeaient fréquemment à tenir prison à toute réquisition du créancier. Cela était une forme de plégerie si usitée qu'elle prit un nom particulier : l'*ostage*, *ostagium* (4). Le créancier *arrêtait* lui-même son otage : parfois les statuts municipaux font un devoir aux bourgeois de lui prêter main-

---

unde tota lege impleat duodecim juratores donare debet (quod) *nec super terra nec subtus terra plus de facultate habeat quam donavit.* »

(1) *Livre J. et P.*, 1, 4, 23 ; Beaum., xliii, 18. « Mais s'il n'a riens on ne prent pas son cors por se plegerie ou por se dete, se ce n'est por le dete le roi ou le conte. » Voy. M. Viollet, *op. cit.*, tome I, p. 226, ssq. — Ce n'est là qu'une donnée moyenne ; l'ancienne coutume subsiste localement : voyez par exemple *Cout. d'Alais* (*Olim.*, IV, 1486, art. 7) ; voyez même les *Anciennes Constitutions du Châtelet de Paris*, art. 71 : « Li créancières tret en querelle II des des pleges ; en prison furent mis par ce qu'ils n'orent de quoy paier. » Mais les pléges dont il est ici question avaient peut-être obligé leur corps.

(2) *Etablissements de saint Louis*, II, 22 (édit. Viollet). cf. Franchise d'Orgelet, de 1266 : « Item concédons que qui voudra doner plaige, *ou qui voudra obliger ses biens*, il ne doit pas estre pris ni emprisonné sinon en cas esquels il enchoit la volonté du Seigneur. » Tuetey, *Droit municipal en Franche-Comté*, p. 183. Beaum., liv, 6. — Plus loin, je consacre à cette question une étude spéciale.

(3) Beaum., li, 7 ; *Coutume de Bergerac*, art. 25 : « Item nullus burgensis debet arrestari nec bona (alias *terra*, et c'est sûrement la bonne leçon) sua vendi pro aliquo debito seu obligatione aliqua, nisi quatenus ad hoc obligatus cum instrumento expresse inveniatur, vel alias legitime condemnatus, quo casu fiet executio in bonis dumtaxat in forma juris. »

(4) Beaum., xliii, 1 ; liii, 4. Voyez un exemple ancien (ann. 1096) dans le *Cartulaire de Saint-Victor de Marseille*, n° 143.

forte (1); parfois aussi ils prennent des précautions pour que
cette captivité, chez un particulier, n'enlève pas à un citoyen
l'exercice de ses droits (2). L'otage devait en principe vivre
à ses frais (3); d'ailleurs, il ne tenait point toujours « prison
fermée; » souvent il était seulement interné dans une ville
dont il ne devait point passer les bornes (4). Dans cette sorte
de plégerie, l'obligation directe du plége, la seule dont il
fût tenu, à vrai dire, était de se constituer et de rester prisonnier; Beaumanoir croit utile d'affirmer, qu'en donnant des
gages suffisants il peut obtenir sa liberté (5). Mais sans doute
on le fit participer aussi au bénéfice de cession de biens,
qu'introduisait l'influence du droit romain (6).

La validité de ces contrats fut révoquée en doute dès le
xive siècle (7); mais la pratique s'en conserva, seulement,
on n'admettait plus les prisons privées; c'est ce que nous dit
une des décisions de Guy Pape. « Aliquis pro debito pecu-
niario se obligavit ad tenendum *ostagia* donec ipse solverit
creditori, ut videmus quotidie fieri. An valeat talis obligatio,
et videtur quod non, ut C., *de oblig. et act. l. ob æs.* Contrarium
tenet Johannes Faber, institutionum de jure personali § fin. in
fine, maxime ubi intervenit juramentum, ut ibi dicit Johannes
Faber; et ita servatur de conjectudine generali curiarum
præsenti patriæ Delph... Et intenter supra dixi de illo qui se
obligavit ad carceres judicis quia non valet obligatio ad car-

(1) *Handfeste de Fribourg*, art. LXIII : « Se ancuns bourgeois est tenuz
hostage à bourgeois, et il ne luy veult tenir hostage, cil à qui il est tenuz en
hostage puet prendre son hostage bourgeois apertement et sans damt (*sine
dampno*) et faire que il lui tieigne convent, et se cil hostage est tant fort que
cil bourgeois ne le puisse prendre ne retenir, li avoye (*scultetus*) et la ville
luy doivent aidier que il tieigne celui hostage. »

(2) *Leges municipales arelatis* (Giraud, *op. cit.*, II, 227), art. 120 : *de hosta-
giis tenendis*.

(3) Beaum., xliii, 31; li, 7.

(4) *Très-ancienne coutume de Bretagne*, ch. 311, 312 (*B. de Rich.*, IV, 273-274).

(5) li, 7 : « Quant aucuns s'est obligiés à tenir prison por se dete ou por
l'autrui, s'il pot baillier nans dusques à la valeur de la dete, ses cors doit
estre delivres de le prison. »

(6) C'est la décision formelle des statuts d'Arlés; art. 11 : « Item statuimus quod debitor non teneatur ostagia tenere creditori, etiam si juraverit,
ex quo de bonis suis ad cognitionem estimatorum satisfecerit, vel creditori
ex quo de bonis cesserit suis. » V. M. Viollet, tome I, p. 226, ssq.

(7) Joh. Faber, *ad Instituta*, édit. 1523, in-8° goth., f° 20.

ceres partis privatœ. Sed quid do illo qui juravit tenere ostagia
et non habet unde vivere, vel unde solvere, an excuse-
tur (1)? »

§ 4.

Les autres caractères de la plégerie.

La saisie privée exercée contre le plége n'était pas le seul
trait archaïque qui caractérisât la plégerie. Elle continuait
par d'autres côtés la *fidejussio* des lois barbares.

I. Le plége avait conservé la position avancée et périlleuse
que tenait la caution germanique ; il couvrait le débiteur et
était d'ordinaire exposé le premier aux poursuites. D'une
action préalable contre le débiteur principal, de l'insolvabilité
prouvée de ce dernier, il ne saurait être question. Il suffit
qu'il ne paie pas au jour dit et manque à la convention pour
qu'on agisse contre le fidéjusseur (2). Cela ressort d'ailleurs
jusqu'à l'évidence de ce fait constaté plus haut, qu'au xiiie
siècle, dans beaucoup de coutumes, la saisie privée est permise seulement contre le plége, non contre le débiteur principal : de quelle utilité aurait-elle été au créancier, s'il lui
eût fallu au préalable agir en justice et obtenir un jugement
contre le débiteur principal? D'autre part, les *Etablissements
de saint Louis* excluent formellement tout bénéfice d'ordre
et de discussion, permettant d'emblée de poursuivre le
plége (3). C'est ce que dit aussi la coutume de Montpellier de
1204, dans un pays où la pratique romaine a pourtant sur-
vécu sur bien des points (4) ; et la même solution est donnée
par la coutume du duché de Bourgogne, rédigée en 1459 (5).

---

(1) Décisions, nº LXI. — La coutume de Bretagne a encore un titre (titre V)
qui porte pour rubrique : « *Des arrests et ostages.* »

(2) Voyez, par exemple : *Cartulaire de Saint-Victor de Marseille*, nº 565
(ann. 1055) : « Ipse Durandus guerpitionem palam fecit et fidejussorem Pon-
cium Amelium dedit, ut si ipse Durandus aliquid tulerit aut adprehenderit,
ipse Poncius de suo proprio emendet, aut monachi Sancti Victoris de dominio
ipsius Poncii adprehendant, quamdiu ipse Poncius vixerit. »

(3) I, 122, édit. Viollet : « Car il est à la volonté dou deteur (créancier)
de (soi) prendre au plege ou au deteur principal, selon l'usage d'Orlenois. »

(4) Art. 72 (Giraud, *Essai*, I, app., p. 64) : « Debitores vel fidejussores pro
arbitrio petentis prius vel posterius conveniuntur. »

(5) Chapitre 5, art. 3 : « Le créancier peut poursuivre son principal obligé

Dans le vieux système, cette règle était si claire qu'on ne sentit le besoin de la formuler que lorsque la préoccupation constante du droit romain mit en lumière l'antinomie du droit coutumier.

Dans un semblable système, par cela même qu'il donne un fidéjusseur à son créancier, le débiteur s'efface, passe au second plan, et paraît comme momentanément libéré. Il semblerait même qu'on l'eût parfois considéré comme libéré entièrement, confondant avec un *expromissor* ce plège qui, en fait, s'en rapprochait sensiblement (1). Voici en effet ce que nous lisons dans le *Livre des droiz et commandemens de justice* : « Si aucun est obligié à autre et le créditeur prent autre en plège, l'obligation qu'il avoit vers son débiteur sera estainte, se l'un et l'autre ne se établissoient ensemble chacun pour le tout principaux débiteurs (2). » Mais ce texte, comme le montre un autre passage du même coutumier que nous citons plus loin, vise une combinaison spéciale de la plégerie, qui représentait une véritable expromission.

II. L'obligation du plège ne passait point à ses héritiers, elle s'éteignait par sa mort. A l'époque franque nous avons trouvé fort peu de textes pour établir ce point; dans nos coutumiers les preuves abondent.

Assises de Jérusalem : « Se celui qui est plége sans plus

ou son pleige, pour tout son debt, lequel il veut choisir, » Cf. *Coutume de Lille*, art. 143.

(1) Nous avons cité précédemment un passage du *Dialogue de l'échiquier*, dans lequel le vassal fait promettre par son sénéchal le paiement des redevances qu'il doit au roi; or, voici quelles sont les suites de cette promesse (II, 21, édit. Stubbs, p. 241) : « Quisquis mandato domini fidem dederit... Vicecomiti, et veniens non solvit, hunc comprehendi et in carcerem, soluto scaccario, mitti sive miles sit sive non, lex statuit. Et quoniam liberum est cuilibet baroni pro debito quod ab ipso requiritur fidem officialis opponere, *et sic interim vicecomitis importunitate carere...*, ne sic in immensum regii mandati videatur auctoritas eludi, decretum est ut comprehenso illo qui læse fidei reum se non satisfaciens judicavit, statim a vicecomite servientes dirigantur, qui fundos *principalis domini* perlustrantes, venditis quocumque modo caballis, summam requisitam ad scaccarium ejusdem termini deferant. » — Bien que cette décision appartienne au droit public, elle traduit les principes qui régissent le droit privé.

(2) § 552, édition Beautemps-Beaupré, tom. II, p. 97. Le paragraphe, il est vrai, se termine par cette remarque qui semble contredire la doctrine d'abord produite : « Et est obligacion de plège obligacion accessoire. »

muert, ses heirs ne répondent néent à celui de qui leur ancestre estoit plège (1). »

Pierre de Fontaines : « Encore dient aucune lois escrites que li oir au plège soient tenu à la plègerie, nequedant, nostre usage ne si assent mic, se einsi n'est que le plèges en ait fete sa dette ou nanz bailliez por la dette (2). »

Beaumanoir, XLIII, 4 : « Mais s'il muert avant qu'il en soit trais en cort et que le commandemens l'en soit fes, li oir ne sunt de riens tenu à respondre de le plègerie lor pere, se li pères n'en fist se dete ou s'il n'en rechut commandement. »

Livre de Jostice et de Plet, II, 12, 13 : « Aucun que voloit pleidier d'injure avoit un plège, que sis adversaires vendroit à jor, et quant la promesse fut accordée li plège mori. L'en demende se si eir i sont tenu? Et l'en dit que non : et dison, quant aucun voit plédier de plévine à l'oir à cel qu'il plévi, il n'a pas action de plédier à celi (3). »

Grand Coutumier de Normandie, ch. LX : « En ceste plévyne doibt len scavoir que se le plège meurt la plévine meurt; car simple plévine n'oblige pas les hoirs (4). »

Coutume de Montpellier de 1204, art. XIII : « Heredes seu filii fidejussorum non tenentur de fidejussione ab eis facta post mortem eorum, nisi lis cum eo qui fidejussit fuerit contestata vel de eo querimonia curie exposita. »

Nous avons indiqué précédemment sur quel fondement repose cette règle, qui paraît dominer le cautionnement dans les législations primitives. Le *Grand Coutumier de Normandie*

----

(1) *Livre de Jean d'Ibelin*, ch. 130; cf. *Cour des Bourg.*, ch. LXXVIII (Beugnot).

(2) *Conseil*, édit. Marnier, IX, 5.

(3) Ce passage *du Livre de J. et P.*, comme beaucoup d'autres, reproduit en l'altérant un texte du Digeste. Il est intéressant de le comparer avec ce texte qui est la loi 10, § 2, Dig. 2, 11. Dans cette loi, on suppose que la *cautio judicio sisti* a été fournie à l'occasion de *l'actio injuriarum* soit par le demandeur soit par le défendeur; puis l'un ou l'autre vient à mourir avant la *litis contestatio*; on décide qu'il n'y a pas lieu à l'action *ex stipulatu* en vertu de la *cautio*, celle-ci n'étant faite que pour assurer l'exercice de *l'actio injuriarum*, qui est intransmissible activement et passivement; par suite les fidéjusseurs qui avaient accédé à la *cautio* se trouvent libérés : « Secundum quod et si fidejussores dati erant, minime dabitur in eos actio, mortuo reo. »

(4) Édition de Gruchy, p. 114.

montre bien pourquoi l'obligation du plége prend ce caractère tout personnel : « Plèvine est autant comme promesse de loyauté, car celuy qui plège aucun promet que cil fera loyaulment, ce de quoy il le plège (1). » On a vu d'ailleurs, par les textes plus haut cités, que la citation en justice ou la sommation de payer adressée au plége avant sa mort rendaient son obligation transmissible à ses héritiers (2).

Mais à côté de ce cautionnement tout personnel qu'on appelait parfois *simple plèvine*, il en existait un autre plus énergique, par lequel le fidéjusseur se faisait « plège et debteur, » ou encore « principal rendeur. » Une telle clause avait pour effet de rendre l'obligation transmissible contre les héritiers : « L'hoir qui irrite as biens de celuy qui est plège et dette est tenus par la raison de la deterie de respondre li en et paier le come autre dette. » — « Et ce il muert l'en puet requerre à celuy de ses hoirs qu'irrite en ses biens par la raison de la deterie, que l'en ne pouroit pas fere à l'hoir de celuy qui est plège sans plus (3). » — « L'en doit scavoir que la plèvine relient la debte, quand aucun met plège de sa debte en telle manière qu'il l'establit rendeur, si qu'il en est plège et debteur, la mort ne délivre pas de ceste plèvine. Et pour ce doibt l'en scavoir que se le plège meurt, ses hoirs ne seront pas quittes de ceste debte, mais seront tenus de la payer, pour ce que leur ancesseur s'en établit principal debteur (4). »

Cette constitution de *plège et debteur* sûrement était parfois considérée comme une expromission, qui libérait le débiteur à moins qu'un nouvel engagement de sa part n'intervînt. Cela ressort très-nettement d'un passage du *Livre des droiz et commandements de justice*, rapproché de celui que nous

---

(1) Édition de Gruchy, p. 26.

(2) Beaum., XLIII, 4 : « Qui plège s'il est semons de le plègerie, si que commendemens l'en soit fes avant qu'il muire, il convient que ses hoirs responde de le plègerie; car sitost comme il a commandemens de fere comme bons plèges il devient detes de le coze. » — Jean d'Ibelin, ch. 120.

(3) *Livre de Jean d'Ibelin*, ch. 129, 130.

(4) *Grand Coutumier de Normandie*, ch. LX. C'est aussi ce que veut dire Beaumanoir, XLIII, 4 : « Li oir ne sunt deriens tenus à respondre de le plègerie de lor père, se li pères n'en *fist se dete*. » — D'après les *Assises* le *plege et dete* n'avait pas droit au répit de quinzaine après la saisie des gages; le créancier pouvait les vendre immédiatement. — Jean d'Ibelin, ch. 129.

avons cité plus haut : « Cellui qui a plège si a ii actions une
vers le plège et l'autre vers le principal ; et si est obligacion
de plège obligacion accessoire. Et si aucun requiert debteur
à son gré et qu'il se establisse principal debteur, l'obligation
qu'il auroit vers son debteur seroit estaincte (1). »

III. Nous avons supposé jusqu'à présent que la dette était
garantie par un seul plège : s'il y avait plusieurs plèges
d'une même dette, quelle était leur condition respective ?
Chacun d'eux était tenu pour le tout et le créancier n'était
point forcé de diviser sa poursuite : pas plus que le bénéfice
de discussion la vieille coutume ne connaît le bénéfice de
division. Cela va presque de soi là où l'on reconnaissait le
droit de saisie privée au créancier; cela était vrai aussi là
où le créancier devait poursuivre judiciairement. Ecoutons
Beaumanoir : « Respondi Jehans (au créancier) qu'il connis-
soit bien qu'il étoit pleges en la manière qu'il étoit proposé
contre li, mais il avoit compagnons dusques à dix et estoient
bien tuit soufisant, par quoi il requeroit qu'il ne fust contrains à fere plegerie que de dix livres por sa part, et que
Pierres sivist ses compaignons çascun de sa partie; et s'il y
en avoit aucun qui ne fust soufisans revenist on à li, il rem-
pliroit le convenence avec les biens soufisans. — Et Pierres
disoit encontre qu'il pooit bien sivir por le tout lequel qui li
pleroit, et cil qu'il ensuirroit quesist ses compaignons; et sor
ce mistrent en droit. — Il fu jugié que Pierres pooit bien sivir
le ques des pleges qu'il vauroit por le tout, et cil qui estoit
sivis de plegerie aroit action des devant dis compaignons
contre eus qu'il li fissent compaignie. Car s'il convenoit le
créancier alor à çascun de ses pleges, quant plus penroit de
pleges, plus metroit de coz en porcacier (2). »

La coutume de Montpellier exclut aussi le bénéfice de division, qu'elle connaît bien pourtant, car elle lui donne son
nom romain (3). La même doctrine est contenue dans les *Anciennes constitutions du châtelet de Paris*, articles 71 et 72 (4).

_____

(1) Edit. Beautemps-Beaupré, § 143, tom. 1, p. 379.
(2) xliii, 7.
(3) Art. 72 (Giraud; *Essai*, tom. 1, app., p. 64) : « Fidejussores sine re-
medio epistole divini Adriani solvere coguntur. »
(4) Dans la *Coutume de Paris* de *Laurière*, tom. III, p. 265 et 268.

Cependant le plége auquel s'adressait le créancier suppor-tait-il définitivement toute la dette? Une doctrine lui donnait un recours contre ses cofidéjusseurs pour leur faire acquitter leur part; mais c'était là un règlement qui se faisait en dehors du créancier et dont celui-ci n'avait pas à tenir compte. On fondait ce recours sur une idée de société. Par le seul fait que plusieurs personnes cautionnaient une même dette, elles étaient censées unies par un rapport de société. Cela ressort du passage plus haut cité dans lequel Beaumanoir dit que le plége ira chercher « ses compagnons. » *Compagnie* signifie société dans notre vieille langue juridique (1). Dans un coutu-mier du Nord, le *Livre Roisin* de Lille, cette théorie est très-nettement exposée. « Et est assavoir que si plusieurs gent plege aucun home ou femme, ou font leur debte pour lui, il sont tout compaignon de le debte se damage y avoit et des cous, encore ne soit-il deviset al entrer en la compaignie (2). » On peut se rappeler qu'à un moment donné le droit romain établit un semblable rapport entre les garants d'une même dette, *sponsores* et *fidepromissores* (3) ; et il est intéressant de voir le législateur de Rome se rencontrer ici avec nos vieilles coutumes.

Cependant certains textes n'admettent ce recours qu'avec peine. D'après les *Anciennes Constitutions du Châtelet de Paris*, le plége poursuivi peut seulement s'adresser à ses cofidéjus-seurs et leur demander une contribution ou une promesse de remboursement, et encore le texte ne dit point qu'il soit assuré d'obtenir l'une ou l'autre : dans tous les cas, s'il paie sans prendre cette précaution, on lui refuse tout recours. Art. 74. « S'il avient que II personnes ou III soient plége pour une personne, et pour une certaine somme d'argent et cha-cune pour le tout, s'il avenoit qu'une de ces personnes fussent (fût) tret en jugement à respondre aux créanciers, et il rendit toute la somme de la dette si come il estoit tenu : or

---

(1) Beaum., ch. xxi, *De compaignie.*

(2) Roisin; *Franchises, lois et coutumes de la ville de Lille,* édit. Brun-La-vainne, p. 47.

(3) Gaius, III, 122 : « Præterea inter sponsores et fidepromissores lex Apu-leia quamdam societatem introduxit : nam si quis horum plus sua portione solverit de eo quod amplius dederit adversus cœteros actiones constituit. »

est assavoir se cil qui a payé aura point de recours as autres qui estoient tenus en la somme dessus dite, aussi come il qui a payé, ne nil qu'il (ne se cil) s'en pueent deffendre et dire ensi à cil qui a paié : « Biaux amis tu dis ensi que tu as paié et sans que tu le nous feisses assavoir. Et or ne (ce) nous fais assavoir après ton paiement. Nous disons que a tart i viens pour nous traire en querelle de ceste chose, quar nous disons que pour nous n'as tu riens paié ; mes le paiement que vous avez fait, c'est por vous qui estiez tenu por le tout, si come vous avez à reconnu. Et par ce nous ne volons pas respondre. Et sé drois disoit que nous deussions repondre, si faisons nous protestacion et retenue de respondre et d'aller avant, si comme drois donra (1). » Ces derniers mots montrent que l'injustice de ce système n'était pas admise par tous ; mais un autre passage des *Constitutions du Châtelet* expose d'une manière plus nette encore les moyens de défense des cofidéjusseurs. « Il se pueent deffendre et dire : « *A nous n'avez point d'action, quar plège ne puet traire autre en querelle*, mes se vous voliez dire que vous nous eussiez riens baillié *ne paié par nostre accort ne que nous le vous eussions promis à rendre*, nous l'orrions volontiers. » — Et se il disoit lors : « Je les aies paiez pour vous, quar vous i estes tenus ansi come moi et chascuns por le tout, » — et cil autre puent lors dire : « et au mieix aparissant, fut-il ensi (2). » — Et se il respondoit : « il puet moult bien estre et se je suis le mieix aparissant, ne vueil-je pas le tout payer, ainçois vueil que chascun de vous en pait sa partie, » — et cil puent lors dire : « A tart venez à redire, quar nous disons que ce qui est fait n'est pas à faire ; paié avez quar tenu y estiez, et en votre délivrance, ne onques ne nous en parlastes, ne nous y apelastes de riens, ne de riens nous ne sommes à vous tenus, si come nous avons dessus dit ne por nous n'avez rien paié, et réquérons à estre assous de votre demande ou (en) droit (3). »

(1) Dans Laurière, *op. cit.*, tom. III, p. 268-269.

(2) Au commencement du texte il est dit que les plèges s'étaient engagés comme d'ordinaire « chacun pour le tout et au mieix aparissant. » Cette expression traduisait le droit du créancier de s'adresser au plus solvable.

(3) Laurière, *op. cit.*, p. 266.

Le texte ne contient aucune réplique à cette dernière réponse.

D'ailleurs, on poussait très-loin les scrupules lorsqu'il s'agissait de maintenir jusqu'à l'échéance l'égalité entre les plèges d'une même dette. De cette idée d'égalité les *Assises* tirent cette conséquence, que le créancier ne pouvait point libérer l'un d'entre eux sans libérer les autres, ni recevoir de l'un sa part contributoire (1).

IV. Dans une législation qui expose en première ligne le fidéjusseur aux poursuites, le recours du fidéjusseur contre le débiteur principal doit être fortement organisé. Nous avons vu dans les *Leges* le fidéjusseur armé pour son recours de la saisie extrajudiciaire, et pouvant même agir avant d'avoir payé (2). Cet ancien droit a laissé quelques traces dans nos coutumes. La coutume de Bayonne du xiiie siècle, publiée par MM. Balasque et Dulaurens, décide expressément que le fidé-jusseur peut saisir extrajudiciairement les biens du débiteur principal (3), et d'après M. Balasque (4), on trouve le même usage dans tout le Midi, en Béarn, à Toulouse, à Perpignan; mais il n'existe plus qu'à l'état d'exception. Dans nos coutumiers, le plège doit, pour exercer son recours, s'adresser à la justice : cependant là encore son action est privilégiée à certains égards.

Le plège doit être complètement indemnisé du préjudice qu'il a souffert : « Qui met autrui en plegerie, il le doit délivrer de paine, de coust et de damaces, aussi netement comme il estoit quand il fut mis en le paine (5). » Et cela comprenait certaines indemnités qu'on n'allouait pas d'ordinaire aux

---

(1) *Cour des Bourg.*, ch. lxxii (Beugnot); (Kausler, lxx).

(2) Qu'on songe aussi à l'action *depensi* que la loi Publilia assurait aux *sponsores*. Gaïus, III, 127 ; IV, 22, 25.

(3) Ch. 53, § 1 ; cf. ch. 45, § 1. — *Études historiques sur la ville de Bayonne*, par Balasque et Dulaurens. Bayonne, 1862-1875, tome II.

(4) *Op. cit.*, tom. II, p. 347, ssq. — On peut remarquer que les docteurs reconnaissent au fidéjusseur pauvre le droit de vendre les biens du débiteur principal. Hipolytus de Marsiliis, *Consilia crimin.*, X, 40 : « Et dicit Baldus in c. *Si qui testium*, extravag. *de testibus*, quod fidejussor propter paupertatem potest vendere bona debitoris et satisfacere creditori licet non habeat aliquod mandatum ad vendendum. » Cf. *Cour des Bourgeois*, lxxxiv (Beugnot); lxxxii (Kausler).

(5) Beaum., xliii, 5.

créanciers. En principe, dans la procédure féodale, celui qui succombait n'était point condamné à restituer les dépens de son adversaire; chacun, gagnant ou perdant, plaidait à ses frais (1); cela simplifiait le règlement des procès. Mais le principe souffrait quelques exceptions, et l'une d'elles, au témoignage de Beaumanoir était édictée en faveur du plége qui poursuivait le débiteur principal (2).

D'après les *Assises*, le plége avait d'ailleurs en main une arme puissante : il fixait sous la foi du serment le montant de l'indemnité à laquelle il avait droit. « Sans faille jadis soleit estre le sairement à celui qui estoit le gage, mais après fu renouvelé l'assise et torné le sairement au détour, parce que certains pleges en faisoient malice, et prisoient par lor sairement lor gages si chier que il destrusoient les detours (3). » Ce texte montre qu'on s'était départi en Chypre de cet ancien usage; mais nous le trouvons encore dans Beaumanoir (4).

Pour éviter ce recours énergique, il arrivait souvent, semble-t-il, que le débiteur principal prenait les devants et offrait des gages au créancier lorsque celui-ci se préparait à prendre les gages du plége (5). Mais si le créancier acceptait, le plége par là même était libéré et ne pouvait plus être poursuivi,

---

(1) *Établissements de saint Louis*, édit. Viollet, I, 96. « Tele est la costume de cort laie que l'en ne rant conz ne despens. » — Beaum., xLIII, 40 : « Che que est dit communement que on ne doit pas rendre damaces en cort laie, c'est à entendre les coz et les damaces que l'une partie met contre l'autre en plédier. »

(2) xLIII, 5, 40. — Cependant les *Établissements* (I, 96) énumèrent seulement quatre exceptions au principe parmi lesquelles ce cas ne figure point.

(3) Philippe de Navarre, ch. 78.

(4) Beaumanoir ne le dit pas formellement du plége; mais au chapitre *des plegeries* (xLIII, 44) il le dit d'un des créanciers qu'il assimile à la caution, quant à la restitution des dépens : « Encore est il un damaces c'on doit rendre par le coustume de le cort laie, *et si est le demanderes creus de son damace par son serement.* » — Dans la suite, une clause dans ce sens était d'ordinaire insérée dans les lettres obligatoires. Beaum., xxxv, 13.

(5) *Cour des Bourgeois*, ch. LxxI (Beugnot); LxIx (Kausler) : « Celui qui presta l'aveir respont : « Puisque vous ne me voles paier, je si irai prendre le gage de mes pleges. » Et sur ce le détour il prie : « Ne prenes mie le gage des pleges, car je vos baillerai mon gage por mes pleges. » — Beaumanoir, xxx, 51.

alors même que le créancier n'obtenait pas du débiteur principal son entière satisfaction (1).

Il pouvait arriver cependant que tout recours fût refusé au plége qui avait été forcé de payer la dette. Si, poursuivi, il avait nié son obligation et qu'on l'eût prouvée contre lui, il ne pouvait rien demander au débiteur principal. Il était ainsi puni de sa mauvaise foi ; c'est d'ailleurs l'allure naturelle de la vieille procédure que de vous prendre au mot, lorsqu'on y trouve avantage ; cela fait songer à certains effets exorbitants que le vieux droit romain faisait parfois produire à *l'in jure cessio* (2). « Puisque l'on née plegerie en court, et ele li est après provée, celui por qui il fu pleges n'est pas tenu de amender li le damage, que celi qui l'aura plegé en aura reçu (3). » — « S'on demande à aucun plevine, et il nie en cort qu'il n'est pas pleges, et puis en est atains par proeves, il convient qu'il face plegerie et si amende le niance... Et si ne sera pas tenus cil qui en paine le mist de delivrer lui de le peine ne de le plegerie, s'il ne veut : car tel damace doit-il recevoir, por ce qu'il nia vérité por peur de perdre (4). »

Cela était bien dur pourtant. Les habiles plaideurs des *Assises de Jérusalem* avaient su parer le coup. Le plége, au lieu de nier la plégerie, déclarait seulement qu'il ne s'en souvenait pas, « qu'il n'estoit membrant ; » et alors la preuve apportée par le créancier et qu'il rendait ainsi nécessaire, ne lui enlevait point son recours contre le débiteur (5). Le *Livre de Jostice et de Plet* répudie complètement l'ancienne théorie : « Or demende l'en se li plege est vaincuz, qui a nié que il n'iert pas plège en juigement, se li detes est tenus à lui sodre? Et l'en dit que oïl, car s'il n'en estoit tenuz, il seroit riches d'autrui avoir. Mes la jostice doit punir le plege, segont ce que droit

---

(1) *Cour des Bourgeois*, ch. LXXI, LXXIII (Beugnot); LXIX, LXXI (Kausler). — D'ailleurs toute modification consentie par le créancier au contrat primitif libérait la caution. Les *Assises* appliquent cela même à la prorogation de terme que le créancier accorde au débiteur principal : *Cour des Bourg.*, LXXIX (Beugnot) ; LXXVII (Kausler) ; mais Beaumanoir répudie cette doctrine étroite, XLIII, 12.

(2) L, 66, Dig. 23, 3 ; Gaïus, II, 35 ; Fragmentum Dosithei, § 12.

(3) *Livre de Jean d'Ibelin*, ch. 117.

(4) Beaumanoir, XLIII, 6.

(5) *Livre de Jean d'Ibelin*, ch. 117, 126.

le done, si que autre ne s'amorde pas à fere tel tricherie (1). »

De ce trop long exposé résulte une conception du cautionnement, assez voisine de celle que révèle, sous ses formes les plus anciennes, l'*adpromissio* des Romains. Le créancier qui ne consent à traiter avec le débiteur que si celui-ci lui fournit un plége, n'accepte le plége qu'à bon escient : c'est lui surtout qu'il veut avoir comme débiteur, et la coutume traduit fidèlement cette idée, en traitant la caution comme un obligé non accessoire mais principal (2).

§ 5.

Transformation de la plégerie.

Comme les autres contrats, la *plégerie* devait se transformer sous l'influence du droit romain. Le cautionnement fut bientôt régi chez nous par les règles que lui traçait le *Corpus juris civilis*, et en lisant un traité des XVIe, XVIIe ou XVIIIe siècles, on ne pourrait pas soupçonner qu'il en eût jamais été autrement (3). Mais si la transformation fut complète, il n'en est pas moins intéressant de rechercher comment elle s'accomplit; comment disparurent un à un les traits caractéristiques de la plégerie.

I.

La saisie privée, reste d'un droit grossier et d'une société rude, devait fatalement disparaître. Déjà lorsqu'avaient été rédigées les *Leges* on avait cherché à l'exclure de beaucoup d'entre elles. Cet effort avait été impuissant : l'anarchie, d'où sortit le monde féodal, devait bien souvent encore marier la violence au droit. Mais, quand la société tendit à revenir vers un ordre meilleur et vers des formes plus pacifiques, la saisie privée fut attaquée à la fois par les deux grandes puissances qui guidaient alors la civilisation : la Royauté et l'Eglise.

(1) XVIII, 7, 3.

(2) Je laisse de côté dans cette étude tout ce qui concerne la plégerie judiciaire. La plégerie jouait dans la vieille procédure un rôle analogue à celui que les *cautiones* et *satisdationes* remplissaient dans la procédure formulaire des Romains. Voyez sur ce point quelques détails dans : Franken, *Das französische Pfandrecht im Mittelalter*, § 17, p. 220, ssq.

(3) Voyez par exemple les traités de Basnage et de Pothier.

Tandis que les conciles frappaient de réprobation ces violences juridiques (1), les officiers royaux cherchaient dans leurs ressorts à extirper ces mauvaises coutumes. Cette tendance que nous avons constatée chez Beaumanoir, est plus marquée encore chez le rédacteur des *Etablissements de saint Louis* (2), et Pierre de Fontaines déclare que par là on ôte « molt de tricheries. » Enfin, les gens des « bonnes villes, » pour établir la paix entre eux, travaillent dans le même sens, et bien des chartes de commune ou de ville contiennent l'exclusion de la saisie privée. Tous ces efforts devaient triompher : l'ancienne gagerie disparaîtra ; on la délogera même des quelques créances privilégiées où nous l'avons vue cantonnée au début de cette étude.

Cependant, sur ces points où elle s'était maintenue le plus longtemps la saisie privée laissa des traces reconnaissables. Elle se transforma même plutôt qu'elle ne disparut. Sans doute elle perdit d'ordinaire son trait le plus saillant : au lieu de saisir lui-même, le créancier fit saisir par un sergent, — le progrès des mœurs devait de lui-même amener ce résultat (3), — mais, comme dans la saisie foraine, il put saisir sans titre authentique, sans même avoir aucun titre.

Ainsi généralement la vieille coutume permettait au locateur de saisir, de son autorité privée, les meubles et effets garnissant la maison louée. « Un home si a loée sa meson à un autre ; li termes passe qu'il doit avoir son loer ; cil prent

---

(1) Voy. Can. unic., l. v, tit. 8 *in Sexto* (Gregor. X in Concilio generali Lugdunensi, an. 1273).

(2) Voici ce qu'il ajoute, en un passage, au texte de la coutume de Maine et d'Anjou (*Etablissements*, I, 138, édit. Viollet) : « Nus ne doit se faire joutise, ne de son deteur ne doit nuz prandre sans joutice, se ses deterres ne li bâille de sa bone volonté, mais il doit venir à la joutise et requerre droit et demander. Et que ce soit voirs que nus ne se doit faire joutise, ne prandre de l'autrui sans le commandement et la volenté à la joutise, il est escrit en la Digeste ou titre : Des choses qui sunt faites par force ou par peor, en la loi qui commence : Extat enim decretum, où il est escrit de cette matière. »

(3) La coutume de Bergerac, qui admet dans toute sa largeur la saisie privée, suppose que le plus souvent il y a intervention d'un sergent, art. 26 : « Item *nullus serviens aut alius quicumque* pro ullo debito cognito vel non cognito aut judicato burgensem pignorare possit nec debeat de lecto proprio in quo cubat, etc. »

les choses qu'il trove en la meson. L'en demende s'éles sont son gage. Et l'en dit que oïl (1). » — « Se je loue me meson soit en fief ou en heritage vilain, et cil a qui je l'ai loué a de ses biens porté en le dite meson et ne me paie pas mon loage, je puis penre du sien sans justice, par coustume, tant que je soie paiés de mon louage (2). » De là vint la saisie-gagerie que les coutumes dans leur rédaction officielle permettent généralement au locateur de faire pratiquer sans titre, « sans contrat, obligation, ni autorité de justice, appelé avec lui un sergent pour le garder de force, » comme disait la coutume d'Orléans (3).

Un autre cas de saisie privée se conserva même avec des formes plus archaïques. C'est la « prise des bêtes en dommage ès héritages d'autrui. » Le droit pour le propriétaire de saisir les animaux d'autrui qui dévastent ses terres, est un apport des coutumes germaniques. Les *Leges* permettent alors au propriétaire parfois de tuer une ou plusieurs bêtes, mais toujours de les saisir et de les enfermer, « *includere*, » afin qu'elles répondent des dommages-intérêts et de l'amende que doit payer leur maître (4). Mais dans notre droit coutumier la rigueur de l'exécution va en s'affaiblissant avec le temps. Dans Beaumanoir et dans le *Livre de Justice et de Plet*, la saisie purement privée peut, dans un certain délai, faire perdre au maître récalcitrant la propriété de ses animaux (5). D'après la

(1) *Livre de J. et P.*, ix, 4, 1 : *De gage prandre sans joslice*, ix, 9, 1 : « Je puis prandre à mon hoste, por le loier de meson, en le meson ; et hors non sanz jotice. »

(2) Beaum., xxxiv, 16 ; Cf. *Coutumes de la République d'Avignon au XIIIᵉ siècle*, art. 23, De pignoribus licitis, et 42 (*Nouv. Rev. historique*, 1877, p. 478. » C'est aussi l'un des cas où le droit anglais admet la *distress*. Blakstone, III, 6. Cf. Très-ancienne coutume de Bretagne, ch. 329.

(3) Orléans, art. 406. Tantôt le propriétaire sans titre authentique pouvait faire exécuter, c'est-à-dire saisir et vendre ; tantôt la gagerie était « une simple saisie-arrêt, qui consiste à saisir et à établir un gardien, mais le locateur ne peut déplacer ni procéder à la vente qu'il n'ait eu une sentence. » Voy. Pothier : *Traité du louage*, nº 270, ssq., où il compare à cet égard les coutumes de Paris et d'Orléans.

(4) *Lex Burg.*, xxiii, 4 ; lxxxix, 2, ssq. ; capit. extravag., cvi, 1, 2. — *Lex Wisigoth.*, viii, 5, ssq. — *Lex Alam.*, lxxvi, 2, 3. — *Lex Ribuar.*, lxxxii, 1, 2 ; Roth. 343, 344, 349. — Voy. Ces. Nani, *Studio segondo*, p. 135, ssq.

(5) Beaum., lii, 6. *Livre de Joslice et Plet*, xix, 47, 2 : « Se beste à quatre

très-ancienne Coutume de Bretagne, le preneur peut garder les bêtes dans un « parc » ou « en son hostel » jusqu'à ce que le propriétaire les vienne délivrer en fournissant gage ou plége (1); et la règle est la même dans la *common law* anglaise (2). La plupart des coutumes, dans leur rédaction officielle, en autorisant le propriétaire foncier à saisir les animaux par lui-même ou par ses gens, ne lui permettent de les garder chez lui que pendant un délai fort court, (ordinairement vingt-quatre heures), au bout duquel il doit les mener *à justice*. Le but principal de cette saisie privée (3) est alors de permettre une preuve facile du dommage causé : la capture est là comme un signe manifeste; aussi généralement le preneur est-il cru sur son serment, quant aux dégâts causés, au moins jusqu'à un certain chiffre (4).

Pour la plégerie rien de semblable n'eut lieu. Là le droit de saisie privée disparut sans laisser aucune trace. La raison en est simple : il n'eût plus servi à rien. On avait créé, par un ingénieux détour, la théorie des lettres ou titres exécutoires, qui d'avance contenaient une sentence toute rendue (5). Et

pies me domage ou oisel privé, et je le trueve présentement, je puis prandre la beste et l'oisel por mon domage. »

(1) Ch. 281, ssq. (*Bourd. de Rich.*, IV, 266, ssq.).

(2) Blakstone, II, 12, ssq.

(3) Aux yeux des romanistes, ce droit souffrait difficulté. *Johannes Faber* ad instituta : « Quærit Jacobus hic quod si invenias animalia forte pascentia in re mea, numquid possum ea propria auctoritate capere. Dic quod sic si nesciam qui sunt, alias non sic intelligitur. »

(4) Ce qui le montre bien, c'est qu'il suffisait parfois au preneur, pour conserver ses droits, de prendre en gage la panetière ou autre objet appartenant au berger. *Anglebermæus in consuetudines Aurelian.*, p. 56, édit. 1575. — Ne doit-on pas compter parmi les vestiges de la saisie privée la saisie féodale et censuelle? Nous pouvons négliger ici ce point parce que ce ne sont pas là des saisies mobilières (Voyez toutefois Grand-Coutumier de Normandie, ch. VII, *De delivrance de namps*). Cependant, lorsque la question se présente nettement, c'est-à-dire lorsque le seigneur féodal ou censuel n'est pas *justicier*, on pourrait peut-être trouver dans cette idée la meilleure explication de son droit, si l'on ne veut pas admettre l'existence de la *justice foncière et censière*. Voyez sur ce point Bacquet, *Traité des droits de justice*, ch. III.

(5) R. Dareste. *Biblioth. de l'école des Chartes*, C, I, 452. — Viollet, op. cit., tom. II, p. 229, ssq. — Guy Coquille avait déjà établi très-nettement la théorie : *Institution au droit des Français*, des exécutions : « L'ancienne obser-

sans aucun doute, lorsqu'un contrat était assez important pour
entraîner l'adjonction d'un fidéjusseur, on ne manquait jamais
de faire consigner les engagements dans des *lettres de baillie*, plus
tard dans un acte notarié. On louait au contraire bien souvent
une maison sans acte authentique ou même par contrat verbal,
et voilà pourquoi le locateur a retenu quelque chose de son
ancien droit, comme aussi le propriétaire foncier, qui ne
pouvait avoir aucun titre pour prouver le dommage causé
par les animaux du voisin (1).

II.

Lorsque la plégerie était simple, la mort du plége l'éteignait,
comme nous l'avons dit plus haut. Le cautionnement devait
perdre ce caractère chez nous, comme il l'avait perdu de bonne
heure à Rome, où la *fidéjussio* avait refoulé la *sponsio* et la
fidepromissio. Dès que le commerce s'élargit, et que l'intérêt
pécuniaire domine les rapports juridiques, il n'y a plus de
motif valable pour traiter l'engagement de la caution autrement
que les obligations ordinaires. Pierre de Fontaines, opposait
déjà au principe coutumier la règle romaine, comme une loi
plus sage (2). Celle-ci fatalement devait triompher; mais elle

vance estoit que les contrahants alloient devers le garde du scel, qui avoit
jurisdiction; et après avoir ouy leurs convenances, les condamnoit à l'observation d'icelles. Encores les notaires de Paris, Orléans et Poictou, ès contracts
grossoyez, esquels le garde du scel parle, ont ces mots : *Sont comparus en
droit et jugement par devant nous.* Et selon le droit Romain qui a confessé en
jugement est tenu pour jugé et condamné. » Édition Paris, 1612, in-12, p.
441. — Peut-être dans le vieux droit Romain la formule *damnas esto* employée
dans une loi ou un testament produisait-elle un effet semblable.

(1) Le *Livre de Jostice et de Plet* (ix, 9, 1) reconnaît au commodant le droit
de saisie extra-judiciaire : « Or demande l'en s'il puet prendre do detor sanz
jostice? Et l'en dit que non. Et se ge al a aucun presté la moie chose, et le
termes passe, je puis prandre la moie chose; et dedans le terme, non. » En
admettant qu'il n'y ait pas là une anomalie locale, on comprend bien que ce
cas de gagerie n'ait pas laissé de traces. Non pas qu'on prît l'habitude de
constater le commodat dans un acte authentique; mais si le *commodat* joue
un rôle assez important dans une société peu industrielle, où les objets fabri-
qués sont rares, et alors mérite une garantie particulière, il n'a presque aucun rôle juridique, lorsque l'industrie et le commerce se sont développés.

(2) *Conseil*, ix, 15 : « Encore dient aucune lois escrites que li oir au plege
soient tenu à plègerie, nequedant nostre usage ne si assent mie. »

ne gagna du terrain que petit à petit. Dans Beaumanoir l'in-
transmissibilité est le droit commun, mais il y a une exception
lorsqu'il s'agit de pléges obligés envers le comte : « Se cil de
le conté deviennent plèges envers le comte et il moerent, li
hoir respondent de le plègerie, ne il n'a nule différence entre
le plègerie et li dete que li quens prent por li de ses sougés (1). »
Bouteiller, si enclin à faire prévaloir le droit romain, ne sa-
crifie pas complétement la *plègerie* à la *fidejussio*, bien qu'il
cherche à les confondre (2). Il connaît encore la plévine simple,
qui n'oblige pas les hoirs ; sa théorie, œuvre de transition
comme presque tout son livre, est fort curieuse. « Si peus et
doibs scavoir que selon l'opinion d'aucuns ils sont trois manière de plègerie... La stipulaire si est comme quant aucun
s'oblige par stipulation et promet à paier dette pour un autre,
et en fait sa dette en luy obligeant *par foy* et par peine à
certain jour à rendre et à payer. Celle qui est accidentelle,
si naist et descend de la stipulaire, si comme l'hoir de celui
qui a ainsi fait sa dette pour autre, comme dessus est dict,
quand il va de vie à trépas, est tenu de celle dette payer, par-
ceque leur prédécesseur sa propre dette en fist comme dit est...
et celle va d'hoir en hoir tant que payé soit. La tierce plègerie
qui est simple, si est comme quand aucun est pleige que l'autre
payera à la tierce personne telle dette ; et ceste pleigerie
est appelée simple pourceque le pleigo ne fait pas sa dette seul
et pour : ne pour ceste pleigerie n'est tenu l'hoir du fidéjusseur :
car le pleige mort la pleigerie meurt (3). » C'est là un sin-
gulier mélange de principes hétérogènes, et au premier coup
d'œil il n'est pas facile de reconnaître la vieille coutume,
habillée mi-partie à la romaine.

(1) XLIII, 9. Dans les *Assises, Cour des Bourgeois,* LXXVIII (Beugnot); LXXVI,
(Kausler), il est dit que s'il y a plusieurs plèges de la dette et que tous soient
morts, « la cort deit faire prendre les choses des plèges mort, et faire tant
vendre don il seit paies; et cil defaut rien si son peut prendre à son detor. »
(2) « Des pleges que les clercs appellent fidéjusseurs, et de l'effect des fidé-
jussions que les ruraux appellent plègerie, veux dire et monstrer ce que
veu et ouy en ai. » *Somme rurale,* édit. Charondas, tit. 101, p. 575.
(3) *Somme rurale,* 1, tit. 101, p. 575 — En Espagne, nous voyons le principe romain triompher dans les *Siete Partidas.* Part. v, lib. 12, l. 16 : « Mu-
riendo il fiador tan bien fincan obligados sus crederos para complir la fiadura,
como lo era el mismo. »

Après avoir été abandonnée en matière civile, la vieille théorie laissa encore des traces dans le droit criminel. Il s'agit de la caution fournie par l'accusé qui obtenait son élargissement ; et voici ce que nous lisons dans la *Pratique* d'Imbert : « Pource que par les ordonnances dernières (de 1539), art. 120, est dit que les eslargis bailleront caution limitée selon la qualité des parties et de la matière, l'obligation procédant de telle caution passe aux héritiers du pleige ; ou, si la caution n'est limitée la dite obligation n'est point transitoire aux héritiers (1). » C'est en cette matière que le cautionnement pouvait le plus longtemps garder son caractère de bon office rendu à un ami.

Le plége n'avait point, nous l'avons dit, le bénéfice de discussion. Tout ce qu'il pouvait faire c'était de se retourner contre le débiteur principal, dès que la procédure judiciaire ou extra-judiciaire était entamée contre lui, afin d'assurer son recours (2). L'exercice de ce droit devait souvent amener le débiteur principal à s'interposer entre le créancier et la caution. Dans le *Grand Coutumier de Normandie*, on trouve un système plus complet : « L'en doibt scavoir que le plège qui est trouvé en court doit congnoistre ou nier la plèvine. S'il congnoist qu'il fust pleige, il gaigera la dette, et aura terme de la payer ou d'avoir en court le debteur qui en fera droit ; et se le debteur vient au terme, et il dit que il doit la debte, si la paye ou ses namps qui le vaillent soient pour le plège baillés. Se il n'a de quoy payer le plege doit payer la debte ou le demeurant qu'il ne peut payer, ou soient ses namps baillés pour la debte (3). »

Le bénéfice de discussion qui est inconnu dans la vieille coutume d'Anjou et du Maine, et que le rédacteur des *Établissements* repoussait *selon l'usage d'Orlenois*, tout en rappelant que le droit romain l'admettait (4), apparaît nettement dans

(1) Livre III, ch. 16, édit. Paris 1606, p. 733.
(2) Beaum., XLIII, 21 : « Si tost comme plèges est requis, semons ou contrains de fere plègerie, il doit sivir celi qui en plege le mist, qu'il l'aquit, ne ne doit pas tant atendre que grant damaces soient couru son li. » Cf. *Livre de Jean d'Ibelin*, ch. 124.
(3) Ch. LX; Cf. ch. LXXXIX.
(4) *Etabl.*, I, 122, édit. Viollet : « Il est à la volonté dou detour de prendre

la *Coutume glosée d'Anjou et du Maine :* « Se aucun met autre
en pleige, il l'en doit délivrer ; mes l'en ne puet prendre les
biens du plège tant comme celuy qui l'a mis en pleige ayt de
quoy paier. Et se il n'a de quoi paier le pleige paiera (1). »
Le *Livre des droiz et commandemens* enregistre le bénéfice
d'ordre, comme une règle du droit romain (2). Bouteiller
l'admet quand il s'agit de la simple plèvine : « En la simple
a exception et peut requérir sur ce à appeler celuy pour qui il
pleigea et que de ce le depesche et garantise, lequel luy doit
faire, s'il a le vaillant. Mais si le principal estoit pauvre, qui
n'eust de quoy satisfaire, lors le conviendroit payer le pleige
et le fidéjusseur (3). — « En une loy en code escrite, dit-il
encore, est dit que le créditeur a pouvoir de laisser le principal et luy traire au plège s'ainsi n'estoit que autre convent
n'y ait. Mais par une authentique qui s'ensuyt cette loy est
modifiée par la nouvelle loy de appeler garand par le plège,
ce est le principal. Et dit l'authentique que ambedeux quand
ils sont en présence, c'est à scavoir le principal et le pleige,
le créditeur ne peut ne doibt riens demander au plège jusqu'à
ce que le debteur soit trouvé si pauvre que satisfaire ne puisse
ou qu'il se seroit absenté ou destourné... Toutefois convient-il
que le plège s'il le requiert ait jour compétent à appeler son
garand, et qu'il le contumasse, car lors s'il ne vient, le plège
sera constrainst à satisfaire (4). »

Dans la plupart des textes que je viens de citer, il y a une
certaine confusion entre deux institutions, de source diverse,
qui devaient, non point se fondre, mais s'associer dans notre

au plège ou au detour principal selon l'usage d'Orlenois en cort de baronie,
mais il doit cinçois requerre le principal que le plege quand li principaus est
présanz et bien paianz et légiers à convenir et à exploitier et à souploier,
selon droit escrit ou Code *de fidejussoribus.* »

(1) Édit. Beautemps-Beaupré, tom. I, p. 328.

(2) § 620. « Et aussi selon droit ne se pourroit pas le créditeur faire paier
sur son plege tant comme le principal debteur soit solvable. »

(3) *Somme rural*, I, tit. 101, p. 577.

(4) On trouve encore dans le texte officiel des coutumes des restes de l'ancienne doctrine. Voy. *Coutume de Lille*, art. 143 : « Par le dit usaige un créancier peut, pour avoir paiement de son deu, poursuivir son deteur ou pleige
d'iceluy, lequel que bon luy semble, sans paravant rendre le principal debteur
insolvent. Et s'il y avoit plusieurs plesges, qui ne fussent obligiez chascun
pour le tout, il ne seroient poursuivables que chascun pour sa part. »

droit. L'une est l'exception de garantie d'origine coutumière; elle permettait au plége poursuivi de mettre en cause le débiteur principal, c'est la seule protection que la coutume ait d'abord inventée pour la caution; l'autre est le bénéfice d'ordre, d'origine romaine; elle permet au fidéjusseur de renvoyer le créancier à poursuivre préalablement le débiteur principal.

La conciliation de ces deux moyens n'est pas bien faite encore dans la coutume de Bretagne. D'un côté, l'article 207 consacre le bénéfice de discussion; d'autre part, l'article 150 reconnaît à la caution l'exception de garantie dans les termes suivants : « Quand le plege ou fidéjusseur a requis terme d'amener son garend et ne l'amène à l'assignation qui lui est baillée il ne pourra plus demander garend et sera tenu defendre en la cause de luy-même et de son chef; mais s'il a amené garend qui prenne le procès, iceluy fidéjusseur ne sera plus tenu de procéder en la cause principale, ains sursoira jusqu'à sentence donnée contre le garend. » Et d'Argentré relevait avec une certaine colère l'antinomie des deux articles (1).

Mais l'accord devait s'établir ; pour cela il fallait dépouiller de quelques-uns de ses effets l'exception de garantie, qui n'avait été admise d'abord qu'en matière réelle (2). Il fallait qu'elle n'entraînât pas la mise hors de cause du plége qui l'invoquait : c'est ce qui fut admis, et ainsi, naquit, à côté de la garantie formelle, la garantie simple de notre droit français (3).

(1) Sur l'art. 150, glose 1 : « Multa hic inepte concipiuntur. Primum quod inter reum principalem et fidejussorem auctoris et garendi mentionem infert, deinde quod garendum hoc est reum principalem admittit in terminis garendi ad suscipiendam litem cum fidejussore institutam, cum jure et ratione agentibus certum sit in materia et actione personali garendum locum habere non posse; cum ex facto et obligatione propria personæ conventæ agatur, cujusmodi est persona fidejussoris, qui ex facto suo et promissione convenitur et de facto convenire potest, etsi beneficium exceptionis habeat ordine de novissimo authenticorum jure introductum. »

(2) C'est ce que dit le *Stylus curiæ Parlamenti* (Tit. *De dilatione quæ datur pro garendo*), édit. H. Lot, p. 17.

« Ideo hæc dilatio non potest peti nisi in realibus actionibus vel in rem. scriptis, sive mixtis, fallit in casu novitatis. »

(3) Voyez Masuer, *Pratique*, traduct. Fontanon, p. 41. — Imbert, *Pratique*, édit. de Guenois, p. 137, 138 : « S'il veut prendre la garantie, il y doit être

Ce qui se passa quant au bénéfice de discussion eut lieu aussi pour le bénéfice de division. D'abord le droit coutumier avait simplement reconnu au plége poursuivi le droit de mettre en cause ses compagnons; la réception partielle du droit romain lui fit accorder l'*exceptio divisionis* (1), à côté de laquelle il conserva dans la suite l'exception de garantie simple. L'exception de garantie peu utile au fidéjusseur lorsqu'il n'a pas renoncé aux bénéfices de division et de discussion, lui est au contraire fort avantageuse lorsqu'il a abdiqué ces avantages, et sur ce point la théorie romaine, qui ne la connaissait pas, n'a pas tellement triomphé qu'elle n'ait permis de recueillir un legs profitable du droit coutumier.

Des privilèges, dont la vieille coutume avait entouré le recours du plége contre le principal, il ne reste pour ainsi dire aucune trace dans le droit postérieur (2). Cela se conçoit : après avoir dressé le contrat contenant l'engagement du plége, le notaire en dressait toujours un autre, appelé *contre-brevet de plegerie* dans les anciens formulaires, et où toutes précautions étaient prises pour assurer à la caution un recours facile et efficace.

reçu et le défendeur envoyé hors de la cour, en tant que le garand lui portera bon gariment, pourveu que la matière soit réale ou possessoire et que la cause ne soit contestée. Mais si la matière est personnelle ou que la cause soit contestée, la partie adverse peut empêcher que le défendeur ne sorte hors de cour et de procès et n'est le garend recevable en ce cas qu'à assister en procès avec celui qui l'a appelé en gariment. » — Pothier : *Procédure civile*, n° 90.

(1) Masuer, *Pratique*, p. 411.

(2) Voyez pourtant Coutume de Bretagne, art. 204; et d'Argentré sur cet article : « Ita ut fidejussor non teneatur pati venditionem aut distractionem rerum suarum, sed statim atque interpellatus est de solvendo, potest petere a judice ut sibi permittatur res debitoris pro quo intercessit pignerare et auctioni et hastæ subjicere. Hoc quod generaliter in omni fidejussore est constitutum, non est putandum hic restringi ad casum particularem fidejussionis judicio sisti. »

TROISIÈME ÉTUDE

L'EXÉCUTION SUR LES IMMEUBLES ET L'*OBLIGATION*.

« Quiconque s'est obligé personnellement est tenu de remplir son engagement sur tous ses biens mobiliers et immobiliers, présents et à venir. » Cette règle qu'énonce l'article 2092 du Code civil, un vieil adage coutumier la formulait déjà d'une façon plus brève : « Qui s'oblige oblige le sien. » Mais il n'en avait point toujours été ainsi; en remontant dans le passé on retrouve une époque où les créanciers ont le droit de saisir la personne du débiteur et de faire vendre ses meubles, mais ne peuvent s'attaquer à la propriété de ses immeubles. Ce droit ancien, apporté en Gaule par les coutumes germaniques, persiste et se renforce même à l'époque féodale. Cependant, sans quitter le moyen-âge, on voit disparaître progressivement l'insaisissabilité des immeubles; ainsi le veulent les besoins du commerce et le sentiment de la justice. Parmi les combinaisons inventées pour donner prise au créancier sur les immeubles de son débiteur, il en est une, la plus efficace de toutes, qui porte le nom d'*obligation*.

Lorsqu'il apparaît ainsi dans notre vieille langue juridique, ce mot désigne une convention particulière qui affecte au paiement d'une dette tous les biens du débiteur, les immeubles comme les meubles. D'où vient cette clause et le nom qu'on lui donne? Il n'est point difficile d'en découvrir l'origine : c'est l'*obligatio rei*, l'hypothèque du droit romain. En pénétrant dans notre ancien droit, l'hypothèque ne présente pas, à vrai dire, tous les avantages qu'y rattachait le droit romain; mais peu à peu elle se complète, et se reforme pour ainsi dire. Bientôt même elle prend une extension, qu'elle n'avait jamais

eue à Rome, et sa naissance est commandée par des règles,
qui sont un produit original de la jurisprudence française.
D'ailleurs, le mot obligation, tout en reprenant le sens général qu'il avait à Rome et qu'il a aujourd'hui, conservera jusqu'au bout, dans notre ancien droit, le sens étroit qu'il avait
affecté d'abord. Souvent nos anciens auteurs distinguent l'*o-
bligation*, c'est-à-dire le titre de créance en forme notariée
qu'assortit une hypothèque, et la *promesse* ou simple *billet*,
que n'accompagne point la sûreté hypothécaire (1); aujour-
d'hui même, si la loi et les auteurs ne parlent plus ce langage,
on en trouve encore des traces dans la pratique; il est plus
d'une région en France, où dans la bouche des hommes d'af-
faires, les termes opposés, *obligation*, et *billet*, prennent
encore leur ancienne signification. Tâchons de suivre dans
sa marche le développement que nous venons de résumer en
quelques lignes.

§ 1.

Les Coutumes germaniques et le droit de l'époque franque.

Le droit romain pratiqué en Gaule avant les invasions des
barbares, donnait pour gage aux créanciers tous les biens
de leur débiteur. Il mettait à leur disposition une procédure
d'exécution simple et énergique qui avait remplacé l'ancienne
venditio bonorum : après le jugement de condamnation, ou la
confessio du débiteur, intervenait une saisie judiciaire, suivie
dans les deux mois d'une vente par autorité de justice. Les
immeubles aussi bien que les meubles étaient soumis à cette
exécution; cependant, dans l'intérêt du débiteur, on commençait par vendre les seconds avant de s'attaquer aux
premiers (2). Très fréquemment, le créancier d'une obligation *ex contractu* avait obtenu hypothèque générale sur les
biens du débiteur : alors même qu'il n'avait pas besoin d'invoquer le droit de préférence et le droit de suite qui en résul-

---

(1) Voyez par ex. : *Les Règles du droit français* de Pocquet de Livonnière,
liv. III, ch. II : « *Du contrat de prêt par promesse ou obligation.* »
(2) L. 15, § 2. D. 42, 1.

taient, la clause hypothécaire lui permettait de réaliser son gage d'une manière plus expéditive, et lui-même alors procédait à la vente (1).

Les peuplades germaniques allaient apporter avec elles une tout autre pratique qui devait refouler pour longtemps les principes du droit romain.

Si l'on consulte la loi salique, où les coutumes germaniques se reflètent plus fidèlement que partout ailleurs, on y voit clairement que les meubles seuls, non les immeubles, sont le gage des créanciers. Ce sont seulement les meubles que va saisir le comte, lorsque le défendeur a fourni en justice la promesse d'exécuter la sentence (2); ce sont encore eux seulement que s'approprie le créancier dans la saisie extra judiciaire (3). Les immeubles du débiteur sont insaisissables : c'est là une règle absolue, puisqu'elle s'impose à la créance la plus favorable de toutes, celle qui résulte de la condamnation au paiement d'une *compositio*. Dans le titre fameux *de Chrenecruda*, lorsqu'il jure qu'il n'a plus rien et qu'il ne peut payer, le débiteur insolvable est encore propriétaire de sa maison, puisqu'il va la transférer aux proches, qui prennent à leur charge le paiement de sa dette. La loi salique nous reporte à un état de civilisation, où la propriété foncière, mal individualisée, ne saurait par là même servir de gage aux créanciers du propriétaire. Le seul immeuble qui soit vraiment soustrait à la propriété collective, c'est la maison et l'enclos qui l'entoure. Cet îlot de propriété individuelle, qui apparaît le premier, chez les nations Indo-Européennes, est lui-même le bien propre, non d'un individu, mais d'une famille; le propriétaire n'en saurait disposer au détriment de ses proches. Dans un cas cependant, cet immeuble familial servait, mais d'une façon bien indirecte, à assurer la satisfaction d'un créancier. D'après la loi salique, l'homme condamné à payer une composition (au moins la *compositio homicidii*) pouvait, s'il était insolvable, rejeter sur ses proches le paiement de sa dette : ainsi le voulait l'antique solidarité

(1) L. 3, C. 8, 14; L. 14, C. 8, 28; L.L. 4, 7, 9, C. 8, 28 ; Cf. L. 2, C. 8, 23.
(2) *Salic.* L. 2.
(3) *Salic.* L. 1.

de la famille. Mais en imposant à ses parents cette contribution forcée, il devait leur abandonner sa maison et son
enclos et le titre *de Chrenecruda* décrit le transfert symbolique qui intervenait alors (1).

Chez les races germaniques, la propriété individuelle de la
terre se développa rapidement après les invasions. Le propriétaire put assez librement aliéner ses immeubles, mais
ceux-ci cependant restèrent insaisissables. C'est que la propriété foncière avait alors une haute importance sociale et politique : elle seule assurait à l'homme libre la plénitude des
droits (2). Cette considération était suffisante pour maintenir
les immeubles hors de la portée des créanciers, comme elle
suffisait chez certaines races pour écarter les femmes de la
succession à la terre. Aussi dans les diverses *Leges* trouvons-
nous des dispositions sur la saisie des meubles, mais non
point sur celle des immeubles.

La coutume germanique connaissait aussi l'exécution sur la
personne du débiteur : et même, selon certains auteurs, elle
n'en aurait point connu d'autre à l'origine (3); le créancier
n'aurait acquis que plus tard le droit de saisir les meubles.
La loi salique nous montre l'exécution sur la personne poussée
jusqu'à la dernière rigueur. L'auteur d'un homicide, qui ne
peut payer la *compositio*, et dont les proches, obligés de con-
tribuer à cette dette, sont également insolvables, est conduit
quatre fois à l'assemblée judiciaire, au *mallus* périodique. En
l'exposant ainsi, on sollicite la pitié des amis ou des parents
éloignés. Si personne ne prend la dette à sa charge, il paie
de la vie, « *de vita componit* (4). » On croit entendre la vieille
loi romaine, telle que la rapporte Aulu-Gelle (5).

---

(1) *Salic.* LVIII. Wilda : *Strafrecht der Germanen*, p. 390, ssq. Il n'est pas
aisé de déterminer sur quels parents au juste pesait la contribution forcée.

(2) Voyez Waitz : *Verfassungsgeschichte, passim*, spécialement dans la 3e
édition, vol. II, 1re partie, p. 272, ssq.; vol. II, 2e partie, p. 135, ssq.

(3) Meibom : *Deutsches Pfandrecht*. p. 37.

(4) *Salic.* LVIII, 6 (edit. Hessels ; 1er texte). « Tunc illum qui homicidium
fecit, qui eum sub fidem habuit in mallo præsentare debet, et sic postea
eum per quatuor mallos ad suam fidem tollant. Et si eum in compositione
nullus ad fidem tulerunt, hoc est ut redimant de quo domino (non) persolvit,
tunc de vita sua componat. »

(5) *N. A.* XX, 1, 47 : « Inter eos dies (sexaginta) trinis nundinis continuis

Pour la *compositio homicidii*, la contribution forcée des parents les plus rapprochés, devait ordinairement garantir le débiteur contre cette loi cruelle; mais cette obligation de la famille disparut, abrogée par la désuétude ou par une loi (1), et elle n'exista probablement jamais pour les compositions autres que celle de meurtre. D'après l'édit de Chilpéric, le coupable qui n'a pas de quoi composer, « si res non habet unde sua mala facta componat, » doit être présenté par quatre fois au *mallus*, sans qu'il soit question auparavant de la *Chrenecruda* : et la quatrième fois, si l'assistance désormais facultative de ses parents ne l'a pas délivré (2), il est adjugé au créancier, qui en fera ce qu'il voudra. « Cui malum fecit tradatur in manu et faciant exinde quod voluerint. »

Pour le paiement des compositions, l'exécution sur la personne dut donc être assez fréquente; mais la rigueur en fut adoucie. L'édit de Chilpéric déclare encore que le créancier fera ce qu'il voudra du débiteur qu'on lui livre : il pouvait donc le tuer. Mais sans doute jamais il ne le mettait à mort et se contentait d'en faire son esclave : c'est la seule solution qu'admette la loi des Bavarois (3); et le débiteur, d'après cette loi, pourra même racheter sa liberté par son travail. C'est aussi sous la forme d'un asservissement de fait que l'exécution sur la personne se montre dans les capitulaires (4). Le débiteur conservait d'ailleurs sa personnalité juridique; il conservait aussi ses biens immeubles, dont seule pouvait le priver la confiscation qu'entraînaient les crimes capitaux (5);

ad prætorem in comitium producebantur, quantæ que pecuniæ judicati essent, prædicabantur. Tertiis autem nundinis capite pœnas dabant aut trans Tiberim peregre venum ibant. »

(1) *Lex salica*, edit. Hessels, textes 7, 8, 9 : « tit. XCVIII. De Crenecruda quod paganorum tempus observabant. » Cf. *Childeberti decretio* ann. 596, c. 5 (Pertz, I, p. 10.) Wilda : *Strafrecht. d. Germ.*, p. 393.

(2) Pour certains crimes graves, cette assistance fut même prohibée par la *Decretio Childeberti*, ann. 596.

(3) Tit. II, c. 1, § 3, « Ut nullus Bajuvarius alodem aut vitam suam sine capitali crimine perdat... § 4, Cætera vero quæcumque commiserit peccata, quousque habet substantiam componat secundum legem. § 5, Si vero non habet ipse se in servitio deprimat et per singulos menses vel annos quantum lucrare quiverit persolvat cui deliquit, donec debitum universum restituat. »

(4) Cap. 803, c. 8; 814, c. 2; 779, c. 19; 811, c. 3; 832, c. 30; 856, c. 12, édit. Pertz.

(5) Voyez le passage de la loi des Bavarois, plus haut cité.

mais il est probable que souvent il abandonnait sa terre au créancier pour échapper à la servitude.

Les *leges* et les capitulaires ne nous montrent l'exécution sur la personne que pour des dettes nées *ex delicto;* mais sans doute, elle garantissait aussi les obligations contractuelles. Dans la Germanie de Tacite, le joueur malheureux devient l'esclave du gagnant, et les formules de l'époque franque, *obnoxiationes* (1) et *cautiones* (2) font bien voir, que dans la pratique courante le débiteur insolvable devenait l'esclave du créancier.

Ces règles sur l'exécution des créances durent s'appliquer, dans la monarchie franque, aux Romains comme aux Barbares. Ce qui concerne l'exécution des jugements dépend de la procédure. Or, le système de la personnalité des lois, qui régnait à cette époque, ne s'appliquait que pour le fonds du droit; les formes de la procédure étaient les mêmes pour tous sans distinction de nationalité; les formules de l'époque franque, en particulier les *formulæ Andegavenses*, en sont une preuve irrécusable.

Sous les premiers carolingiens, la royauté chercha à régulariser les institutions du droit public et privé, l'État voulut reprendre partout son rôle légitime. D'importantes réformes furent accomplies dans l'organisation judiciaire et dans la procédure (3). N'étendit-on pas aux immeubles du débiteur le droit de saisie des créanciers? On admet généralement aujourd'hui qu'il en fut ainsi (4). Cependant, les capitulaires ne disent point tout à fait cela; voici simplement ce qu'on y trouve. Lorsqu'une procédure par défaut est suivie jusqu'au bout contre un défendeur *contumax*, tous les biens du défaillant sont mis sous séquestre par le comte; c'est la *missio in bannum.* Si, au bout d'un an, le *contumax* ne se présente point pour faire droit, le patrimoine entier, meubles et immeubles est acquis au fisc : mais, malgré tout, l'État paiera sur les

---

(1) De Rozière, form. 47-52.

(2) *Ibid.*, 372-3.

(3) Sohm : *Fränkische Reichs-und-Gerichtsverfassung*, I, p. 117, ssq. — Bethmann Holweg. *Civ. pr.*, tome V.

(4) Meibom, *op. cit.*, p. 97. — Sohm, *op. cit.*, p. 117, ssq. — Brunner, *Entstehung des Schwurgerichte*, p. 58.

meubles d'abord, et subsidiairement sur les immeubles, les
créanciers du défaillant qui justifieront de leur créance (1).
Ces textes ne parlent que de la procédure par défaut; mais ne
faut-il pas étendre à la procédure contradictoire la règle qu'ils
contiennent? On l'admet d'ordinaire (2), et il semblerait en effet
peu raisonnable qu'on ait refusé d'un côté ce qu'on accordait
de l'autre : on tient donc que, de part et d'autre, le même procédé fut admis et que dans les deux procédures on introduisit
l'exécution sur les immeubles, au moyen de la *missio in bannum* et de la confiscation qui en était la suite.

Nous croyons pourtant que ce point de vue n'est pas exact.
Tout le monde reconnaît qu'on n'affecte les immeubles au paiement de la dette qu'au moyen de la confiscation : elle seule
peut, malgré lui, arracher à l'homme la terre dont il est le
maître. Est-il croyable que ce droit exorbitant ait jamais été mis
directement au service des particuliers (3)? Le législateur ca-
rolingien nous paraît avoir simplement utilisé, tempéré au profit
des créanciers la confiscation des biens du *contumax*, qui, selon
la vieille coutume, était l'effet direct de la procédure par défaut. D'après les principes du droit germanique, la procédure
par défaut aboutissait non à une sentence exécutoire au profit
du demandeur, mais à la mise hors la loi du défaillant, prononcée au tribunal du roi (4). On retirait toute protection légale à celui qui refusait d'obéir à la justice et ses biens étaient
confisqués (5). Mais l'État ne gardait point sans doute tous
les biens confisqués, des décisions gracieuses devaient en attribuer une partie aux créanciers du défaillant. Les capitu-

(1) Cap. 817, c. 11; Ansegise, IV, 23, 74; cap. in leg. Ribuar. 803, c. 7;
856, c. 13; capit de partib. saxon. a, 785, c. 27, édit. Pertz.

(2) Voyez les auteurs plus haut cités, et spécialement, Meibom, *op. cit.*,
p. 97.

(3) La *missio in bannum* paraît avoir été employée d'abord comme moyen
de contrainte pour obtenir les prestations dues à l'État, droits fiscaux ou
service militaire. Voy. cap. 811, c. 6; *Greg. Turon.*, II. F., X, 7.

(4) Voyez Sohm : *Procédure de la loi salique*, traduct. Thévenin, p. 116,
ssq; — Siegel : *Geschichte des deutschen Gerichtsverfahrens*, p. 219, ssq.

(5) *Lex salica*, édit. Hessels, texte 1, tit. LVI : « Tunc ipse culpabilis et
omnes res suas erunt... donec omnia quæ imputatur componat. » — Textes 6
et 5 : « Tunc ipse culpabilis et res suas erunt in fisco aut cui fiscus dare
voluerit. » Cf. cod. 10, et *lex emendata*.

laires carolingiens ne firent que réformer à un double point
de vue cette vieille procédure. A l'ancienne mise hors la loi et
à la confiscation immédiate prononcées par le roi, ils substi-
tuèrent la *missio in bannum* prononcée par le comte et suivie
de la confiscation seulement au bout d'une année. D'autre
part, ils admirent les créanciers à se faire payer sur le patrimoine confisqué non plus à titre de faveur, mais en vertu d'un
droit : c'était là une mesure équitable; mais dans cette régle-
mentation nous ne pouvons trouver le droit de saisie immobilière introduit par le législateur.

Il semble déraisonnable, il est vrai, qu'un accident tel que
le défaut de débiteur ait conféré aux créanciers des droits
qu'ils n'auraient pas eus dans une procédure régulière. Mais il
y a là un privilège plus apparent que réel. Lorsque la procédure a été contradictoire, le créancier peut exercer l'exécution
sur la personne du débiteur et, par là, forcer celui-ci à lui
livrer, à défaut de meubles, des immeubles en paiement.
D'ailleurs, pour que la procédure soit contradictoire, il faut
non-seulement que le défendeur ait figuré au procès, mais
encore qu'il ait fourni la promesse solennelle d'exécuter, s'il
succombe, le jugement rendu; et, comme les *satisdationes* de
la procédure romaine, cette promesse normalement devait être
soutenue par des fidéjusseurs (1).

On pourrait objecter cependant que notre explication néglige des faits importants et bien connus. Dans l'édit de
Chilpéric (c. 6, 7) et dans la loi des ripuaires (XXXII, 3-5;
LI, 1), la procédure par défaut aboutit à l'exécution directe
sur les meubles, accomplie par le comte sur la demande et
au profit du créancier. L'Édit ne conserve l'ancienne mise
hors la loi que comme un moyen extrême, une voie de rigueur rarement employée (2). Cela paraît bien montrer chez
le législateur une tendance à rapprocher l'une de l'autre la

_____

(1) Sohm : *Das Recht der Eheschliessung*, p. 42, ssq.; Siegel, *op. cit.*,
p. 223, ssq.

(2) C. 9. « Nam si certe fuerit malus homo qui male in pago faciat, et non
habeat ubi consistat nec res unde componat, et per silvas vadit et in præsentia nec agens nec parentes ipsum adducere possunt, tunc agens ille et
cui male fecit nobiscum adeusent et ipsum mittemus foras nostro sermone;
ut quicumque eum invenerit quomodo sic ante pavido interfiliat. »

procédure par défaut et la procédure contradictoire ; notre système, au contraire, pour l'époque carolingienne, distingue plus que jamais les deux formes de procès et en accentue les différences.

Voici comment nous comprenons ces modifications successives. L'ancienne procédure par défaut, conduisant à la mise hors la loi et à la confiscation des biens, était à la fois rigoureuse pour le débiteur et gênante pour le créancier ; elle n'assurait point la pleine satisfaction de ce dernier, et surtout elle ne pouvait se terminer qu'au tribunal du roi. En permettant l'exécution directe sur les meubles on voulut éviter ces inconvénients. Mais la législation des capitulaires reprit le système primitif amélioré et transformé : à la mise hors la loi prononcée par le roi on substitua la *missio in bannum* décrétée par le comte ; on suspendit en même temps le droit d'exécution des créanciers ; mais au bout de l'an et jour, la confiscation étant consommée, tous ceux qui avaient des droits à faire valoir contre le défaillant, purent soumettre leurs demandes au comte, et tout l'actif, meubles et immeubles, fut employé à éteindre les créances.

De cette longue discussion, il résulte que, comme le droit antérieur, la législation des capitulaires ne connut pas, à proprement parler, la saisie immobilière. Les immeubles du débiteur n'étaient point le gage de ses créanciers. Mais avec l'aliénation volontaire du sol s'introduisit l'habitude d'affecter tel ou tel immeuble déterminé à la sûreté d'une créance. Ce ne furent point l'hypothèque ni le gage du droit romain qu'on pratiqua ; c'étaient là des formes trop savantes pour cette rude époque. Voici la combinaison que contiennent les formules de *cautiones* (1). Le débiteur livre sa pièce de terre au créancier, et il est convenu que jusqu'au terme de remboursement ce dernier pourra percevoir tous les fruits sans aucune diminution de la créance ; ordinairement on convient, que, si le débiteur, ne paie pas au jour fixé, le capital de la créance sera porté au double ; et pour le paiement de cette nouvelle somme un autre délai est accordé pendant lequel le créancier reste en possession et perçoit les fruits comme précédemment. Enfin, il

(1) Roz., 374, ssq.

est dit aussi parfois que faute de paiement au terme définitif, le créancier devient plein propriétaire de la chose donnée en gage (1).

§ 2.

L'ancienne coutume et le droit féodal.

Dans le premier état de notre droit coutumier règne encore le principe qui soustrait les immeubles aux atteintes des créanciers : ceux-ci ne peuvent s'attaquer qu'aux meubles et à la personne même du débiteur. Sans doute, parmi les coutumes que l'écriture a conservées jusqu'à nous, il en est peu qui dégagent nettement la règle; c'est par hasard qu'elle apparaît dans toute sa pureté, comme dans l'*Ordonnance des Majours* de Metz (2). Cela s'explique fort bien; car les textes qui nous renseignent sur cette matière des contrats appartiennent presque tous à une époque où le droit des créanciers porte déjà sur les immeubles du débiteur. Mais la doctrine première a laissé des traces nombreuses et indéniables : elle est maintenue pour certains cas, dans lesquels le débiteur est plus spécialement protégé; et d'autre part les hésitations qui compliquent l'exécution sur les immeubles, les moyens détournés par lesquels on y arrive, montrent bien qu'on a devant soi un progrès accompli contre la vieille coutume.

La règle ancienne s'explique d'ailleurs et se justifie par certaines idées, qui sont alors le fondement même de la société. Alors l'homme tient à la terre par une union presque indisso-

---

(1) Roz., 277 : « Quod si hoc facere noluero, tunc ipsas res quod in caucione dedi, jure proprietario in vestra faciatis revocare potestate vel dominatione perpetuali ad possidendi vel ad faciendi exinde in omnibus quidquid volueritis, neminem contradicentem. »

(2) Voyez *Nouvelle Revue historique*, tome II, p. 313. L'*estault*, la seule procédure d'exécution dont il soit parlé dans l'ordonnance, ne porte que sur les meubles. Le maire et l'échevin se rendent à l'*hôtel* du débiteur et vendent les meubles qu'il contient; mais la maison elle-même est respectée. Dans une autre étude, l'éditeur de l'*ordonnance des Majours*, M. Prost, a fait lui-même cette remarque : « Il y a, dit-il, quelque raison de penser qu'originairement la procédure de l'*estault* ne s'appliquait qu'à ceux-ci (aux biens meubles); seulement les rôles de bans nous montrent que, au milieu du xive siècle au moins, on faisait estault également sur les immeubles ou héritages. » *Nouvelle Revue historique*, tome IV, p. 341.

luble : la jouissance du sol est comme hors du commerce ; on
ne peut la transporter hors du groupe féodal ou du cercle de
la famille.

Prenons les tenures nobles ou roturières ; ce sont les formes
normales du droit sur la terre, la propriété libre, l'alleu,
n'est qu'une exception. Tant qu'il fut défendu à l'homme de
fief ou au censitaire d'aliéner leur tenure sans le consentement
formel du seigneur, forcément l'action de leurs créanciers ne
pouvait atteindre ces biens. Mais quand, le côté patrimonial
l'emportant, on admit l'aliénation volontaire des tenures, elles
n'en restèrent pas moins insaisissables. De ce que le tenancier
pouvait, s'il le voulait céder à autrui son fief ou sa censive,
il n'en résultait point qu'on pût, contre son gré, lui enlever
avec sa terre, la place qu'il occupait dans le groupe féodal.
A cela eût conduit l'expropriation forcée au profit des créanciers : il était donc bien difficile de l'admettre, surtout quand
il s'agissait d'un fief ; là la jouissance de la terre n'est que
l'accessoire d'un lien personnel entre deux hommes ; elle doit
continuer tant que ce lien subsiste. En un mot, dans le système féodal l'homme, sauf les cas de crime, ne perd son droit
sur la terre que quand il l'abdique formellement et volontairement. Nous verrons bientôt quelle fut pendant longtemps
la tyrannie de cette idée.

La terre n'a pas seulement une importance politique, elle
joue encore un rôle familial. L'idée antique, qui voit en elle
la dotation de la famille entière, a persisté dans la société
féodale ; les termes des concessions féodales lui ont donné
une précision nouvelle. Les clauses de l'inféodation et de l'accensement attribuent la terre au tenancier actuel et « aux hoirs
de son corps. » De cette formule, naît au jour même de la
concession le droit de toutes les générations futures : on
peut voir avec quelle rigueur la jurisprudence anglaise en a
tiré les conséquences. Chez nous, le droit de la famille est
moins fort, il ne prend corps à vrai dire que quand l'immeuble est resté dans la famille pendant une génération, et
qu'il s'y est une première fois transmis par l'hérédité. Sans
doute, aussi ce droit n'est protégé que d'une manière impar-
faite contre la vente, le legs, la donation que ferait le parent
propriétaire : mais n'est-il pas naturel que le droit des proches

soit mieux assuré contre une expropriation forcée, qui les frapperait eux-mêmes, en frappant le parent débiteur.

La vieille coutume ne sacrifiait des intérêts respectables que pour en protéger d'autres, qu'elle jugeait plus considérables encore. Cependant elle sera vite battue en brèche chez une nation aussi sensible que la nôtre au sentiment de l'équité. On affectera d'abord au paiement des créances le revenu seul des immeubles du débiteur; bientôt le créancier s'attaquera à la propriété elle-même, et pour lui donner satisfaction, on cherchera par tous les moyens à obtenir du débiteur cette aliénation volontaire dont il semble qu'on ne puisse se passer. On arrivera cependant à l'expropriation forcée, non-seulement dans le fond, mais aussi dans la forme. Les juristes emprunteront d'ailleurs au droit romain un mode d'engagement qui, contenant d'avance le consentement du débiteur à la vente de ses immeubles par le créancier, semble supprimer toute difficulté : c'est cette *obligation* dont l'influence devait être si grande sur le développement de notre droit.

I.

Les principes du régime terrien et féodal ne s'opposaient point à ce que les créanciers fussent désintéressés au moyen des revenus fonciers de leurs débiteurs : pour mieux assurer cette affectation des revenus on devait même songer à mettre le créancier en possession de la terre qui les produisait, pendant un temps déterminé. Seul le seigneur de fief aurait pu trouver à redire à cette combinaison, lorsqu'elle privait pendant longtemps son vassal des revenus qui assuraient le service féodal ; mais s'il donnait son consentement tous les droits étaient respectés (1).

(1) On admit que le vassal pouvait ainsi engager les fruits de son fief pendant un temps limité, là même où le fief ne pouvait jamais être vendu sans le consentement formel du seigneur. *Ancienne coutume de Bourgogne* (Giraud, *Essai*, II p. 276) : « L'en ne puet vendre simplement la chose de fié sans le consentement du seigneur dudit fié. Toutes voyes la puet on bien vendre à trois ans sans son consentement. » Ce droit de disposer du fief pour trois années sans le consentement du seigneur se retrouve dans diverses sources. Bouteiller, *Somme rural*, liv. 1, tit. 25, édit. Charondas, p. 130;

Cette affectation se faisait en premier lieu conventionnellement : c'était même la seule forme de nantissement immobilier que connut d'abord la vieille coutume. Cela s'appelait l'*engagement* (1). D'ordinaire le nombre d'années, pour lesquelles l'engagement était consenti, était calculé de manière à ce que les revenus perçus éteignissent la dette : on avait alors un *vif-gage* (2). Parfois aussi, par une combinaison qui remonte aux formules franques plus haut citées mais qui sera prohibée dans la suite comme éminemment usuraire, le créancier mis en possession recueillait les fruits de la terre sans que la dette fût en rien diminuée et jusqu'à ce qu'il fût payé ; c'était alors un *mort-gage* (3).

Cette forme de gage, applicable même aux immeubles dont le fonds était considéré comme inaliénable, se conserva à ce titre jusqu'à la fin de notre ancien droit dans une hypothèse particulière. Le domaine royal étant inaliénable, le roi ne pouvait l'hypothéquer pour garantir les emprunts qu'il contractait, mais il l'*engageait*. L'engagiste restait en jouissance jusqu'à ce qu'il fût remboursé ; c'était donc un *mort-gage*. Au fond il y avait là une véritable aliénation soumise, il est vrai, à une perpétuelle faculté de rachat, et à partir du xvi° siècle c'est ainsi que la plupart des juristes et parfois le législateur lui-même qualifièrent l'opération. Mais en théorie pure on maintenait encore à l'engagement son caractère primitif ; on refusait la propriété à l'engagiste (4). A l'origine

— *Usages de Guines*, édit. Tailliar, p. 343 ; — *Li droict et li Coustumes de Champaigne et de Brie*, ch. IIII, dans Pithou, la Coustume de Troyes, p. 436.

(1) Voyez Franken : *Das französische Pfandrecht im Mittelalter*. Erste Abtheilung (seule parue) : *Das engagement*. En particulier § 6, ssq.

(2) Loisel. *Institutes*. III, 7, 1, ssq. ; Laurière, *Glossaire*, v° Gage ; Franken, op. cit., § 8.

(3) Loisel et Laurière, *loc. cit.* ; Beaumanoir, LXVIII, 11 ; *Grand coutumier de Normandie*, c. 20 ; Franken, op. cit., p. 123, ssq.

(4) Voyez Poulain du Parc, *Principes*, tom. III, p. 8 : « M. Le Fèvre de la Planche a traité les principales questions concernant l'engagement du domaine, et il décide en général et sans aucune distinction que l'engagiste n'a point de propriété, puisque, le domaine étant inaliénable, il demeure nécessairement en la main du roi ; que l'engagiste n'a point de possession, puisqu'il possède pour un autre et qu'il est borné à une simple détention ; que le roi continue de posséder comme le débiteur possède par le créancier auquel il a donné un gage de sa créance. »

les fiefs, étant considérés comme inaliénables, ne pouvaient comme dans la suite comme le domaine royal, être affectés à la sûreté d'une dette qu'au moyen de l'engagement.

L'affectation des revenus de la terre à l'extinction d'une créance, se faisait en second lieu par autorité de justice. Dans cette mesure, et à défaut de meubles, le créancier put obtenir satisfaction sur les immeubles de son débiteur. Au XVIIIe siècle encore le droit anglais ne connaissait pas d'autre exécution sur les immeubles. Selon la *common law* le créancier pouvait faire emprisonner son débiteur par l'action ou *writ de capias ad satisfaciendum;* il pouvait faire saisir les meubles par le *writ quod fieri facias de bonis;* enfin il pouvait s'attaquer aux revenus des immeubles par le *writ* de *levari facias,* le shérif percevant alors les rentes et profits de la terre et les transmettant au créancier. C'était tout ce qu'accordait la coutume féodale, et encore le droit au revenu des immeubles était fort précaire; car le débiteur restait le maître d'aliéner sa tenure et de frustrer ainsi le créancier (1). Le deuxième statut de Westminster, (13 Edw. 1. c. 18) offrit à celui-ci une ressource nouvelle. Il lui permit de faire un choix. Le créancier pouvait s'en tenir aux droits plus haut indiqués, mais s'il voulait y renoncer le statut lui donnait une autre voie d'exécution. Les biens meubles du débiteur étaient exécutés d'abord, au moyen non d'une vente, mais d'une prisée et d'une attribution directe au créancier. Si cela ne suffisait pas, on délivrait alors au créancier la moitié des terres que le débiteur possédait à titre de *freehold,* et cela pour les *tenir* (*hold*) jusqu'à ce qu'il ait été désintéressé au moyen des rentes et profits (2). Au moyen de cette tenure, aucune alié-

---

(1) Blakstone explique bien (III, 20, 4) l'esprit de cette loi : « Par la *common law* le créancier n'obtenait satisfaction que sur les meubles et les revenus actuels de la terre, au moyen des deux writs mentionnés en dernier lieu de *fieri facias* et de *levari facias;* mais il n'obtenait point la possession de la terre elle-même. C'était une conséquence du principe féodal qui prohibait l'aliénation et par suite l'encombrement (*incumbring*) du fief par les dettes du possesseur. Lorsque la défense d'aliéner disparut, cette conséquence subsista. Le créancier ne pouvait point prendre possession des terres, mais seulement en percevoir les revenus au fur et à mesure; de sorte que si le débiteur aliénait ses terres le créancier voyait cette ressource lui échapper.»

(2) Voy. M. Glasson, *Histoire du droit et des institutions de l'Angleterre,* tome III, p. 238, ssq.

nation n'était plus à craindre de la part du débiteur; mais celui-ci conservait néanmoins la propriété; la loi lui laissait même intacte la jouissance de la moitié de ses terres, et Blakstone explique bien pourquoi. « Jusqu'au statut de Westminster, dit-il, les terres ne pouvaient être chargées de dettes ni saisies, parce que le lien entre le seigneur et le tenancier pouvait être détruit par là; par là on aurait pu opérer des aliénations frauduleuses et reporter sur un étranger l'accomplissement des services féodaux... Aussi en vertu de ce statut la moitié seulement des immeubles était et est encore soumise à l'exécution, afin qu'il en reste assez au tenancier pour que le seigneur soit assuré de son service. Par suite du même principe féodal, encore aujourd'hui les terres tenues en *copyhold* (tenures roturières) ne sont pas soumises à l'exécution en vertu d'un jugement (1). »

Chez nous aussi on ne donna d'abord au créancier que le revenu des immeubles de son débiteur. Au xiv° siècle Bouteiller nous montre que c'est encore le droit commun dans la région du Nord : « *Des obligacions selon la coutume de Hay- nault....* Obligation si est quand un homme de fief se oblige sur son scel ou se oblige pardevant homme de conte, ou quand on se oblige devant les eschevins de la ville privilégiée; toutes telles obligations ne sont que evocatoires, et ne vendroit on pas de l'héritaige de l'obligié, mais on en executeroit les levées de l'éritaige et les meubles de l'obligié et non plus, et autre execution n'en auroit on (2). » — « *Que l'éri- taige obligié ne peut estre vendu fors fruis.* Item se un heri- taige estoit obleigié pour aucune somme d'argent par lettres faictes ou cyrographes passés pardevant le seigneur et loy de qui il est tenus, se faulte y avoit ou paiement, si ne pourroit on vendre l'eritaige pour la dette payer, mais bien pourroit on mettre en la main du seigneur pour recevoir les usufruis d'icelluy, la dette vérifiée, jusques à tant que tant fust receu

(1) *Commentaries*, III, 26, 4.

(2) *Somme rural*, édition d'Abbeville 1486, folio 39, col. 1. Cette édition dont un exemplaire appartient à la bibliothèque de la Faculté de droit de Pa- ris, porte au dernier feuillet la mention suivante : « Cy fine la Somme rural compilée par Jehan Boutiller conseiller du roy à Paris. Et imprimée en la ville d'Abbeville par Pierres Girard lan mil cccc lxxx et vi. » Le passage cité ne se trouve pas dans l'édition de Charondas.

des usufruis d'icelluy héritaige que le créancier peust estre
satisfaict, et autrement ne le peut ne doit faire (1). »

Les coutumiers du xiiie siècle de la France centrale admettent encore cette solution dans des hypothèses exceptionnelles.
On veut alors assurer au débiteur une protection spéciale,
mais cette protection consiste simplement à remettre pour lui
en vigueur l'ancienne coutume, en écartant des innovations
encore mal assurées. En voici un exemple. « En l'an de l'Incarnacion mil et deux cents et cinquante et neuf, au mois de
septembre, juga li rois Lois et son Conseil, por estoper l'usure
as mauvès créanciers, que la dame de Chivri ne ses sires, ne
vandroient pas de lor eritage por lor dete; ainz seroit la tere
laborée et gaagnie en sauve main, et totes les issues seroient
bailliés as detors on esquit (2). »

Le *Livre de Joslice et de Plet* et Beaumanoir donnent la
même décision, lorsque le débiteur est un mineur ou *sous-âgé*.
« Uns chevaliers se muert qui a terre de fié et a enfanz, et est
la terre si chargiée de detes que l'en ne puet trouver qui vuelle
prandre le bau (3). Si demende l'en comment li sires aura
son rachat et li detor lor detes? Et l'on respont que li sires
aura et lèvera premièrement s'année, et enprès la chose sera
mise por le conseil dou juige ou profit des enfants, et à
aquitier lor detes, sauve lor vivres (4). » — « En cas de
muebles et de calix li tuteur sont tenu à respondre por les
enfans, car male coze seroit que li créancier qui aroient creu
le lor au predecesseur, atendissent à avoir lor dete dus qu'à
l'aage des enfans; et por ce convient il qu'il soient paié par
la main des tuteurs se li enfant ont tant de muebles; et s'il
n'ont tant de muebles, les despueilles de lor héritages, par
desor lor estroicte soutenance, y corroit; mais ils ne seront

(1) *Somme rural*, édit. Charondas, I, 35, p. 137. Ce texte est d'autant
plus curieux que les contrats dont il parle contenaient une *obligation* formelle :
celle-ci est inefficace, parce qu'on est en pays de *nantissement*, comme nous
le montrerons plus loin.

(2) *Livre de Joslice et de Plet*, VIII, 3, 5. Cf. *Olim*, ann. 1267 (I, p. 690,
xxx); ann. 1204 (II, p. 369, iv).

(3) En effet, s'il y avait eu un baillistre, celui-ci étant tenu de payer les
dettes du défunt, toute difficulté aurait disparu par là même.

(4) *Livre de Joslice et Plet*, XII, 6, 38. Cf. *Olim*, ann. 1200 (II, p. 319,
xxv).

pas contraint à vendre lor héritage devant qu'il venront en aage (1). »

Voici comment Beaumanoir règle une autre hypothèse également exceptionnelle. « S'il avient que cil qui doit la dete n'ait point d'éritage fors de fief, et cil qui la dete est, n'est pas gentix hons qui puist fief tenir et on ne trueve pas gentil home qui aceter le voille, li souverains doit délivrer au créancier toutes les yssues du fief dusqu'a tant que la dete soit aemplie (2). »

Des ordonnances royales restreignent de la même manière le droit des créanciers, en faveur des débiteurs *croisés* (3), en faveur des Chrétiens débiteurs des Juifs (4).

Enfin certaines expressions paraissent montrer que tel fut le droit commun dans la vieille coutume Bretonne. La *très ancienne* coutume de Bretagne (ch. 296) parle des héritages du débiteur qui sont baillés au créancier *à douze ans quittes.* Plus tard on entendit cela en ce sens que les immeubles donnés en paiement au créancier par autorité de justice seraient estimés à la valeur de douze années de revenu (5) : mais les termes eux-mêmes indiquent qu'à l'origine douze années de revenu d'une terre éteignaient une dette égale à la valeur de cette terre; au bout des douze ans, l'immeuble revenait libre et quitte au débiteur.

_____

(1) Beaumanoir, XVII, 7.

(2) Beaumanoir, XXXV, 2.

(3) Ordonn. de Philippe Auguste de 1204 (Ordonn., 1, 31).

(4) Philippe Auguste, 1218 (Isambert, 1, 214, ssq.). — Louis IX, 1234 (Isamb. 1, 213). — Philippe V, 1318 (Isamb., III, 202). — Voyez Franken, op. cit., p. 108.

(5) Voyez d'Argentré sur l'article 66 de l'ancienne coutume, lettre a : « Majoribus nostris nihil usu frequentius fuit eo genere cautionum quas *de detriment et advenant* vocabant : eas nunc nemo quisquam usurpat, ac ne fando quidem audiit. Earum vero haec lex erat ut debitoris bona, si ad diem non solvisset, prehenderentur, ac creditori sine ulla auctione addicerentur; idque non pluris quam quantum annis duodecim creditor de fructibus reponeret, id est à *douze ans quitte;* ut scilicet pretium congrueret cum duodecim annorum fructibus quos a re empta creditor percepturus foret. » — Sur l'article 265, lettre g : « Æstimatio et pignoris pretium non uti jure ab judicantis arbitrio sed ab taxatione legis pendebat, pro eo scilicet quod duodecim annis sortem æquaret : id olim *detrier et advenanter* appellabant. » Cf. Laurière, *Glossaire*, vo Détriment.

II.

Nous avons cherché à montrer pourquoi, lorsqu'on permit l'aliénation volontaire des tenures féodales, on n'y étendit pas l'expropriation forcée au profit des créanciers. Mais dès lors, rien n'empêchait le débiteur de vendre sa terre pour acquitter sa dette ou de la donner *in solutum* au créancier. Une semblable détermination était commandée par l'honnêteté au débiteur qui ne pouvait se libérer autrement; on devait être tenté de la lui imposer. C'est un trait de notre caractère national, puisé peut-être au fonds celtique, de sentir vivement l'injustice : alors même qu'une injustice partielle est comme la tare nécessaire d'une vieille et utile institution, nous la supportons malaisément. En notre matière, l'esprit profondément conservateur du peuple anglais avait arrêté le droit des créanciers à son premier pas en avant, à peine avait-on fait un léger échec au principe de la propriété féodale. Chez nous, on devait vite aller plus loin. Tout en maintenant la règle que nul ne peut être malgré lui dépouillé de sa terre, la justice donnera au débiteur l'ordre de sacrifier sa propriété foncière; on usera de la contrainte pour vaincre la résistance des récalcitrants.

Par quels moyens pouvait-on forcer la volonté du débiteur?

Il en est un auquel on devait songer tout d'abord : c'est la contrainte par corps que la coutume ouvrait au créancier. Celui-ci pouvait se faire livrer le corps de son débiteur et le tenir en chartre privée. C'est un point que nous avons signalé déjà, indiquant par avance que la contrainte était surtout utile pour forcer le débiteur à vendre sa terre, et à se libérer ainsi (1). Ce rapport entre la contrainte par corps et l'obligation pour le débiteur d'aliéner ses immeubles au profit de ses créanciers, apparaît dans plusieurs textes. Une ordonnance de 1234 plus haut citée, décide que les chrétiens débiteurs des juifs ne pourront être contraints par corps; or, nous avons vu que

_____

(1) Ci-dessus, p. 127 et ssq.

la même loi n'affecte à ces créances que les revenus des immeubles (1). Un passage des *Etablissements de saint Louis* épargne au débiteur du roi l'emprisonnement, lorsqu'après avoir juré qu'il n'a pas de meubles pour payer la dette, il promet aussi par serment de vendre ses immeubles, s'il en a (2). Enfin Beaumanoir limite à quarante jours la durée de la contrainte par corps, et nous verrons bientôt que ce délai est celui que la coutume laissera au débiteur pour qu'il vende lui-même son héritage, et pour éviter par là l'expropriation forcée (3).

Dans les villes, parfois on renforçait encore l'effet de la contrainte en décidant qu'au bout d'un certain temps le débiteur emprisonné, qui ne se serait pas libéré, serait exclu de la cité (4). Parfois le débiteur qui s'enfuyait était banni (5).

Peut-être trouvait-on aussi un moyen de contraindre le débiteur à vendre ses immeubles dans la clause assez usitée par laquelle il se soumettait à l'excommunication s'il ne payait pas au jour dit (6).

La justice mettait un autre moyen d'action au service du

(1) Isamb., 1, p. 244 : « Præceptum est etiam districte omnibus baillivis, ne corpora Christianorum capiantur pro debito judæorum, *et quod Christiani non cogantur pro hoc ad vendendum hereditates suas.* »

(2) *Etabl.,* 11, 22 (édit. Viollet) : « Il doit faire la loi dou païs qu'il paiera au plus tôt qu'il porra, et jurer sor sainz qu'il n'avra de coi paier ne en tout ne en partie; et au plus tôt qu'il venra à plus grant fortune qu'il paiera; et doit jurer qu'il vendra dedans XL jours son héritage s'il l'a. »

(3) Beaum., L. 1, 7 : « Quant il ara été quarante jorz en prison, se li sires que le tient voit qu'il ne puist metre nul conseil en le dete, *et il abandone le sien,* il doit estre delivré de la prison. » Cf. *ibid.,* LIV, 6.

(4) *Livre Roisin,* p. 50, nº XVI : « Et se li bourgois ou li bourgoize qui emprison sera mis n'a fait créant à ses debteurs qu'il soit racatés dou jour qu'il sera mis emprison en demi an après, il n'iert mais bourgois puis le demi an, ains a perdu se bourgesie, et si ne puet jamais y estre bourgois. »

(5) *Livre de J. et P.,* III, 6, 2.

(6) Cela s'appelait *s'obliger en nisi. Coutume de la ville et Septene de Bourges,* art. 156 (Bourd. de R., III, 896) : « Se les parties sont de la ville l'en les doit faire obliger en nisi, et faire consentir que ils veulent estre excommuniés par un des curés de Bourges ou d'ailleurs, là où se passe l'obligacion, afin que l'en les puisse faire excommunier sans perdre son obligacion. » — *Guidon des Practiciens,* Paris 1639, *Des exécutions,* fol. 333 : « La cohertion d'un nisi obtenu de cour d'Eglise. »

créancier. Elle établissait sur les immeubles du débiteur des garnisaires qui vivaient à ses dépens, et que pour ce motif on appelait : *Comestores, comedentes, mangeurs, gardes mangeans* (1). C'était d'ailleurs un procédé qui donnait lieu à des abus nombreux et à des frais inutiles; il était souvent peu efficace, le débiteur, comme nous l'apprend Beaumanoir, trouvant souvent moyen de composer avec le sergent chargé de mettre les gardes sur ses terres (2). Aussi, dès qu'on le put, abolit-on cette pratique incommode; Beaumanoir la supprima en principe pendant qu'il était bailli de Clermont (3); dans les *Olim*, nous la voyons également supprimée à Amiens et à Senlis (4). Mais cela supposait qu'un nouveau progrès était accompli, que, sans le concours et le consentement du débiteur, on pouvait aliéner ses immeubles au profit des créanciers.

On en vint, en effet, à franchir ce pas; mais ce ne fut pas sans bien des scrupules, bien des hésitations. Cela se montre bien dans les *Assises de Jérusalem*. Le livre de Jean d'Ibelin décrit d'abord la procédure normale d'expropriation immobilière. Là, le débiteur joue un rôle important; c'est lui qui aliène, et ce n'est même pas sans difficulté, dans la forme du moins, qu'on permet cette aliénation. « Quand dette est conoue ou provée en court, celui ou ciaus à qui il la deit, quant il en veulent estre paiés, si devent requerre au seignor que il les face paier comme dette conoue ou provée en court, et le seignor deit comander à celui qui la dette deit que il les ait paiez dedanz sept jors; et cil dedenz cel terme n'a paié le seignor le deit faire semondre de venir en sa court... Se celui dit que il n'a de quei paier celle dette que de son flé, et que il li livro son flé à vendre por leditte dette paier, le seignor li deit respondre : « Je suis prest de recevoir le se ma court conoist que je faire le dee et faire quanque elle me conoistra... » Et après le seignor deit le flef recevoir et faire le crier et vendre par l'assise... Et au livrer dou flef deit dire le seignor à celui qui a livré son flé à ven-

(1) Du Cange, v° *Comestores;* Laurière, *Glossaire,* v° *Mangeurs.*

(2) Beaum., LIV, 11.

(3) *Ibid.*

(4) *Olim,* tom. II, p. 241.

dre, se il est present, que il fornist l'assize si come il deit. Et celui ou celle qui vent son flé doit fornir l'assise ensi que il deit jurer sur Saintes Évangilles de Dieu que il deit celle dette que il conut en la court que il devoit, par quei il livra son flé à vendre, et que il celle dette ne fit por achoison de son flé à vendre, et que il ne autre pour lui n'a dou sien à covert ne à découvert là ne aillors, dont il puisse celle dette paier, que de la vente de son flé (1). »

Mais si le débiteur refuse son concours, ne pourra-t-on point s'en passer? Jean d'Ibelin décide qu'on le pourra, mais il faut voir avec quelles hésitations : il sent que son raisonnement, solide au point de vue de la logique et de la justice, heurte de front les anciens principes. « Se il avient que celui qui a livré son flé à vendre par l'assise por dette coneue ou provée en court, se destorne de venir en la court fournir l'assise, ou se il est en la court et il ne viaut le sairement avant dit faire à l'assize fornir, por tant ne me semble il mie qu'il dee demorer d'estre le flé vendu... car il i a preupre assise (coutume) que flé se peut vendre por dette coneue ou provée en court, se celui qui la coneist ou vers qui on la preuve n'a autre chose de quei paier la que la vente de son flé... que se ensi n'estoit... flé ne seroit jamais vendu por dette se celui de qui le flé est ne le voleit; que nul ne le poreit faire livrer son flé à vendre, ce il ne voleit, et ce il l'avoit livré ne le poreit autrui esforcier de faire ledit sairement... laquelle chose seroit contre la devant dite assise (2). » D'ailleurs, admettant qu'on pourra saisir et vendre le fief malgré le vassal, Jean d'Ibelin est obligé de reconnaître que par là le lien féodal sera rompu, qui unissait le vassal au seigneur : « Quant le flé a esté vendu, le seignor est quitte de sa fei envers celui de qui le flé fu, et celui est aussi quitte de sa foy que il deit au seignor. » On sent bien que ce nœud, qu'il tranche ainsi, avait pendant longtemps rendu impossible toute expropriation forcée.

En certains lieux cette expropriation paraît tellement exorbitante que seul peut l'accomplir celui qu'on regarde comme

(1) Ch. 185. Beugnot, Assises, tom. I, p. 289, ssq.

(2) Livre de Jean d'Ibelin, loc. cit. Dans ce chapitre, Jean d'Ibelin reprend plusieurs fois son raisonnement; il le reproduit encore au chapitre suivant.

le souverain : le justicier ordinaire n'aurait pas ce pouvoir.
Cela paraît ressortir clairement de ce passage de Beaumanoir : « Li sires le justiciera (le débiteur) par gardes et par
tenir l'eritage saisi. Et quant les gardes auront été sor le
détour quarante jors, *li souverains* li doit commander qu'il
vende dedens quarante jors. S'il ne le vent, li *souverains*
doit vendre et despendre ou bailler au deteur par pris de
bones gens (1). » Pour Beaumanoir, c'est le baron en principe qui représente la souveraineté (2); c'est donc à lui et
aux seigneurs supérieurs qu'il reconnaissait le droit d'expropriation immobilière. Dans un curieux passage Bouteiller
voit là un attribut de la royauté même. Il a exposé, nous
l'avons dit plus haut, que dans la région du Nord, alors
même qu'il y a une *obligation* régulière en la forme, on ne
vend pas pour la dette l'héritage même du débiteur, les fruits
seuls servant à désintéresser le créancier. Puis il indique
quelques exceptions à cette règle, quelques cas où la vente
forcée aura lieu, et voici la première de ces hypothèses :
« Si saches que ceste regle faut en un cas où l'en seroit obligié sous scel royal, car là peut-on obligier son heritaige sans
le sceu du seigneur de qui il est tenu, puisque les lettres en
sont faictes, et par celles lettres le vendroit ou feroit vendre le juge royal vers qui on se trairoit, mais le seigneur
moyen en seroit servi de ses drois, et seroit l'eritage advesti

---

(1) Beaum., XXXV, 2. Il est vrai que dans d'autres passages Beaumanoir
parle simplement de la vente *par la justice*, LIV, 1 : « S'il ne pot souffre (le
mobilier) adont le doit on contraindre qu'il ait vendu de son heritage dedens
quarante jors; et puis luèques s'il n'a vendu *li sires* doit vendre et garantir
le vente ou as créanciers ou as autres. » — LIV, 9 : « Et s'il n'i a nul mueble à prenre et il y a heritages on face commandement de vendre dedens
quarante jors; et se li detes ne veut vendre *li sires* vende ou baut as créanciers, si com dit est. » — XLIII, 18 : « Quant li pleges n'a mueble ni catix
dont ils poent fere plegerie, s'il a heritage on li doit commander qu'il le
vende dedens quarante jors; et s'il ne vent *le justice* doit vendre et aquiter
se plegerie ou se dete. » Mais nous croyons qu'il faut compléter et expliquer
ces passages par celui que nous avons cité au texte.

(2) Beaum., XXXIV, 41 : « Porceque nous parlons en cest livre, en plusors liex, du sovrain et de ce qu'il pot et doit fere, li aucun porroient entendre, porceque noz ne nommons ne duc ne comte, que ce fust du roy;
mais en tous les liex que li rois n'est pas nommés noz entendons de cix qui
tienent en baronnie, car çascuns barons est souvrains en se baronnie. »

et desadvesti par luy à la commission du juge royal (1). »

Il faut remarquer que dans les coutumes, qui admirent la vente forcée des immeubles par autorité de justice, on adresse d'abord au débiteur un commandement de vendre dans un certain délai, généralement de quarante jours (2). C'est seulement s'il n'a pas vendu dans ce délai qu'on en vient à l'*ultimum subsidium* de l'expropriation.

Lorsqu'il y avait vente forcée, on devait nécessairement se demander qui serait considéré comme vendeur. La question était délicate : parfois elle embarrasse encore les jurisconsultes modernes. On ne pouvait guère regarder le débiteur comme le vendeur. Le créancier ne pouvait pas non plus jouer ce rôle : comment aurait-il aliéné ce qui ne lui appartenait pas (3)? Le vendeur ne pouvait être que la justice elle-même. Elle « doit vendre et garantir, » dit Beaumanoir (4); et ailleurs, montrant des plèges qui, pour leurs recours, s'attaquent aux immeubles du débiteur principal, il dit encore :

(1) *Somme rural*, I, 25, édit. Char., p. 137.

(2) Beaum., LIV, 1; XXXV, 2; — *Livre de J. et P.*, III, 6, 2 : « Et se il a heritage il aura licence de quarante jorz de vendre, et s'il n'a vendu dedans ce... la justice... contraindra à vendre. » — *Coutumes de La Montjoye* (*Revue historique de droit*, 1860, p. 8, ssq.) : « Quicumque habitans juratus de L. confessus fuerit in judicio vel convictus légitime aut etiam condemnatus personali actione, et non habeat bona mobilia (et hæc tenetur jurare) de quibus possit satisfacere creditori, quadraginta dierum pro terra sive bonis immobilibus vendendis gaudeat *judiciis* (il faut restituer *induciis* et non *spatio* comme le veut Franken, *op. cit.*, p. 238), et nisi intra dictum tempus debitum solverit, aut bona sua immobilia non vendiderit consules ea vendant. »

(3) Cette idée apparaît nettement dans un passage des *Assises*, B. C., édit. Kausler, c. LXXXII : « Se il avient que un home soit plege à un autre home, et le prestor demande le gage à son plege, et le plege li veut bailler l'eritage dou detor qui le mist en plege : le prestor ne le doit prendre; parce qu'il ne le poreit pas vendre celuy heritage. Mais le plege doit et peut vendre celuy heritage et aquiter soi de la dette de la plegerie. Mais se le pleige voleit bailler son heritage au prestor, il le peut bien prendre et vendre par droit. Mais se le prestor vendeit l'eritage de son detor, et le plege qui avoit pris l'eritage et le prestor estoient mors, et aucun parent de celuy de cui fut celui heritage veneit avant et requereit celuy heritage comme droit heir : il deit avoir l'eritage, et celui qui averet acheté l'eritage perdreit ce qu'il avereit donc par droit. Et por ce ne deit le prestor vendre l'eritage. Mais le plege en a nul doute ne nul perill, porce que le droit et la raison le comande que le plege le doit vendre et aquiter soi de la plegerie. »

(4) LIV, 1.

« ses héritages seront vendus et bailliés à ses plèges par pris
de prodomes. Et li sires de qui li heritage seront tenu garan-
tiront la dite vente par lor lettres (1) ? » Que voulait dire cette
garantie ? Que la justice devait protéger l'acquéreur contre
toute réclamation de l'exproprié et de ses héritiers (2). Sans
doute, on n'entendait point exclure la revendication du véritable propriétaire dans le cas où le débiteur n'aurait été que
propriétaire apparent. Mais une prescription très courte, pro-
tégeait le plus souvent l'acquéreur contre toute éviction (3) ;
au bout d'un an et jour après qu'on avait reçu la saisine des
mains du seigneur, toute propriété devenait assurée.

Cette opération complexe de la vente judiciaire déplaisait
d'ailleurs à l'ancien droit ; il aimait mieux au fond que les immeubles du débiteur fussent, après estimation, livrés directement au créancier par la justice jusqu'à due concurrence.
C'est le système que donnent seul ou en première ligne bien
des textes d'origine diverse. On le trouve dans la coutume
d'Arles (4). A Metz, lorsque s'introduit l'exécution sur les
immeubles, on ne la connaît d'abord que sous cette forme (5).

(1) XLIII, 3.
(2) Si l'immeuble était un *propre* et que le débiteur lui-même le vendit
pour payer ses créanciers, cette vente donnait ouverture, sans aucun doute,
au retrait lignager. Si la justice le vendait, le retrait était-il admissible ? La
plupart des coutumes l'admirent dans leur rédaction officielle ; quelques-unes
cependant l'excluent (Tours, art. 180; Orléans, nouv. art. 400); mais il est
difficile de dire si ces dispositions exceptionnelles sont le produit d'une dernière réforme ou les vestiges du droit primitif.
(3) *Livre de J. et P.*, XVI, 2, 1 : « A totes les foiz que aucuns demende
héritage et cil a eu longue tenue de un an, *et par seignor*, et cil qui demende ne fraint la tenue, juigemenz est faiz contre lui. » Cf. III, 5, 4 : « Nos
apelons veraie saisine, quant aucuns remaint sesi an et jor comme sires, *et
par jostice*, à le veue et à la seue de celui qui demander puet et ne veaut
demender et se test. » — *Olim.*, III, p. 557 : « Consuetudinem esse quod si
aliquis, ex causâ emptionis, rem aliquam tenuerit per annum, præsente eo qui
reclamare vellet vel posset, et non reclamante, post annum efficitur dominus
proprietarius et possessor ipsius rei. » — *Compilatio de Usibus Andegaviæ*, §§
27 et 36 ; — Des Mares, décision 413.
(4) Art. 9 : « *Qualiter debitor satisfaciat de bonis suis creditori*. Item statuimus quod quilibet debitor de bonis suis satisfaciat suo creditori secundum extimationem extimatorum. » Giraud, *Essai*, II, p. 189.
(5) Voici ce que dit M. Prost, *Nouvelle Revue historique*, IV, p. 342 :
« Un exemple de prise de ban de l'an 1344... paraît mettre entre l'estault sur

Ce procédé de prisage se montre fréquemment dans les *Olim* et la *Très ancienne coutume de Bretagne*, lui consacre d'abondants développements (1). Beaumanoir donne toujours à la justice qui saisit les immeubles cette alternative de « les vendre ou de les bailler aux créanciers; » et le second parti lui paraît le meilleur (2). Il évitait en effet des frais, peut-être même écartait-il aussi le retrait lignager.

L'attribution en pleine propriété des immeubles au créancier avait ainsi remplacé l'ancienne attribution en jouissance pour un temps limité. Dans le *Livre Roisin* de Lille, ces deux mesures se combinent : on n'arrive à la première qu'après avoir passé par la seconde. Ce coutumier d'ailleurs paraît avoir maintenu dans sa procédure d'exécution les divers principes dont nous avons montré la succession : il combine des règles dont l'âge paraît différent, et qu'il a toutes conservées. Le créancier doit faire saisir en premier lieu le corps de son débiteur, subsidiairement ses meubles, en troisième ligne ses immeubles (3). Lorsqu'il peut ainsi atteindre l'héritage il le reçoit d'abord de la justice seulement à titre de gage (4). Il le

meubles et l'estault sur immeubles cette différence, que dans le premier cas... le jugement de délivrance était suivi de la vente publique des biens mis à l'estault, au profit du créancier auteur de cet estault, tandis que dans le second cas, l'immeuble aurait été, ce semble, adjugé directement à ce dernier, lequel se trouvait dès lors « tenant, » c'est-à-dire en possession. »

(1) Art. 206, ssq., art. 11. — Voyez d'Argentré, sur l'art. 252 de l'ancienne coutume, et sur l'art. 265, lettre *f.* : « Diversæ rationes (pignorum) persequendorum et distrahendorum fuerunt... inter quas hæc ipsa est cum pignora creditori a judice addicuntur pro suo debito, veteri juri pridem usurpata, et in veterem consuetudinem traducta, postremo abrogata, et incogitantia reformatorum, quod apparet, novo juri et reformationi inserta cum sola in usu manserit addictio ex licitatione, quam nos adjudicationem per decretum dicere solemus in foro. »

(2) LIV, 6 : « Ne on ne doit pas les biens apetiler, par gardes, ne par mengans, mais delivrer as créanciers au coust des cozes, et fere les coz si petils comme on porra. »

(3) P. 18, n° viii : « Esquevin doivent dire au sergant : « Se vous trouves le corps dou debteur, si l'arrieste. Se vous ne trouves le corps, si arrieste ses meubles catculs. Se vous ne trouves meubles catculs, si mettes main a ses herilages. »

(4) L'attribution à titre de gage crée d'ailleurs, pour celui qui l'a obtenue, un droit de préférence à l'encontre des autres créanciers; ceux-ci ne peuvent atteindre l'immeuble qu'en remboursant celui qui en est saisi; il y a là une procédure qui rappelle le *jus offerendæ pecuniæ* du droit romain.

garde à ce titre, et probablement comme *mortgage*, pendant deux ans et deux jours et c'est seulement au bout de ce délai que la propriété lui est attribuée. La terre est alors *forfaite* : seulement les proches du débiteur peuvent, dans le délai de quarante jours, exercer le retrait lignager en remboursant la dette : « Se on ne trueve le cors dou debteur ne ses meubles cateuls, et il ait yretage que eschevin aient à jugier, et chius cui on a portet s'aiuwe (son titre) et son ensignement fait, s'en trait au prevost ou la justiche et à eschevins, et en voelle avoir chou que lois enseignera, on le doit mettre, li prevos ou li justiche, en l'yretage de chelui comme en son wage. Et apriès les eschevins semons et conjurés, li jugemens doit y estre teuls : « Voles entendre a eschevins : Nous vos disons que vous metés le demandant (si le nommera on) en l'iretage dou debteur (si le nommera on aussi), au vaillant de tant, comme en son boin gage, sauf tous drois. » Et dont doit li prevos ou li justiche rendre a chelui et dire ensi tout ensi qu'eschevin ont dit : « Jou mech en che yretage, sauf tous drois (1). » — « Lois est et concors fait par tout le consel et par le commun de le vile, que se yretage qui demoure en wages par le loy de le vile n'est racatés del jour que on metteroit chelui qui le tenroit en wages en chel yretage comme en son boin wage par loy en 11 ans et 11 jours, il seroit demorés à chelui qui premiers l'aroit en wages comme ses boins yretages, ... li yretages demeure au prumerain clameur comme ses yretages, sauf chou que li proisme de chelui qui l'iretage aroit estet y puent revenir par proismetet dedens les XL jours apriès les 11 ans et les n jours qu'il seroit fourwagiés pour autant qu'il seroit fourwagiés... Et que tout li yretage qui aujour dui sont en wages soient racatet dou jour dui en 11 ans et en 11 jors, ou il demorroit si que devant est dit..... Che fu fait l'an de l'Incarnacion M CC IIII^{xx} et VI le darrain jour de may (2). »

(1) P. 49.

(2) P. 61, n° 11. Il semble résulter de ce passage que l'attribution en pleine propriété au bout d'un certain délai était une nouveauté introduite en 1286. Sans doute, auparavant, le créancier, tant qu'il n'était pas payé, conservait le bien à titre de mortgage. Un autre passage du *Livre Roisin* (p. 63, n° IV), parle aussi de *vendre les héritages pour dettes payer*, mais la vente se fait alors avec le concours du débiteur.

§ 3.

L'obligation.

Ce qui entravait ou gênait l'exécution sur les immeubles du débiteur, c'est qu'on se faisait scrupule d'en disposer sans le consentement du propriétaire : par tous les moyens on cherchait à avoir son concours au moins dans la forme. Mais toute difficulté ne disparaissait-elle pas, si dans le contrat, le créancier obtenait l'autorisation de saisir et de vendre tous les biens du débiteur, meubles et immeubles, pour le cas où il ne serait pas payé à l'échéance? On devait songer à cette combinaison : nous la trouvons dans les auteurs du XIIIᵉ siècle sous le nom d'*obligation*. Dans certains coutumiers l'obligation est même la condition nécessaire, pour qu'on puisse saisir et vendre les immeubles au profit du créancier. Cela est dit fort clairement dans *l'Ancien coutumier de Picardie* : « Et n'est mie à oublier que se 1 homs doit une dette à une personne ou à plusieur, tant soit elle venue à connissanche pardevant justiche, et il n'ait obligiet par especial ou generalment ses hyretages pour vendre et despendre, li créanciers n'en porra nul vendre ne faire vendre; anchois convenra que si denier soient pris sur les biens meubles du débiteur (1). »

Là même où l'on admettait la saisie immobilière sans une semblable clause, celle-ci paraît avoir singulièrement facilité et simplifié la procédure. C'est ce que dit Beaumanoir : « Et s'on ne trueve ne muebles ne catix que fera on? Se li heritages est obligiés es letres on les demonra selon l'obligation. Et s'il n'est pas obligiés li sires le justicera par gardes et par tenir l'eritage saisi (2). » Pour la seconde hypothèse, celle

(1) Edit. Marnier, p. 94. Cf. p. 00 : « E en droit che que il est dit par chi devant en l arrest que Robers Loirs et Emmeline sa femme estoient tenu envers Jehan Henart en IXˣˣ XIIII libres; et li dis Jehans requeroit que il eust des hiretages des dis conjoins par juste pris dusquez au res de le dicte somme, dit est pour droit que li dis Jehans en ara dusquez au res de le somme, *pour che que ledit conjoint avoient obligié leurs hyretages* nvers ledit Jehan par chyrographe en le dicte somme païer pour vendre et pour despendre. »

(2) Beaum., XXXV, 2.

où il n'y a pas *obligation*, Beaumanoir rappelle alors la procédure pénible et embarrassée, que nous avons plus haut décrite. On conçoit donc qu'on voie un créancier, qui n'a en main qu'une simple promesse de son débiteur, faire emprisonner celui-ci, uniquement pour obtenir de lui une *obligation* (1) : la contrainte par corps tendait ici à peu près au même but que précédemment lorsqu'on l'employait pour forcer le débiteur à vendre ses immeubles.

Les clauses obligatoires marquaient bien le pouvoir donné au créancier. Voici deux de ces anciennes formules : ce sont des modèles, que nous donnent deux grands juristes du XIIIᵉ siècle. L'une est empruntée au *Speculum juris* de Durandi dont, on le sait, l'influence fut très-grande sur la pratique : « Pro quibus omnibus et singulis firmiter observandis, adimplendis obligaverunt ipsi debitores ipsis creditoribus omnia eorum bona, quæ precario jure ipsorum nomine et pro eis possidere constituerunt usque ad integram solutionem dicti debiti et satisfactionem omnium prædictorum, ita quod a termino in antea, si tunc solutio non fuerit facta, liceat ex pacto ipsis creditoribus et cuique ipsorum propria auctoritate sine curiæ proclamatione, aut aliqua denunciatione vel aliquo præjudicio, dictorum bonorum et quorum ex eis voluerit ingredi possessionem et ea accipere, vendere et alienare, aliis obligare, et apud se justo precio retinere et in se indemnes servare tam de impensis quam de sorte, sine omni occasione legum et juris et usus (2). » L'autre formule est donnée par Beaumanoir : « A ce tenir fermement ai-je obligié moi et mes hoirs et tout le mien présent et à venir, muebles et heritages, à estre justicié par quelconque justice il pleroit audit Jehan ou ses hoirs ou à celi qui ces letres porteroit, aussi por les coz et por les damaces comme por le principal, *et à prendre*,

---

(1) *Olim*, ann. 1306, tom. III, p. 158, nº 111 : « Cum Johannes Veillet significasset nobis quod ipse, *racione cujusdam simplicis cirographi, per quod ipse Jacobo et Petro Heritiau fratribus* in quadam summa pecunie tenebatur, fuerat injuste per præpositum nostrum Sancti Quintini carceri mancipatus, et in ferris tamdiu detentus quod ipsum oportuerat in majori summa tam principali quam usuraria *per vim pristonis dictis fratribus obligare*. »

(2) *Speculum juris*, lib. III, part. III, *De obligat. et act.* Francf. 1602, p. 310.

vendre et despendre sans nul délai jusqu'à tant que li coust et li damace seroient paié (1). »

Parfois, pour formuler la même clause et donner les mêmes pouvoirs, d'autres expressions sont employées. On dit ainsi : mettre les immeubles *en abandon* : « Tu me dis que om fet en Vermandois une forme de letres teles : que li emprunteeur dient en lor letres et enconvenancent qu'ils rendront toz les couz et toz li domages que li presteeur i auront sans plus fere encontre et *par l'abandon de totes lors choses* (2). » On disait encore : donner un assignat sur tous les biens meubles et immeubles (3), changeant le sens du mot *assignatum,* qui signifiait d'abord l'affectation des fruits d'un immeuble au paiement d'une dette. Parfois aussi la clause indique que les immeubles pourront être vendus comme les meubles au profit du créancier (4).

₂) L'obligation asseyait le gage des créanciers sur tout le patrimoine du débiteur, n'améliorait-elle pas leur situation à un autre point de vue? La règle qui faisait les immeubles insaisissables, produisait une conséquence logique dont nous n'avons pas encore parlé. Lorsque le débiteur mourait, ceux-là seuls étaient tenus de ses dettes, qui recueillaient ses meubles, à titre universel; l'héritier qui ne recueillait que les immeubles n'était en rien obligé aux dettes du défunt. Le droit anglais a rigoureusement maintenu cette règle pendant des

(1) Beaum., XXXV, 20. Les expressions : *pour vendre et despendre,* qui précisent le pouvoir donné au créancier paraissent avoir été le plus communément usitées; elles reviennent souvent dans les textes.

(2) Pierre de Fontaines, *Conseil,* XV, 27.

(3) *Cartulaire d'Avenay,* nᵒ CII, p. 143 : « Pro qua garendia ferenda predictus (venditor) eumdem Fulconem (emptorem) *assignavit specialiter* et expresse ad dictam domum suam... Ita tamen quod si ipsa domus dicti Johannis... fuerit in aliquo *erga alium obligata,* idem Johannes iterato eumdem Fulconem *assignavit ad omnia bona sua mobilia et immobilia præsentia et futura,* ubicumque fuerint seu poterint inveniri, et omnia premissa et singula posuit idem Johannes *in abandonum* et contravadium pro dicta garendia ferenda erga Fulconem supradictum. »

(4) *Coutume de la Ville et Septène de Bourges* (Bourd. de Rich., III, p. 896), art. CLV : « On doibt faire obliger le corps qui peut, et qui ne peut l'en doibt faire obliger biens meubles et immeubles, et faire consentir que les héritaiges soient vendus comme biens meubles aux nuys et aux jours que biens meubles se sont accoutumés à vendre. »

siècles ; et bien qu'elle ait subi des échecs successifs, ce n'est qu'en 1833 qu'elle a été abrogée totalement en Angleterre (1). La même règle régnait dans notre ancien droit coutumier ; Loisel l'enregistre (2), nos auteurs du xviie et xviiie siècle en ont gardé le souvenir (3), et le texte officiel d'un certain nombre de coutumes l'avait conservée (4). Cela supposait d'ailleurs que l'héritier n'était point tenu personnellement, et *in infinitum* des dettes du défunt ; il n'en était tenu que dans la mesure où il recueillait des biens affectés à ces dettes. Le droit anglais n'a jamais connu l'obligation des héritiers *ultra vires successionis*, et sans doute notre ancien droit coutumier ne la connaissait pas non plus (5). Cela n'a d'ailleurs rien de surprenant : cette responsabilité illimitée, partout où on la trouve, semble dériver d'une source unique, qui est le droit romain (6).

Mais, ici encore, la convention pouvait faire au créancier une situation plus ferme. Le droit anglais inventa dans ce but la *speciality binding the heir* : c'était un acte solennel émanant du débiteur et scellé de son sceau, par lequel il chargeait du paiement de la dette l'héritier de ses biens immeubles (7). Chez nous s'introduisit aussi, probablement dans le même

---

(1) Voy. Joshua Williams : *An essay on real assets*, 1861, ch. 1 ; du même, *Real property*, 11e édit., 1875, p. 79, ssq.

(2) *Instit. cout.*, II, 5, 13 : « Les dettes se paient au fur de ce que chacun en amende, si ce n'est ès lieux où celui qui prend les meubles (et acquets) paie les dettes... qui était l'ancienne coutume de la plupart du royaume. »

(3) Pothier, *Communauté*, no 233 ; Lebrun, *Successions*, liv. IV, ch. 2, sect. 2, no 13.

(4) Voyez Touraine, art. 310 ; Anjou, 237 ; Maine, 252 ; Nivernais, tit. 34, art. 4 ; Senlis, art. 141 ; Bourbonnais, 316 ; Mante, 71 ; Melun, 267 ; Amiens, 90, 91.

(5) *Grand coutumier de Normandie*, ch. LXXXVIII, texte latin : « Notandum tamen est quod nullus de antecessoris debito tenetur respondere, ultra valorem ejus quod de ejus hereditate dignoscitur possidere. » Édit. Gruchy, p. 202.

(6) M. R. Dareste, sur le *Code musulman de Khalil* (*Journal des Savants*, mai 1882). « L'héritier n'est jamais tenu des dettes *ultra vires*. La responsabilité illimitée empruntée au droit romain, par les législations qui en dérivent, paraît avoir été une des singularités de l'ancienne Rome. »

(7) Williams, *Real property*, p. 80.

but, l'habitude d'obliger « soi et ses hoirs (1); » et la clause paraissait assez importante pour qu'on en discutât la portée (2); mais à elle seule l'*obligation*, telle que nous l'avons décrite, aurait produit le même effet. En affectant à la dette non-seulement les meubles mais encore les immeubles, elle permettait au créancier de suivre ceux-ci entre les mains de l'héritier. Cet effet de l'obligation a été parfois relevé par les auteurs anciens (3); mais il devait bientôt perdre toute importance. Partout, en effet, s'introduisait le principe romain d'après lequel tout héritier continue la personne même du défunt, et par conséquent est obligé aux dettes héréditaires *ultra vires successionis*. Ce principe étant admis, la règle qui imposait le paiement des dettes aux héritiers des meubles devait disparaître, ou, si elle se maintenait, elle ne devait concerner que la contribution des héritiers entre eux, le créancier pouvant agir personnellement contre chaque héritier. C'est en effet ce qui eut lieu (4). Ici donc, l'influence de l'*obligation* fut masquée par un principe plus complet : mais elle entraînait avec elle ou contenait en germe d'autres conséquences plus graves encore, il est temps d'y arriver.

---

(1) Beaum., XXXV, 19 : « Et à ce tenir fermement ai-je obligié moi et mes hoirs, et tout le mien présent et à venir, muebles et héritages. »

(2) *Le Grand coutumier de France*, édit. Dareste et Laboulaye, p. 217 : « Item ja soit que l'en ne oblige expressément que luy et ses hoirs, toutesfois l'action personnelle n'est pas estainte en l'hoir de l'hoir : *Quia heres heredis debet esse heres testatoris*. »

(3) Masuer, *Pratique*, édit. Fontanon, tit. XXX, no 2 : « Icelle exécution (la contrainte par corps) cesse... en la personne de l'héritier, comme aussi la coertion de nisi, d'autant que toutes deux sont personnelles, qui sont esteintes avec la personne. Autre chose est quand les biens sont obligez, car l'héritier quant à iceux est réputé mesme personne avec le défunct. » La même phrase se trouve dans le *Guidon des practiciens*, édit. 1639, fo 333. — Cf. *Cartulaire d'Avenay*, no XCIX : « Et se et suos heredes seu successores generales et speciales ad omnia predicta singula generaliter et spécialiter obligando. »

(4) Voyez Guy Coquille sur l'article 4, tit. XXXV de la coutume du Nivernois : « Cet article a été accordé du temps que l'opinion commune du palais et auditoires du pays coutumier de France estoit que l'héritier des meubles devait payer les debtes mobilliaires du défunct. — Depuis, avec grande raison on a reçu l'autre opinion, que les debtes doivent être payées par toutes sortes d'héritiers. »

I.

Nos anciens jurisconsultes n'avaient point inventé de toutes pièces cette clause obligatoire; et il n'est pas difficile de voir où ils l'avaient prise. C'était, son nom même l'indique, l'*obligatio bonorum*, l'hypothèque conventionnelle du droit romain. Dès le début, elle offre les deux variétés qu'elle présentait à Rome : d'un côté, l'obligation générale, et d'autre part la spéciale. « On doit savoir que obligation général si est d'obligier tout ce qu'on a, sans nommer nule certaine coze en par soi, si comme aucun dient en lor lettres, après ce qu'ils ont devisiées lor convenances : Et à ce tenir fermement, j'ai obligié moi et le mien mueble et non mueble, presens et à venir. Par tex mos est fete obligations general. Et obligations especial si est fete en autre maniere, si comme s'aucuns dist en ses lettres : Et à ce tenir fermement j'ai obligié tel bois, tele vigne ou tel pré en tel lieu (1). » C'est là une terminologie qui ne variera plus et se conservera jusqu'à la fin de notre ancien droit.

Mais en copiant la clause hypothécaire du droit romain, on ne fit point revivre immédiatement l'hypothèque romaine avec tous ses effets. Ce qu'on avait voulu surtout c'était assujettir les immeubles à une exécution facile de la part des créanciers, et les effets de l'obligation ne devaient point aisément dépasser le but proposé.

L'obligation générale ne produisit d'abord le droit de suite que dans des limites fort restreintes; elle n'entraînait point le droit de préférence.

Malgré l'obligation générale qu'il avait consentie, le débiteur pouvait encore aliéner ses immeubles à titre onéreux, et l'acquéreur n'avait rien à craindre des créanciers; seul un donataire eût été exposé à leurs poursuites. « Nos veismes en la cort le roy, dit Beaumanoir, un plet du conte de Guines qui avoit obligié generalement lui et toz ses biens muebles et non muebles à ses créanciers; et quant il vit que li terme

(1) Beaumanoir, t. XX, 12.

aucuns de ses créanciers aprochoient, et des aucuns li terme
estoient ja passé, il resgarda que tant y avoit de detes, que
s'il vendist toute se terre, s'eust il assés à fere à paier tout;
adont il resgarda aucun de ses prochains parens et leur fist
grans dons de son heritage; et d'aucuns il retint les fruis se
vie et des aucuns non (1). Et quant li créancier virent que il
avoit mis hors de se main por cause de don son heritage,
liquix lor estoit obligiés, et il defailoit de paiement, il trerent en
cort le dit conte et toz cix à qui le don estoient fet. Et le vérité seue des dons fais après l'obligation des deteurs, il fut
resgardé par jugement que li don ne tenroient pas, ainçois
seroient li heritage vendu por paier les créanciers, et li detes
paiées li don tenroient selonc ce qu'il demourroit. Et par cel
jugement pot on entendre que li don, qui sunt fet après ce
que li heritage sont obligié generalement ne sont pas ne ne
doivent estre el damace des créanciers. Autrement seroit si je
vendoie mon heritage après ce que je l'aroie généralement
obligié, car por général obligation je ne suis pas contrains
que je ne puisse vendre mon heritage et garantir à l'aceteur (2). » Bouteiller donne encore la même règle : « Non feroit le propre obligié qu'il ne vendesit partie de ses biens
nonobstant la generale obligation, se ainsi n'estoit que l'omme
à qui il seroit ainsi obligié en général se fust commencé à
mettre à loy avant la vente, et ainsi il a été jugé en plusieurs
cours et en plusieurs fois (3). »

Le droit de préférence ne résultait pas de l'obligation
générale; cela ressort de divers passages de Beaumanoir.

(1) Les donations dans lesquelles le donateur avait retenu l'usufruit de
la chose donnée, étaient nulles sans doute par elles-mêmes; elles tombaient
devant la règle donner et retenir ne vaut, telle qu'on l'entendit d'abord.
Voyez Li droict et li coustumes de Champaigne et de Brie, article 44.

(2) Beaum., t. LXX, 10, 11.

(3) Somme rural, I, 25, édit. Char., p. 136. Bouteiller ajoute : « et ainsi le
veut droit escrit et accorde. » Cependant on sait que le droit romain ne contenait pas cette règle : l'hypothèque générale y produisait pleinement le droit
de suite. On ne rattachait cette doctrine au droit romain, qu'au moyen de
déductions forcées, en détournant certains textes de leurs sens et de leur
application : par exemple, la loi 3, C. VII, 8, la loi 7, § 2, D. XX, 5. Pour ce
qui est de la distinction entre les aliénations à titre onéreux et celles à titre
gratuit quant au droit de suite, les règles de l'action paulienne avaient peut-
être exercé sur ce point quelque influence.

« Quant aucuns, dit-il, s'est obligiés *par lettres ou par convenances* a plusors créanciers et il n'a pas asses vaillant por païer et li créancier sont plaintif : li mueble et li heritage au deteur doivent estre pris et vendus et paiés as creanciers à le livre, selonc que la dette est grans. Mais ce entendons nos quant le terme des dettes sunt tout passé ; car s'il y a aucun créancier dont li termes ne soit pas venus, il ne pot pas demander se dete avant le terme, ne fere arester ses biens que il ne soient paié à cix à qui il sunt deu de tans passé (1). » Ce texte fait concourir au marc le franc tous les créanciers dont la créance est échue. Tous les créanciers qui ont des *lettres*, sont égaux entre eux et n'ont aucun droit de préférence contre ceux dont le droit dérive d'une simple convenance ; or Beaumanoir montre que les lettres contenaient toujours l'obligation générale (2).

Non-seulement le créancier qui avait obtenu l'obligation générale n'y puisait aucun droit de préférence, mais il pouvait encore être primé par un créancier simple, si celui-ci s'était adressé le premier à la justice. « Ples fut a Creeil d'un home qui voloit widier le pais et devoit à plusors persones ; avant qu'il s'en alast aucun de cix à qui il devoit s'estoient plaint de li à le justice et avoit rechut commandement de paier (3) ; et après le commandement fet il s'en ala sans acomplir le commandement. Et quant il s'en fu alés, plusor créanciers firent arester ses biens, et requirent à estre paié à le livre, selonc que lor detes estoient ; et li créancier, por qui commandemens fu fes avant qu'il s'en allast disoient encontre qu'ils voloient avant toute œvre estre paié, parce qu'il avoient esté plaintif premièrement, et porce que commandemens avoit esté fes por aus paier, s'il y avoit rema-

(1) Beaum., XXXIV, 51.

(2) Beaum., XXXV, 20, 21 ; voici ce qu'il dit au n° 22 : « Donques doit-on dire en la lettre de quoi la dette est et puis nommer le terme quant ele devra estre païée, puis *obligier li et le sien et ses hoirs* a paier, et puis fere la renonciation, laquele obligation et renonciation sont dites ès lettres ci-dessus. » Au n° 23, il parle *des lettres de baillie :* « Et après ce cil qui le letre baille se doit obligier à tenir et garantir les convenances. » — Dans un autre passage (LIV, 6), Beaumanoir fait encore concourir au marc le franc tous les créanciers sans distinction aucune.

(3) Sur le commandement, voyez Beaumanoir, LIV, 1 ; XXIV, 2, 13.

nant bien y prissent; et sor ce il se misrent en droit, se ils
partiroient à le livre par la reson de ce que çascuns voloit
prover ce que li detterres li devoit et du tans passé, ou se
cex por qui quemandemens fut fet seroient paié entièrement
Il fu jugié que cil qui furent plaintif avant qu'il s'en allast,
por qui commandemens fut fes, seroient paié entièrement; et
s'il y avoit remanant li autre créancier seroient ois à prover
lor detes du tans passé, après ce qu'il (qui) s'en seroit alès seroit apelés par trois quinsaines, et les detes provées, il seroient
paié à le livre, selonc lor detes et selonc le remanant. Et
par cel jugement pot on voir, que li premier plaintif dont
commandemens est fes seroient premièrement paié (1). »
Dans cet ancien droit ce qui donnait la préférence c'était non
pas l'antériorité de l'obligation, mais l'antériorité des poursuites; nous reviendrons sur ce point un peu plus tard.

Mais dès le début on donna plus de force à l'*obligation spéciale*, en tant du moins qu'elle portait sur un immeuble.
Cela était naturel; en restreignant le droit du créancier à
un ou plusieurs immeubles déterminés, les parties avaient
voulu le renforcer, lui faire gagner en énergie ce qu'il perdait
en étendue. Ici le droit de suite fut reconnu d'une manière
complète, non pas seulement lorsque le bien sortait du patrimoine du débiteur par une donation, mais dans tous les cas.
« Se je l'avoie obligié spécialement (mon héritage) adont ne
le porroie-je vendre, ne doner, ne escangier en nule manière
par quoi il peust estre damaciés auquel il fu obligiés spécialement (2). » — « Se ce qu'il vendi ou dona ou escanga fut
espécialement obligié as créanciers, en cel cas ne doivent les
créanciers sivir fors les cozes qui lor furent obligiés por lor
detes. Et s'il pruevent l'obligation contre cex qui les cozes
tiennent, vente ou don ne engagemens qui ait esté puis fes
ne vaut riens (3). » Beaumanoir indique bien d'ailleurs qu'alors
l'immeuble est grevé d'un véritable droit réel : « tex obligation sunt especiax et de tele vertu que puis qu'elle est fete,
cil qui l'oblige ne pot estrangier sans l'acort de celi à qui
l'obligation fu fete, devant qu'il a aconplie le convenence.

(1) Beaum., XXXIV, 52.
(2) Beaum., LXX, 11.
(3) Beaum., LIV, 5.

Mais quant il a le convenence aconplie le coze obligié lui revient en se première nature, franquement et delivrement (1). »

L'obligation spéciale emportait-elle aussi le droit de préférence? Elle l'entraînait par voie de conséquence lorsque l'immeuble obligé avait été aliéné à titre onéreux : alors le créancier muni d'une semblable obligation pouvait seul attaquer le tiers acquéreur et faisait vendre le bien à son profit exclusif. Mais l'obligation spéciale donnait aussi le droit de préférence au créancier lorsque l'immeuble obligé était encore aux mains du débiteur. Dans Bouteiller du moins cela est dit fort nettement : « *De plusieurs biens baillés à plusieurs créanciers*. Se aucuns biens appartenant à un debteur sont baillez à plusieurs créanciers, à tort les requierent estre leurs s'ainsi n'est qu'ils soient obligez espécialement. Car autrement s'il y a autres créanciers sachez qu'ils auront recours aussi bien à ces biens et conviendra qu'ils soient convertis à tous les créanciers si avant qu'ils dureront (2). »

Il résultait de ces règles diverses que lorsqu'un débiteur, après avoir consenti à quelqu'un une obligation générale, conférait dans la suite une obligation spéciale à un autre créancier, ce dernier était préféré et passait le premier, pourvu qu'il eût contracté à titre onéreux : « Saches que selon les saiges obligacion spéciale passée, elle vaut devant la généralle, comme se j'avoye tous mes biens généralement obligié à aucun et puis à un autre oblegasse aucune terre ou autres biens, saches que la généralle obligacion ne vaut contre celuy qui auroit especiale et ne lairroit ja à vendre et à exécuter pour la générale celuy qui auroit l'especialle, puisque l'obligé seroit trouvé en possession se main de justice n'y estoit assise (3). »

Ainsi de bonne heure, l'obligation spéciale quant au droit de suite et au droit de préférence apparaît égale à l'hypothè-

(1) Beaum., LXX, 12.

(2) *Somme rural*, édit. f° 100. Dans l'édition Charondas, p. 386, il y a, il est vrai, cette restriction : « C'est en cas de desconfiture où l'un créancier n'est point plus privilégié que l'autre. » Cela restreindrait l'application du texte à la saisie mobilière, voyez ci-dessous p. 228.

(3) Bouteiller, *Somme rural*, I, 25, édit. Charondas, p. 136.

que romaine, alors que l'obligation générale lui est bien inférieure. Mais toutes deux différaient de l'hypothèque romaine à d'autres égards.

En droit romain, l'hypothèque était créée par la simple convention des parties; c'était un cas exceptionnel où d'un simple pacte naissait un droit réel. Notre ancien droit ne pouvait pas accueillir ce principe.

Si l'obligation portait sur un immeuble, celui-ci généralement était une tenure féodale; et alors pour acquérir un droit sur cette terre, il fallait traiter non-seulement avec le tenancier, mais encore avec le seigneur. Celui-là seul sera définitivement respecté, que le seigneur aura investi ou mis en saisine. Après avoir consenti une obligation même spéciale, le tenancier pouvait encore vendre ou engager sa tenure à un tiers, et faire ensaisiner celui-ci, au mépris de son premier contrat. Aussi Beaumanoir a-t-il soin de dire qu'une obligation ne sera ferme et solide que si elle a été faite par le seigneur. Mettant en scène des créanciers qui se plaignent de ce que le débiteur a *engagé* ses biens après leur avoir consenti une obligation, il s'exprime ainsi : « Puis que il ne debatirent à l'engagement fere, et il fu fes par segneur il converra qu'il atendent tant à estre paié que li engagemens soit passés, s'ainsi n'est que les cozes engagiés lor fussent obligiés par le segneur. Car li sires qui s'est acordés à un obligement por son souget, ne pot puis soufrir autre devant que li premiers obligemens est acomplis (1). » D'ailleurs, il suffisait du simple consentement donné par le seigneur, selon Beaumanoir; mais les termes dans lesquels ce consentement était donné, n'étaient point indifférents. « N'entende nus s'aucuns s'est obligiés par letres soit par les soies, ou par autres de son segneur, que li sires, por nule manière d'obligation qui li soit fete, laist à goïr et à esploitier de ce qui est de li tenus, s'il n'i a renoncié espécialement; car por ce qu'il a otrié le convenence de son souget, si comme s'il dist : « je le voil et otrie, » c'est à entendre sauf son droit et l'autrui; et s'il s'oblige à garantir comme sires, encore n'a il pas renoncié à ce qui li porroit venir de son droit de le coze obligiée,

---

(1) Beaum., LIV, 5, *in fine*.

si comme au racat s'il avenoit, on a forfeture, ou autre cas par quoi les cozes des homes poent venir as segneurs. Mes s'il s'oblige à garantir simplement, adont ni pot il riens demander par coze qui aviegne ; car s'il n'estoit pas sires si se porroit il fere plege ou detes s'il voloit, et aussi ..ert il qu'il le se face en ce cas. Et por ce doivent bien li segneur garder en quele manière il otrient les obligations de lor sougés (1). » Bouteiller exige aussi le consentement du seigneur pour l'obligation qui porte sur des immeubles (2). Dans ce système d'ailleurs, je le répète, il ne s'agit point d'une investiture conditionnelle donnée *hic et nunc* par le seigneur au créancier ; c'est là une autre combinaison dont plus loin il sera parlé.

L'hypothèque romaine portait sur les meubles comme sur les immeubles, et à son exemple, l'obligation de notre ancien droit fut étendue aux meubles du débiteur (3). Mais ici encore, la convention ne pouvait produire son effet. L'obligation se manifestait surtout par le droit de suite ; le droit de préférence, alors même qu'il existait, ne venait qu'en seconde ligne, et comme par voie de conséquence. Or, c'était une maxime empruntée par nos coutumes aux sources germaniques, que les meubles n'ont point de suite (4) : pourvu que le meuble n'ait été ni volé ni perdu, son possesseur est protégé contre toute revendication ou action réelle. Dès lors, la seule manière d'affecter spécialement des objets mobiliers à la garantie d'une créance, c'était d'en remettre la possession au créancier. Au xvie siècle, Guy-Coquille explique encore très nettement tout cela : « Nous en France tenons que la seule convenance ne fait la pignération en meuble, dont dépend cette règle : *meuble n'a suite ni hypothèque*, qui s'entend « hypothèque convenue. » Mais quand il y a tradition es mains du créancier du meuble baillé en gage, lors c'est vray gage, et peut le créancier poursuivre ledit gage, s'il vient en main tierce, quand par quelque façon outre son gré il est sorty hors de ses mains, qui est une exception de la

(1) Beaum., XXXV, 30.
(2) *Somme rural*, I, 25, édit. Char., p. 136.
(3) Voir les formules d'obligation générale citées plus haut.
(4) Jobbé-Duval, *Étude sur la revendication des meubles*, p. 167, ssq.

dite règle : meuble n'a suyte. Car en tel cas, le créancier qui une fois a eu la possession réelle peut poursuivre son gage *ad instar* de revendication (1). »

Un passage de Bouteiller, assez obscur d'ailleurs, peut faire croire qu'on songea à assurer l'effet de l'obligation sur les meubles au moyen d'une translation solennelle accompagnée d'un état estimatif, qui, tout en laissant la chose aux mains du débiteur, en aurait transféré la possession au créancier (2). Mais ce procédé, qui fut admis pour faire une donation mobilière sans actuel dessaisissement du donateur, et que l'ordonnance de 1731 a recueilli et transmis au Code civil (3), ne fut point admis pour la constitution du gage mobilier.

II.

L'obligation, telle que nous l'avons décrite, était bien éloignée encore de son prototype, l'hypothèque romaine. Elle devait s'en rapprocher peu à peu, et même, quant aux effets, se confondre presque avec elle. Pour que la confusion fût complète, il fallait : 1° faire naître l'obligation de la seule volonté des parties, alors même qu'il s'agissait d'une tenure féodale ; 2° égaler l'obligation générale à l'obligation spéciale, en attachant à la première comme à la seconde le droit de suite et le droit de préférence ; 3° étendre l'effet de l'obligation aux meu-

(1) *Questions sur les coutumes*, Qu. 63. — L'action que Coquille reconnaît au créancier qui a perdu la possession du gage « outre son gré » n'est point un pur apport du droit romain : elle est une application exacte des vieux principes. Voy. Jobbé-Duval, *op. cit.*, p. 100, 101. La règle *meubles n'ont suite*, restreinte à l'action hypothécaire, a été conservée fidèlement en cette matière.

(2) *Somme rural*, I, 25, édit. Char. : « Si saches que obligacion sur biens meubles ne contraint ne lye l'obligié que s'il demeure en la possession de ses biens, sans que ce soit par l'autorité de loy et par inventaire sur ce faicte que ainsi soient represtez à l'obligié à tout qu'il ne les peut vendre à deniers ou obligier à autre que incontinent les emporteroit hors de la maniance de l'oblegié. »

(3) Sallé (sur l'ordonnance de 1731, art. 15), rappelle que selon quelques-uns, il était nécessaire pour une donation de meubles qu'il y eût une délivrance réelle et actuelle ; « cet avis est fondé, dit-il, sur cette maxime que les meubles n'ont point de suite. »

bles comme aux immeubles. Voyons si la jurisprudence accomplit ces diverses transformations.

I. Il faut d'abord dire un mot d'un certain nombre de provinces, qui se fermèrent obstinément à l'hypothèque romaine, et n'admirent même pas l'obligation primitive, avec les effets que nous avons décrits précédemment : ce sont les districts appartenant au nord de la France, qu'on appela dans la suite *pays de nantissement.*

Dans ces régions, l'obligation, au temps de Bouteiller, ne donnait point au créancier le droit de faire vendre les immeubles obligés; il ne pouvait que s'en faire attribuer les fruits (1). Pour acquérir le droit de faire vendre l'immeuble de son débiteur, le créancier devait recourir à une autre combinaison; c'était le *rapport à loi ou à justice.* Le débiteur se dessaisissait de sa terre entre les mains du seigneur ou du juge et celui-ci en investissait le créancier qui devenait ainsi propriétaire conditionnel : il avait alors le droit de faire vendre l'immeuble, faute de paiement à l'échéance et, bien entendu, il le faisait vendre à son profit exclusif. C'était là ce qui, dans ces pays, remplaçait l'obligation, comme le dit formellement Bouteiller : « Obligacion d'hypothèque est quand aucun oblige par forme d'hypothèque tous ses biens meubles et par especial heritaiges pour l'accomplissement d'aucuns contrats ou convencion où il se lye. Et lors puisque ainsi a hypothéqué ses heritaiges par obligacion qu'il face depuis n'est destruicte ne amoindrie ceste hypothèque que ses biens et par especial ses heritaiges ne demeurent obligiez et hypothéquez à ce satisfaire et payer. Mais ceste hypotheque n'a pas lieu en tous pays, car plusieurs lieux y a ou en n'en use point comme en Vermandois, en Amiennois, en Chastellenie de Lisle, en Tournesis, en la terre de Mortaigne, en ces pays n'a lieu hypothèque... se ainsi n'estoit que l'heritaige fust rapporté en la main du seigneur comme dit est dessus (2) pour celluy cas en especial, car alors seroit exécutoire (3). — « *Coutume de Hay-*

(1) Voir plus haut, p. 165.
(2) Voici le passage auquel le texte renvoie : « Se ainsi n'estoit que l'eritaige fut pour la debte rapporté en la main pour la paye faicte especiallement se faulte y avoit et lors se pourroit il vendre autrement non. »
(3) *Somme rural,* I, 25, édit. Char., p. 138.

naut. Des obligacions selon la coustume de Haynaut doibs sçavoir qu'il y a deux manières d'obligacions, l'une si est de soy obligier par rapport d'eritaige fait et passé à loy et dont le seigneur en seroit servi ou en fait à son gré : telle forme d'obligacion est executoire en Haynaut, si tost qu'on se traist à loy et fait on vendre l'heritaige ainsi rapporté à loy. L'autre manière d'obligacion si est quand un homme de fief se oblege sur son seel ou quant on se oblege devant homme de conte ou quand on se oblege devant les eschevins de ville privilégiée : toutes telles obligacions ne sont que évocatoires et ne vendroit on point l'heritage de l'oblegié, mais on executeroit les levées de l'heritaige et les meubles de l'obligié et non plus ne autre execucion n'en auroit en (1). »

Sans doute dans la suite on se départit de ce système en ce que dans tous les cas en vertu d'un jugement le créancier pût faire vendre les immeubles de son débiteur; mais on le maintint en ce que le créancier ne pût sur ces immeubles acquérir un droit de préférence ou de suite que par l'ensaisinement. Certaines coutumes conservèrent même à cet ensaisinement son vieux nom et ses anciennes formes (2); ailleurs on le réalisa par une simple inscription sur les registres du greffe (3); mais ces formes diverses ne changeaient rien au fond. Comme tout cela exigeait la désignation précise des immeubles hypothéqués, les pays de nantissement, pour l'hypothèque conventionnelle du moins, pratiquèrent le principe de la spécialité en même temps que celui de la publicité (4).

(1) *Somme rural*, édition 1486, f° 39, col. 1.

(2) Voy. Laurière. *Glossaire*. V° Rapport solennel. — *Coutume de Cambrai*, tit. V, art. 1 : « Heritages tant fief que mains fermes ne se peuvent vaillablement vendre, eschanger, donner, arrenter, charger ou hypothéquer ny autrement aliéner : sinon par en faire et passer devoirs de loy de desheritance et dessaisine ou rapport solennel par devant les gens de loy des lieux et seigneurs dont ils sont tenus immédiatement, mettant la main à la verge ou baston que tient le bailly, majeur ou autre officier ou l'un des dis gens de loy. »

(3) Voy. par exemple, *Coutumes du gouvernement de Peronne, Montdidier et Roye*, art. 260, et Charondas sur cet article : « Pour satisfaire au contenu dudit article 260, il est de nécessité qu'il y ait une minute de nantissement et qu'il soit dans un registre et ne suffiroit qu'il fust en feuille; le contrat doit estre registré et le nantissement à la suite. »

(4) *Coutume de Cambrai*, tit. V, art. 11 : « Toutes aliénations et hypothè-

Mais les coutumes de nantissement formèrent l'exception (1), et dans le reste de la France on admit bientôt que
l'hypothèque ou obligation résulterait du simple contrat. « Au
pays de Champaigne et de Brie et d'environ, dit Bouteiller,
a lieu obligacion par hypotheque; car aussitôt que lomme est
obligié hypotheque si assiet (2). » Cependant une décision de
Jean Desmares paraît montrer que quant aux fiefs la règle
fut lente à s'introduire : « Choses féodaux cheent aussi bien
en exécucion et peuvent aussi bien estre obligiez et hypothe-
quez comme les heritages mouvans et tenus en censive. Et
il n'y a point de différence quant à ce; et se aucune différence
y avoit ce seroit au regard du seigneur feodataire et ou cas
où il ne voudroit pas son fief estre demembré ne chargié de
nouvelles charges; mes il puet estre obligié et vendu par
obligacion aussi bien comme les heritages mouvans et tenus
en censive (3). »

Bien que cette théorie ne soit point admise par Beaumanoir, elle était contenue en germe dans un autre principe que
reconnaît le grand jurisconsulte. Beaumanoir admet, en effet,
que l'acheteur auquel un vassal a vendu son fief, peut, en
vertu de son contrat , réclamer du seigneur la mise en possession sans que l'intervention du vendeur soit nécessaire : « S'il

ques d'heritages faites par devoir de loy soubs une généralité sont de nulle
valeur pour porter effet, si les pièces de terre ou heritages ne sont specifiés
et désignés particulièrement par aboutissans et tenans, ou par autre désignation certaine et spéciale équipollente. » *Cout. de Roye*, etc., art. 260 : « Sera
ledit nantissement endossé audit contrat par ledit seigneur ou garde de justice : et contiendra ledit endossement les terres que l'on entend hypothéquer. »

(1) Sous Louis XV les pays de nantissement furent ramenés au droit commun par le législateur. L'édit du mois de juin 1771, qui introduisait pour la
purge des hypothèques les lettres de ratification, abrogea dans son article 35
« l'usage des saisines et nantissemens pour acquérir hypothèque et préférence dérogeant à cet effet à toutes coutumes et usages à ce contraires. »
Cela fut confirmé par une déclaration du 23 juin 1772; il y est dit express-
sément que « dans les dictes coutumes (de nantissement) l'hypothèque s'ac-
querra tant par actes passés pardevant notaires que par jugemens de la
même manière et ainsi qu'il se pratique dans les autres coutumes. » Le nantissement resta nécessaire seulement pour les mutations de propriété immobilière.

(2) *Somme rural*, I, 25, édit. Charondas, p. 138.

(3) *Décisions*, n° 274.

avient que heritages soit vendus et la vente créantée à tenir et li venderes s'en repent, si que il veut que li marciés soit nus, il ne pot fere le marcié nul se ce n'est par le volenté de l'acetour, ançois le pot li aceteres fere contraindre qu'il se dessaisisse comme de vente par le segneur de qui li heritages muet tant soit que li venderes soit couquans et levans soz autre segneur (1)... et teles manières de convenences on les appelle réelles (2). » Au fond c'était reconnaître que le contrat assurait à l'acheteur la propriété, et il était alors naturel d'admettre qu'il donnerait aussi naissance à l'hypothèque.

Quelques coutumes tinrent le milieu entre le droit commun et la règle des pays de nantissement. Ce sont celles que Basnage, dans son *Traité des hypothèques*, appelle coutumes d'ensaisinement ou d'inféodation, il en donne comme exemple la coutume de Senlis : « Dans les coutumes, dit-il, où il suffit de l'ensaisinement, si le débiteur aliène un héritage après avoir passé un contrat de rente l'acquéreur peut être assigné en déclaration d'hypothèque, quoique le contrat ne soit pas ensaisiné ; ainsi le premier effet de l'hypothèque qui consiste en l'affectation et à faire qu'un héritage une fois hypothéqué ne puisse passer entre les mains de qui que ce soit sans la charge de l'hypothèque, n'est point empêché par le défaut d'ensaisinement. Mais le deuxième effet de l'hypothèque qui regarde l'ordre et qui fait que régulièrement celuy qui a une fois hypothèque sur les biens de son débiteur ne puisse être préféré par qui que ce soit qui vienne à contracter postérieurement avec le débiteur, est empêché par le défaut d'ensaisinement (3). »

II. Attacher pleinement le droit de préférence et le droit de suite à l'obligation générale comme à l'obligation spéciale, telle devait être la tendance de la jurisprudence sous l'in-

(1) Comme l'explique Beaumanoir, c'est là une exception à la règle d'après laquelle « par le coustume general li sires de soz qui on est couquans et levans doit avoir le connissance des convenances et des muebles et catix son couchant et son levant. »

(2) Beaum., XXVII, 8, 9.

(3) *Traité des hypothèques*, 3e édition, Rouen 1692, p. 8. Ce système dans la coutume de Senlis paraît s'appliquer seulement aux hypothèques garantissant les rentes constituées non à toutes hypothèques, art. 274 et 276.

fluence croissante du droit romain. C'est un résultat acquis dans plusieurs textes du xive siècle.

Voici ce qu'on lit dans le *Livre des droiz et commandemens d'office* de justice : « Droit dit *personalis obligacio non sequitur fundum*, c'est assavoir que si un home avoit vendu lez fruiz de certain héritaige jusques à certain temps et puis après ce vendist le fons d'icelluy héritaige à un autre, la première vente des fruiz n'empesche point la dernière vente de l'héritaige, ne pour ce ne pourroit pas demander le premier achapteur les fruiz de la chose vendue au dernier achapteur, mais au vendeur peut bien faire demande de l'interest, etc., des fruiz que premierement lui avoit vendus par raison de sa personnelle obligacion. Mais se ledit vendeur avoit en la première vente des fruiz obligié à l'achapteur expressement et especialement les fruiz de celluy héritaige *ou généralement eust obligié tous ses biens meubles et immeubles sur ce, si l'une de ces obligacions y avoit*, le premier achapteur des fruiz les auroit, dedans son temps : car les fruiz seroient à li premierement réaulment obligiez. Et sont en droit deux obligacions, c'est assavoir *obligacio personalis* et *obligacio realis* (1). » La même doctrine est présentée dans un autre passage du même coutumier : « *De leisser perdre par sa faute le droit de son obligacion*. Si aucune chose ou héritaige est obligié à aucun *en especial ou en général* et le debiteur vent icelle chose à autre ou la transporte en autre obligacion présent le créditeur, si le créditeur ne fait protestacion et sauvacion de la raison de son obligacion qui est premiere, il est veu soy consentir taisiblement à celle derreniere obligacion et est la soe premiere estaincte de droit quant à la chose obligiée; mais s'il en fait protestacion non (2). »

La *Très-ancienne coutume de Bretagne* n'est pas moins nette : « Les (autres) obligacions et jugemens doivent estre poyées et exécutés chacun selon son obligacion, *vel potius* selon que l'obligacion ou jugié est du premier temps; car le premier temps doit estre premier exécuté et poyé (3). »

Enfin, selon la *Coutume de la Ville et Septène de Bourges* :

(1) No 757, t. II, p. 190.
(2) No 690, t. II, p. 155.
(3) Ch. 307 (Bourd. de Rich., IV, 273).

« en obligacions en raison les premières qui sont d'antidate doivent aller devant (1). »

Mais l'ancienne supériorité de l'obligation spéciale reparaît encore à un autre point de vue, dans les textes du XIVᵉ siècle. Lorsqu'un créancier à obligation spéciale se trouve en concours avec un créancier à hypothèque générale, c'est le premier qui prend le pas quand même son contrat serait postérieur en date. Nous avons cité plus haut un passage de Bouteiller qui contient cette règle (2). Voici maintenant d'autres textes.

Très-ancienne coutume de Bretagne : « Et si les choses qui sont obligées par espéciauté doivent estre plus fortes que celles qui sont obligées en généralité, comme une ferme qui seroit faite de desmes ou de moulins ou d'autres choses semblables. Quant les bailleurs les baillent et disent au preneur (3) : « Tu serviras et garderas teles choses et les traiteras à bien si tu peux et m'en feras cette somme. Et pour ce en toutes autres aventures me remaignent obligées, et si fais-tu le tien obligé jusqu'au prix de ma somme, et en veil avoir autre plege ou tenu de fournir le gré. »... Et nonobstant que le preneur ait donné bon assignement au bailleur, nul autre deteur n'a que prendre sur ces fermes tant que la somme soit payée à plein au créancier c'est assavoir à celuy qui a baillé la ferme (4). »

Coutume de la Ville et Septène de Bourges : « En obligation en raison les premiers qui sont d'antidate doivent aler devant sinon que une obligation feust generalle et l'autre si feust especialle. Exemple, se un homme a presté dix francs ou plus ou moins à ung aultre et le dict en soit obligé sur tous ses biens en général, et que depuis ung aultre luy ait presté aultre somme pour achapter ou réparer certain heritaige nommé en ladite obligation, en ce cas cy, se il advient que le dict heritaige se vende, celluy qui aura presté le sien pour icelluy acquérir ou réparer ira devant et sera premier payé que l'aultre qui premier a presté, pour ce qu'il est expressément dit pourquoy et sur quoy il a presté ladicte somme ; car, en l'un

(1) Ch. 155 (Bourd. de Rich., III, 895).
(2) Voy. ci-dessus, page 183.
(3) Il s'agit d'un bail à rente.
(4) Ch. 308 (Bourd. de Rich., IV, 273).

y a généralité et en l'aultre especialité; et l'espécialle précède tout temps la générale en payement, supposé que l'obligation du général soit précédent. Autel est-il en rentes de heritaiges ou en obligations que ceux qui seront especialles iront toujours devant celles qui seront généralles; et se il advient que les heritaiges expressément nommés se vendent, ceux à qui ils seront nommément obligés seront les premiers payés, comme devant est dict, posé que leur contrault soit derrenier faict, et excepté toutes fois en mariaiges de femmes, car elles sont moult privilégiées... et supposé que la debte de ladicte femme soit assignée en général toutes fois il précedera tous les autres qui seront assignés en especial, se ils ne sont faicts avant le dict mariaige, car telle est la dicte coustume et sont les dictes femmes ainsi privilégiées, se ainsi n'estoit que la dicte femme se feust consentie à la dicte vente, auquel cas les achapteurs iront devant sans doute. Pour lesquelles choses dessus dictes pouvez savoir que toutes obligations especialles iront devant celles qui sont généralles excepté en mariaige de femmes, comme dessus est dict, et aussi se il n'y avoit le consentement des parties à qui le faict touche (1). »

Le *Livre des droiz* fait sans doute allusion à la même règle dans le passage suivant : « Quant il promet (le *dominus litis*) sur obligacion de tous ses biens payer le jugé pour son procureur, se mestier est, l'en puet dire encontre que le procureur ne doit estre receu par vertu de celle obligacion général et elle n'est pas suffisable; car celui qui oblige en telle manière générallement pourroit distinter et ramener chacune chose par soy non contretant celle obligacion général, et ainsi telle obligacion n'est pas souffisant (2). »

Mais, comme on le voit par quelques-uns des exemples cités, les hypothèses qu'on choisissait déjà le plus volontiers pour justifier cette prééminence de l'hypothèque spéciale sur la générale, étaient des cas où, avec le droit romain, on admit plus tard de véritables privilèges. Aussi bientôt ne distingua-t-on plus quant au droit de préférence ni quant au droit de suite entre l'obligation générale et l'obligation spé-

(1) Ch. 155 (Bourd. de Rich., III, 895-6).
(2) N° 321, tome II, p. 10.

ciale. Entre créanciers hypothécaires, l'ordre des temps régla toujours les rangs ; seules les hypothèques privilégiées primèrent les autres, non en raison de leur spécialité, mais en raison de leur origine.

Cependant à la fin du xvi⁰ siècle et au commencement du xvii⁰ on trouvait encore quelques traces de la supériorité de l'hypothèque spéciale sur la générale. Voici ce qu'on lit dans les *Maximes de Lhommeau* : « La spéciale hypothèque a plus de force et de privilège que la générale : en sorte que l'acquéreur de la chose baillée à ferme doit entretenir le bail quand le fermier a retenu hypothèque spéciale sur la chose affermée. Quand le fermier a seulement une hypothèque générale le tiers-acquéreur le peut évincer et expulser (1). » Lhommeau répétait là ce qu'avaient enseigné Guy-Coquille (2) et Bacquet (3). Sans doute ces auteurs établissent leur opinion sur des textes romains, largement étendus, mais au fond ils étaient encore influencés par les anciennes règles dont nous avons montré l'origine et la disparition. Dumoulin résolvant la même question dans un sens différent, et reconnaissant toujours au preneur le droit d'expulser le locataire, proclamait au contraire que « regulariser *tantum operatur generalis hypotheca quantum specialis* (4). » C'était la formule qui devait définitivement triompher.

Dès lors il fut même vrai de dire que l'hypothèque spéciale, non-seulement ne conférait aucun avantage à celui qui avait déjà une hypothèque générale, mais était même pour lui une gêne, à cause des règles sur le droit de discussion. En effet : « il falloit discuter le bien spécialement affecté à la dette avant de toucher à ceux qui n'étoient soumis qu'à l'hypothèque générale; et d'un autre côté le créancier qui avoit tout à la fois hypothèque générale et spéciale ne pouvoit poursuivre l'acquéreur du bien spécialement hypothéqué qu'a-

---

(1) *Maximes générales du droit français*, livre III, règles 327 et 328.

(2) *Questions sur les coutumes*, n° 202.

(3) *Traité de droits de Justice*, ch. XXI, n°ˢ 150 et 155. « Aussi est certain par l'usance de France que *specialis hypotheca cogit emptorem stare colono quod non operatur generalis hypotheca*... Ainsi a esté jugé pour Apollo contre Deneta par arrest donné en plaidoirie le 10 janvier 1558. »

(4) *Coutume de Paris*, art. 43 (nouv.), glos. 1, n° 96.

près discussion de ceux qui n'étoient que généralement hypothéqués, et *vice-versa* (1). » Mais la pratique trouva facilement le moyen de faire cesser cette anomalie. Valin après
avoir exposé que « autrefois on distinguoit l'hypothèque spéciale de la générale, » ajoute : « mais, il y a si longtemps
que cela est changé qu'on est fort étonné de le voir revivre
dans les règles du droit françois de Pocquet de Livonnière.
Au moyen de cette clause qui est de style, et qui se supplée
de droit, *sans que l'hypothèque spéciale déroge à la générale,
ni la générale à la spéciale*, il n'y a plus absolument aucune
différence entre l'hypothèque générale et la spéciale, si la
créance n'est privilégiée ; et ceux-là s'abusent qui s'ima-
ginent qu'en faisant affecter spécialement un bien dans un
contrat de constitution de rente, ils acquièrent par cette précaution plus de droit et plus de sûreté pour leur rente que
par la simple affectation générale des biens du débiteur (2). »

III. L'influence du droit romain ne fut point assez forte
pour faire étendre l'hypothèque aux meubles comme aux immeubles et avec les mêmes effets. La vieille règle coutumière
qui au début avait presque partout arrêté cette extension, ré-
sista jusqu'à la fin (3). Cependant il se forma divers systèmes
quant à l'hypothèque des meubles.

Généralement il fut admis que le créancier hypothécaire ne
pourrait jamais exercer le droit de suite sur les meubles du
débiteur : « Les biens meubles qui ont été vendus par le débiteur ne peuvent estre prins pour exécution, pour ce que
biens meubles ne sont sujets à hypothèque ; et c'est ce qu'on
dit en France que *meubles n'ont point de suite* (4). » C'est en
vain que certains auteurs, comme Boyer, essayèrent de restreindre l'effet de sa maxime à l'hypothèque générale (5).

(1) Valin, sur la *Coutume de la Rochelle*, édit. 1778, t. III, p. 402.

(2) *Coutume de la Rochelle*, loc. cit.

(3) Sur ce point voyez la dissertation de M. Valette : *De la règle que les
meubles n'ont pas de suite par hypothèque*. Mélanges, publiés par MM. Herold
et Lyon-Caen, t. I, p. 247, ssq.

(4) Masuer, *Pratique*, édit. Fontanon, p. 425. Cf. *Guidon des practiciens*,
édit. 1539, fᵒ 335 : « Notez que meubles alienez ne doibvent estre prins né
distraictz ne en iceux ne tombent aucunes hypothèques, à raison de quoi s'en
dit en commun langage que *meubles n'ont point de poursuyte*. »

(5) *Commentaires sur la coutume de Bourges*, édit. 1575, p. 102 : « Hujus

L'action réelle mobilière qui s'introduisit au profit du propriétaire ne put être étendue au créancier hypothécaire (1).

Mais quand les meubles étaient encore en la possession du débiteur, le créancier hypothécaire ne pourrait-il pas faire valoir sur eux son droit de préférence? A cet égard les coutumes se divisèrent. Les unes répondirent négativement, conservant ainsi intacte la vieille tradition. Telle fut la coutume de Paris, dont Laurière commentait ainsi la décision : « Dans la plupart de nos coutumes il n'y a point d'hypothèques des meubles par la volonté des parties, mais afin qu'ils soient obligés il faut qu'il y ait nantissement ou réalisation (2). » D'autres, au contraire, admirent ce droit de préférence; telle fut la coutume de Normandie. « En Normandie, dit Basnage, nous suivons une jurisprudence moyenne entre le droit romain et la coutume de Paris : le meuble qui n'est plus en la saisine de l'obligé et dont il a disposé sans fraude n'a point suite par hypothèque, comme il avoit par les loix romaines; mais lorsqu'il est saisi sur le débiteur, l'ordre des hypothèques est conservé. Nous avons retranché les inconvéniens que le droit romain avoit fait naître en donnant suite par hypothèque sur les meubles que le débiteur avoit vendus; car il était rigoureux que les meubles, changeant souvent de main, l'on pût toujours être poursuivi par les créan-

consuetudinis potest esse ratio, quia rerum mobilium possessio vilis et abjecta est eo quod facile perditur etiam ab ignorante, quod non est in immobili... Et hanc consuetudinem intelligerem in generali hypotheca pignoris, quando quis generaliter obligat omnia bona sua, habere locum ; secus crederem in expressa pignoris hypotheca... Tamen ista consuetudo est generalis in regno Franciæ et registrata in curia Parlamenti Parisiensis, quam interpretatur nisi bona mobilia devenerint ad detentorem jure hereditario et successionis quia isto casu possunt prosequi. » Si cette restriction ne fut point admise il en resta cependant quelque chose ; c'est de là qu'est venue la revendication accordée au vendeur de meubles et au locateur. Voyez, note sur Lapeyrère (édit. Bordeaux, 1706), Lettre M, n° 53 : « Quelquefois cette règle *meubles n'a suite* souffre limitation quand les meubles aliénez, sont expressément obligez... Comme par exemple les meubles qui sont dans une maison louée, si le conducteur les aliène, celui qui les achète ne se peut servir de cette règle à moins qu'ils n'eussent été vendus *publico programmate*. » Cf. Commentaire de Laurière, sur la coutume de Paris, t. II, p. 138, ssq.

(1) Jobbé-Duval, *op. cit.*, p. 168, note 1.

(2) Sur l'article 170.

ciers de celuy de qui on les auroit eus, ce qui privoit un débiteur de disposer de cinq sols de ses meubles; et nous avons conservé le droit des anciens créanciers (1). »

Il est à remarquer que, même dans les pays de droit écrit, le droit de suite n'était point toujours admis dans l'hypothèque des meubles. Il en était ainsi en particulier dans le ressort du Parlement de Toulouse (2). De même voici ce que dit Lapeyrère pour le parlement de Bordeaux : « Meuble a suite pour hypothèque : 1° contre le détenteur à titre lucratif (3); 2° et en faveur du propriétaire de la maison pour ses loyers; 3° et sur les fruits pour le prix de la ferme (Coquille, qu. 63). 1. 2. Je fais doute en ces deux chef de décision, si ce n'est que la vente des meubles et des fruits eût été fait en fraude (4). »

A l'inverse, le droit romain s'était fait pleinement recevoir sur ce point dans la coutume de Bretagne (5).

Au XVIII° siècle, Valin résumait ainsi les règles suivies en France : « Il y a deux propositions qui sont de droit commun et qui servent de règle dans les coutumes muettes. — La première est que les meubles ne sont point susceptibles d'hypothèque, de manière qu'à cet égard le créancier hypothécaire n'a pas plus de droit d'être payé sur les meubles de son débiteur que le créancier chirographaire, à la différence des pays de droit écrit, qui en cette partie comprennent la Saintonge et les coutumes de Normandie, art. 593, de Lille, art. 93, et de Metz, tit. IV, art. 17, où les deniers, provenant des meubles saisis et vendus, se distribuent par ordre d'hypothèque. Il en est de même en Anjou et au

(1) *Traité des hypothèques*, p. 73, 76.

(2) Guyot, *Répert.*, v° *Hypothèque*, tom. VIII, p. 621.

(3) Il est curieux de retrouver ici, sans doute fortuitement, la doctrine qui fut admise à l'origine pour toute obligation générale, même sur les immeubles.

(4) Lettre M, n° 53.

(5) D'Argentré, sur l'article 245 : « Vulgatum est francicis tribunalibus *Meubles n'ont point de suite*, quo significant mobilia semel manu debitoris emissa a creditoribus amplius capi non posse, nec eorum dari prosequutionem... Nos jus hypothecarum in his persequimur jure ordinario et regulari... Nam privatæ venditiones persecutionem creditorum non effugiunt cum perpetua sit hypothecæ persecutio. »

Maine, et en Bretagne, suivant Brodeau, sur l'article 178 de Paris, n° 6. — La seconde, que les meubles n'ont point de suite lorsqu'ils sont hors de la possession du débiteur sans fraude, et cela a lieu même dans les pays où les meubles sont sujets à l'hypothèque comme les immeubles. Mais les meubles ont suite pour certaines causes privilégiées (1). »

Remarquons qu'en donnant le caractère d'immeubles à plusieurs droits qui aujourd'hui sont mobiliers, tels que les rentes et les offices, l'ancienne jurisprudence les avait par là même rendus susceptibles d'hypothèque ; mais en ce qui les concerne, le droit de suite était soumis à certaines restrictions qui dérivaient de la nature même de ces droits (2).

§ 4.

L'hypothèque des actes notariés et des jugements.

Si l'on néglige les pays de nantissement, l'hypothèque romaine, sauf en ce qui concerne les meubles, avait de bonne heure passé tout entière dans notre ancien droit. Cependant, quand on examine la jurisprudence des xvii° et xviii° siècles en matière hypothécaire, on constate entre elle et le droit romain de notables différences. Sans parler des réformes tentées ou localement accomplies pour rendre les hypothèques publiques, nous trouvons chez nous les trois règles suivantes, inconnues des Romains : 1° Tout contrat en forme authentique emporte l'hypothèque générale ; 2° L'hypothèque conventionnelle ne peut résulter que d'un acte authentique ; 3° Tout jugement emporte hypothèque générale sur les biens du condamné. Nous allons reprendre une à une ces trois règles, dont les deux dernières ont passé dans le Code civil, et rechercher comment elles se sont introduites.

(1) *Coutume de la Rochelle*, sur l'article 60, tom. III, p. 235.
(2) Voyez Basnage, *Traité des hypothèques*, ch. X, p. 86, ssq.

I.

Tout acte notarié emporte hypothèque générale sur les biens de celui qui s'y reconnaît débiteur.

D'ordinaire on rattache cette hypothèque générale au caractère exécutoire de l'acte notarié, dont elle serait une conséquence. Telle paraît être l'opinion de Pothier : « Les actes, dit-il, reçus par un notaire compétent et revêtus de toutes les formes dont ces actes doivent être revêtus, produisent une hypothèque sur tous les biens présens et à venir des personnes qui y ont été parties pour toutes les obligations qu'elles y ont contractées. Ces actes produisent cette hypothèque non-seulement lorsqu'elle y est expressément stipulée, mais quand même il n'y en aurait aucune mention, cette convention d'hypothèque y étant toujours sous-entendue. *L'autorité publique du sceau dont ces actes sont munis est ce qui leur fait produire cette hypothèque* (1). »

Mais cette explication, trouvée après coup, n'est point conforme à la vérité historique.

Au début, le sceau public dont il était revêtu, communiquait à l'acte authentique un seul privilège : le créancier pouvait immédiatement et malgré toute opposition saisir les meubles du débiteur en vertu de son titre; en cas de contestation, il restait nanti des meubles saisis (2). Cela s'appelait *garnir la main* du créancier; et ce privilège de main garnie resta longtemps un trait distinctif de l'acte exécutoire (3).

De bonne heure cependant l'acte notarié emporta l'obligation générale des biens du débiteur en même temps que la force exécutoire : mais on savait distinguer ces deux effets,

---

(1) Pothier, *Traité de l'hypothèque*, n° 10.

(2) Beaumanoir, XXXV, 6. D'après le texte du paragraphe suivant (XXXV, 6) même une lettre sous scel privé, si le sceau n'était pas méconnu, entraînait la garnison en main de justice.

(3) Guy-Coquille, *Institution*, p. 440 : « Les obligations sous scel royal ou autre scel authentique de cour laye emportent exécution et garnison de main, et peut le sergent exécuteur garnir nonobstant opposition ou appellation et sans préjudice. »

qu'on ne faisait point dériver l'un de l'autre. Dans certains cas, cette distinction s'imposait. Ainsi, d'après certains textes, l'obligation passée sous un scel authentique non royal, sous un scel seigneurial, n'était pas exécutoire en principe hors de la seigneurie (1); mais selon l'opinion la plus commune, « quoique ces obligations ne fussent point exécutoires hors le ressort où elles ont été passées, elles emportoient néanmoins hypothèque par tout le royaume (2). » « La raison est, disait Basnage, qu'il y a différence entre l'exécution et l'hypothèque; ce sont deux qualités avantageuses mais différentes et qui n'ont rien de commun. L'hypothèque a son origine du droit des gens et du droit civil et procède du consentement des parties, et l'on a trouvé à propos d'y ajouter l'intervention d'une personne publique pour arrester la fraude des antidates; mais l'exécution parée n'a son origine que de l'établissement des petits scels inventez depuis 300 ans environ; l'exécution dépend de la juridiction, laquelle ne se peut proroger estant limitée par le territoire et sur les personnes qui demeurent dans la juridiction, mais l'hypothèque dépend de la convention des parties (3). » Sans doute cette opinion trouvait des contradicteurs, mais ceux-ci ne s'appuyaient point sur un lien nécessaire entre la force exécutoire et l'hypothèque générale.

(1) Voyez Laurière, sur les articles 164 et 165 de la coutume de Paris.

(2) Laurière, *op. cit.*, tome II, p. 134.

(3) *Traité des hypothèq.*, p. 113-114. Cependant les anciens auteurs réglaient parfois l'ordre des créanciers d'après la dignité respective des sceaux sous lesquels les obligations avaient été passées. Masuer, *Pratique*, tit. XX, n° 18 : « Quant à la distribution des deniers procédans de la vente et d'adjudication, on a accoustumé de garder cette forme : c'est que premièrement les frais et mises du procès, exécution et péremptoires soit taxez et adjugez au créancier, et le demeurant est adjugé au créancier ou créanciers ayant obligations passées sous le scel royal ou de monsieur le duc, sans préjudice de la prérogative du temps, tellement que les premiers et plus anciens sont préferez mesme contre le fisque et la femme demandant la restitution de sa dot. Et s'il y a quelque chose de résidu, les créanciers qui ont obligation passée sous le scel des seigneurs subjects audit sieur duc y sont appelez ; et finablement ceux qui ont lettres de quelque siège particulier ou cédules et écritures privées, recogneues toutes fois par le procès. » La même solution est donnée par le *Guidon des Practiciens* (f° 338), qui ici encore reproduit la *Pratique* de Masuer.

Plus d'un parmi nos anciens auteurs a signalé l'origine véritable de l'hypothèque attachée de plein droit aux actes notariés. Après avoir montré comment en droit romain s'était introduit l'usage de l'hypothèque générale, Loyseau ajoute : « Et encore en France on a bien passé plus outre : car pour ce qu'en tous les contrats, par un stile ordinaire des notaires, on s'est accoustumé d'insérer la clause d'obligation de tous les biens, on en a enfin tenu pour règle que « tous les contracts portoient hypothèques sur tous les biens, comme ceste clause estant sous entendue, si elle avoit esté obmise (1). » Basnage écrit aussi : « L'hypothèque est censée constituée non seulement lorsqu'il y en a stipulation expresse, mais mesme quoiqu'il n'en soit rien dit... C'est un usage général et certain que toute obligation reconnue emporte hypothèque sans autre stipulation, suivant cet ancien proverbe : *qui s'oblige oblige le sien* (2). »

Là est la vérité. C'est la volonté seule des parties qui créa d'abord l'obligation générale. Pour permettre de l'invoquer, les lettres de baillie devaient contenir la clause obligatoire (3). Mais un créancier avisé ne manquait jamais d'exiger que le débiteur obligeât tous ses biens; c'était une clause de style, et il était naturel qu'on la sous-entendît bientôt. Cette jurisprudence ne s'établit point sans protestations. Le président Favre la combat encore avec la plus grande énergie, et lui donne la première place parmi les *erreurs des praticiens* qu'il cherchait à dissiper (4). Il montrait que c'était renverser toutes les règles du droit romain, par lequel les cas d'hypothèque tacite étaient strictement déterminés, refusait très nettement à l'acte notarié la force de produire par lui-même et sans con-

---

(1) *Du déguerpissement*, liv. III, ch. I, n° 5.

(2) *Traité des hyp.*, p. 30.

(3) Beaum., XXXV, 24.

(4) *De error. pragmatic.* Édition Lyon 1658. *Error primus*, p. 3 : « Dignus meo judicio hic error est qui primum in prima decade locum obtineat. Vix enim alius ullus occurrit aut crebrior in forensibus disputationibus aut a recta juris ratione alienior. Vidi ego ex pragmaticis plerosque, nec ultimi inter cæteros nominis, tam parum in jure versatos ut non dubitarent adfirmare debitorum omnium bona omnia tacito pignoris jure creditoribus hoc ipso esse obligata, licet de pignore nullo modo convenerit... Cujus sententiæ rationem (adeo nihil est tam stultum et absurdum quod ratione aliqua probabili fieri

vention expresse l'hypothèque générale (1) et montrait que l'opinion courante arrivait à confondre complètement l'obligation personnelle et l'*obligatio bonorum.* Cette confusion, d'ailleurs assez naturelle étant donnée la portée originaire de l'*obligation*, les praticiens n'hésitèrent point à l'admettre ouvertement : Faber leur en prête l'aveu (2). Cela conduisait logiquement à assortir d'une hypothèque générale toute obligation contractuelle, et c'est peut-être ce qu'entend Bouteiller lorsqu'il dit qu'en Champagne et en Brie : « aussitôt que l'homme est obligé hypothèque s'y assiet (3). » C'est ce qui résulte fort explicitement d'un passage de la *Très-ancienne coutume de Bretagne*, que nous avons déjà cité en partie : « Les autres obligations (4) et jugemens doivent estre poyées et exécutés chacun son obligation, *vel potius* selon que l'obligation ou jugé est du premier temps; car le premier temps doit estre premier exécuté et poyé. Et posé qu'il y eût aucuns qui ayent lettres de obligation ou de jugié, et autres n'en ayant rien, informant du premier temps de l'obligation ou contrat par tesmoignages ou autrement, ils devroient estre les premiers poyez et exécutez, pour ce que quand aucun reçoit rien de l'autruy le sien lui est obligé, pour ce que par la recette il entenge à faire retour; et aussi quand il se oblige pour autre ou il est jugé et condamné à rendre aucune chose a autre ou a fait le meffet dont il doit estre tenu, et pour ce s'en doit chacun enquerre quand il veut négocer ou contracter à autres et se garder de fere folement ou nicement et dont il puisse avoir retour (5). »

posse existimetur) illam adferre solent quod vulgaris sit conventio ista pignoris, et in omnibus fere instrumentis et cautionibus apponi solita non modo ex voluntate contrahentium sed etiam ex stilo et consuetudine notariorum... quasi ex eo inferri possit si quando sit omissa per errorem potius quam consulto factum et plus dictum minus scriptum intelligi debere. »

(1) *Ibid.*, p. 3 : « Atqui si quingentis instrumentis per totidem notarios exceptis et suscriptis niteretur (creditor) non magis sibi jus taciti pignoris acquireret. »

(2) *Op. cit.*, p. 2 : « Quod enim, inquiunt, refert debitoris an bona ejus sint obligata, cum sit ipse obligatus? »

(3) *Somme rural.* Voir ci-dessus.

(4) Les chapitres qui précèdent parlent des créanciers privilégiés.

(5) Ch. 307 (Bourd. de Rich., IV, p. 273).

Plus tard, par une véritable inadvertance, on fit passer
cette disposition dans le texte officiel de la coutume de Bretagne, et il donna beaucoup de mal aux commentateurs (1).
D'Argentré en particulier, ne veut point voir là une véritable
hypothèque, car, dit-il, ce serait confondre l'obligation personnelle et l'*obligatio bonorum*, mais il est bien obligé de reconnaître que cette confusion existait dans l'esprit du rédacteur de la *Très ancienne coutume* : « Qui error causa fuit
veteribus pragmaticis ut agnoscerent omni obligationi etiam
personali inesse consuetudinarias hypothecas, quod est fal-
sissimum, ut jam multis demonstravimus, nec ille in veteri
unicus articulus, etsi perplexus et varicosus, ex quo duos
fecere reformatores, hunc scilicet et 188, satis est ad pro-
bandum (2). »

Sans doute ces conséquences dernières de l'idée, dont on
était parti, ne purent se faire recevoir, on n'attacha de plein
droit l'hypothèque générale qu'aux conventions constatées
par un acte authentique; mais cela vint d'une autre théorie
qui s'établit. On admit que l'hypothèque conventionnelle ne
pourrait être consentie que dans un acte notarié : c'est la seconde règle annoncée plus haut, dont nous allons maintenant
rechercher l'origine.

---

(1) Article 194 de l'ancienne coutume : « En autres obligations et jugez le
premier créancier en datte doit estre préféré quoi qu'il n'ait lettres du deu,
en informant du premier temps de son deu par tesmoins ou autrement. »
D'Argentré observe sur ce texte : « Diximus quandoque et sæpe ex rebus
ipsis deprehendimus priscos scriptæ consuetudinis auctores, ut non expertes
civilis disciplinæ fuisse videri possint, sic multa ex isto jure non porrexisse
sed ambitiosa ostentatione istius sapientiæ inciviliter plurima in suam pa-
triam legislationem transtulisse, velut illo seculo arcana et ignota, plerumque
nec recte nec suo sensu. Illud vero quod in veteri libro de hac obligationum
prælatione statuere, tam moleste et perplexe conceptum exstat, ut non mi-
randum sit reformatores aliud scripsisse sed nec eos quidem diserte. »

(2) Sur l'article 194, glose 1, n° 8. — Comme il fallait bien donner un
certain sens à la priorité que l'article accordait aux créanciers les plus anciens, d'Argentré y voit un privilège au sens romain du mot, qu'il appelle
protopraxia, et dont il ne fait découler aucun droit de suite. *Ibid.*, glose 1,
n° 9.

II.

« Par le droit romain, dit Pothier, l'hypothèque pouvait s'acquérir par une simple convention. Ce droit n'avait été établi chez les Romains que par l'édit du préteur contre les principes du droit, suivant lesquels l'hypothèque, étant *jus in re* ne pouvait non plus que le domaine et tous les autres droits *in re* s'acquérir par la seule convention, mais seulement par la tradition... Nous n'avons suivi ni le droit du préteur, ni les principes rigoureux du droit civil. Selon notre droit, la simple convention ne peut produire l'hypothèque; nous n'exigeons pas néanmoins la tradition ; mais lorsque la convention est munie du sceau de l'autorité publique, elle produit l'hypothèque, et la force de l'autorité publique supplée en ce cas à la tradition. Suivant ces principes, les actes sous signature privée n'était point munis de l'autorité publique ne peuvent parmi nous produire d'hypothèque, quand même elle y serait expressément convenue, et quand même la date de l'acte serait constatée soit par le contrôle, soit par le décès de quelqu'une des parties qui l'auraient souscrit (1).

Pothier ne dit point quand ni comment la règle s'était introduite. Quant à la justification qu'il en donne, c'est une conception *à priori*, une de ces explications simples et arbitraires qu'affectionne la doctrine, quand il s'agit de principes acquis depuis longtemps à la jurisprudence et dont par suite il paraît inutile de rechercher l'origine. Cette théorie sur l'hypothèque conventionnelle était d'ailleurs généralement reçue aux XVII° et XVIII° siècles, comme nous le montrerons bientôt. Cependant, on trouvait parfois, même dans des livres destinés à la pratique, une préoccupation plus grande de l'histoire et des origines. Ainsi l'auteur de l'article *Hypothèque* dans le *Répertoire de Guyot*, après avoir établi contrairement à la doctrine de Pothier que l'hypothèque ne dérive point de la force du sceau (2), se demande pourquoi en France, elle ne peut être

(1) *Traité de l'hypothèque*, nᵒˢ 9 et 10.
(2) Tome VIII, p. 527. Article de M. La Forest, avocat en Parlement : « Il ne suffit pas que la convention pour produire hypothèque soit constatée par

consentie que par un acte authentique : « On sent bien, dit-il,
que l'hypothèque, donnant un droit dans la chose qui fait
préférer le plus ancien créancier, on ne devoit pas laisser au
pouvoir du débiteur d'accorder hypothèque sur ses biens par
un écrit sous-seing privé, de favoriser un second créancier
qui n'auroit consenti à prêter son argent qu'en lui donnant
par l'antidate la priorité de l'hypothèque; on ne pouvoit pas
laisser au débiteur les moyens de commettre la fraude, de
préjudicier à un tiers et de détruire un droit qui étoit déjà
acquis. Mais il n'est pas aussi aisé de rendre raison pourquoi,
quand la date est certaine, soit par le contrôle, soit par la
mort du débiteur, le créancier n'a pas hypothèque du jour de
la mort du débiteur. Car les contrats sont volontaires dans
leur principe : l'hypothèque n'est qu'une sûreté pour le créancier, c'est un accessoire du contrat; les notaires ne sont que
les rédacteurs de la volonté des parties. Il semble que quand
il n'y a pas lieu de craindre la fraude, on devroit donner aux
actes sous-seing privé toute l'étendue que les parties ont
voulu leur donner et en assurer l'exécution. Cette nécessité
d'avoir recours aux notaires pour acquérir hypothèque fait
que l'on confond souvent le titre exécutoire avec le titre authentique, mais la confusion cessera si l'on veut faire atten-
tion à ce qui se pratiquoit anciennement. L'invention de l'hypothèque a précédé de beaucoup l'établissement du contrôle
et naturellement aucun créancier ne devoit compter sur la
mort de son débiteur pour assurer sa créance (1). »

Voici encore ce qu'on lit dans la _Collection_ de Denisart :
« Il faut distinguer trois choses dans l'hypothèque : 1° la

l'écriture des parties, que la date soit certaine par le contrôle ou par la mort
du débiteur, l'acte qui la contient doit être authentique... Ne confondez pas
le titre authentique avec le titre exécutoire. L'authenticité est une qualité intrinsèque de l'acte ; c'est la foi qui lui est due, la certitude qu'il donne de sa
date et des conventions des parties. Cette foi et cette certitude résultent du
caractère de l'officier qui a reçu l'acte. La qualité du titre exécutoire est
intrinsèque; elle dépend de la forme. Un acte est authentique aussitôt qu'il
est reçu par le notaire; mais il n'est exécutoire que quand il est transcrit en
forme de grosse, intitulé du nom du juge et revêtu du sceau de la juridiction.
L'hypothèque résulte de l'authenticité; elle est acquise du jour que l'acte est
daté et non pas du jour qu'il a été mis en forme exécutoire. »

(1) _Op. cit._, p. 627.

convention, 2° la preuve de la convention, 3° le pouvoir de la faire exécuter par celui qui refuse d'accomplir ce qu'il a promis. Il y a eu sur cela dans tous les pays deux maximes également certaines. La première que la convention ne dépend que de la volonté et du consentement des parties; et la seconde que le pouvoir de faire exécuter n'appartient qu'à la puissance publique. Mais à l'égard de la preuve de l'hypothèque il y a eu des changemens en divers temps; ainsi une preuve qu'on a regardée comme suffisante pendant longtemps a été dans la suite jugée insuffisante... Les François ont beaucoup moins écrit sur le droit que les Italiens, et ont écrit beaucoup plus tard. Cependant on trouve des preuves de la manière dont l'hypothèque étoit anciennement contractée parmi nous, et on voit dans plusieurs ouvrages que la priorité ou postériorité d'hypothèque pouvoit être prouvée par témoins et sans qu'il y eût aucun écrit : ainsi pour assurer la date l'on n'avoit besoin ni de l'autorité du souverain, ni du ministère de ses officiers : la preuve par témoins étoit suffisante et quand cette preuve étoit faite elle prévaloit sur celle résultant d'un acte public postérieur en date au temps dont les témoins déposaient. Mais depuis l'ordonnance de François Ier de l'an 1539, les écritures privées eurent moins de force qu'elles n'avoient eu jusqu'alors : la preuve de l'hypothèque acquise par écriture privée signée de trois témoins fut alors abrogée. On n'a plus reconnu d'hypothèque conventionnelle que quand elle résultait d'un acte authentique ou reconnu en justice et l'on a été obligé d'avoir recours aux notaires pour assurer entièrement les dates des actes et l'hypothèque qui pouvait en résulter (1). »

Enfin, selon Basnage : « S'il est nécessaire pour emporter hypothèque que tous les contrats soient reconnus en jugement ou passés devant notaires, pour éviter les fraudes et suppositions que l'on pourroit faire... cette règle est fondée sur l'ordonnance de 1539 et sur l'article 10 de l'ordonnance de Roussillon (2). »

Dans tout cela il y a, croyons-nous, à la fois du vrai et du

(1) *Collection de décisions nouvelles*, 6e édit., 1768. V° Hypothèque, n°s 14, 15, 16, 17, 18, 26, 27.

(2) *Traité des hyp.*, p. 110.

faux. En réalité, il n'y eut point pendant longtemps de forme
spéciale pour la constitution d'hypothèque. La nécessité d'un
acte authentique s'introduisit progressivement par des modifications successives de la théorie des preuves ; puis de ce qui
n'était qu'une question de preuve, la jurisprudence fit enfin
un élément substantiel.

Les plus anciens textes nous montrent des *obligations* valablement consenties dans des titres émanés de simples particuliers, *lettres scellées* ou *chirographes*.

Anciennement, nous l'avons dit, tous les gentilshommes et
les principaux ecclésiastiques pouvoient s'obliger par des
lettres portant leur sceau. C'est dans ces lettres que Beaumanoir nous montre surtout la clause obligatoire (1), et les textes
des xive et xve siècles constatent encore la même pratique.
« Obligation, dit Bouteiller, si est quand un homme de fief
se oblige sur son scel (2). » De même la *Coutume de la Ville
et Septène de Bourges*, ne fait qu'une distinction entre les
lettres privées et les lettres publiques, c'est que les dernières
seulement seront exécutoires sans jugement : « L'en garde
par coustume et de ce est le roy en saisine que là où aucuns
barons ou chastelains ou personne privilégiée exempte se
oblige vers aultre par lettres scellées de son scel, le roy les
contraint à faire tenir leur promesse, mesmement là où personne privilégiée oblige tous ses biens temporels, et procède
l'en contre eux par voye d'admonition non par voye d'exécution, car il n'est pas accoustumé de donner telle force à leurs
lettres comme à lettres de roy ; car en cas d'opposition la
partie ne garniroit pas la main, pour ce que ce n'est pas scel
royal (3). » Dans les arrêts des parlements de Paris et de
Toulouse qui se trouvent à la suite du *Stylus parlamenti* dans
l'édition d'Aufrerius, on voit aussi plusieurs exemples de ces
lettres obligatoires (4). Elles constituaient d'ailleurs un acte

---

(1) Beaum. XXXV, 2, 17, 18, 19, 20, 21, 22. Ce n'est qu'au n° 23 qu'il est
question des *lettres de baillie*.

(2) *Somme rural*, édit. de 1486, f° 39, col. 1.

(3) Art. 27 (Bourd. de Rich., III, p. 878).

(4) F° 23, 7° : « Anno domini M. CCC l xxx liij fuit in requestis palatii pro-
nuntiatum quod adjornatus ad cognoscendum vel denegandum sigillum pre-
decessorum in quibusdam litteris appositum non tenebatur respondere super

solennel, on le voit bien par la tradition qui s'en est conservée en Angleterre. Le *deed* anglais n'est pas autre chose
qu'une lettre scellée émanant d'un particulier, et le droit anglais, qui ne connaît pas nos actes notariés, n'a pas de titre
plus solennel pour les rapports de droit privé (1).

D'autre part, dans les sources du xivᵉ siècle, nous trouvons
plus d'une fois des *obligations* contenues dans un *chirographe*
ou acte sous la signature privée de l'obligé. C'est l'hypothèse
que visent plusieurs passages de l'*Ancien coutumier de Picardie*,
plus haut cités : « Li dis Thumas s'obliga par chyrographe
envers Pierre et Gaytonne en une somme d'argent, et obliga
par especial une sienne maison (2). » — « Dit est pour droit
que li dis Jehans en ara (des héritages) dusquez au rez de la
somme pour che que li dit conjoint avoient obligié leurs héritages envers ledit Jehan par chyrographe en la dicte somme
pour vendre et pour despendre (3). » Dans Bouteiller, il est
aussi question d'héritage « obligié pour aucune somme d'argent par lettres faictes ou cyrographes passées pardevant le
seigneur et loy de qui il est tenu (4). » Enfin, l'article 27 de
la *Coutume de la Ville et Septène de Bourges*, que nous avons
cité, un peu plus haut, porte cette rubrique : « De ceux qui
se obligent sous leur seel ou seing manuel. »

L'hypothèque pouvait même être consentie par un contrat
verbal, vérifié au besoin par la preuve testimoniale. La *Très
ancienne coutume de Bretagne* qui attache, nous l'avons vu,
l'hypothèque à toutes les dettes, suppose que quelques-uns
des créanciers n'ont point de titre écrit et leur permet de
prouver par témoins leur antériorité.

C'est qu'au début les lettres scellées, l'acte signé du débi-

hoc, quia non erat in eisdem obligatio personalis licet ibidem esset obligatio
hypothecaria; quia domini requestarum cognoscere non poterant nisi de actione personali. » Cf. *Ibid.*, fº 31, 1º; fº 35, 7º.

(1) Stephen, *Commentaries on the laws of England*, édit. 1874, tom. 1,
p. 482 : « A *deed...* is the most solemn and authentic act that a man can pos-
sibly perform with relation to the disposal of his property, and therefore a
man shall allways be estopped by his own deed. » *Ibid.*, p. 492 : « It is necessary that the party whose deed it is should seal. »

(2) Édit. Marnier, p. 91; cf. p. 25.

(3) *Ibid.*, p. 90.

(4) *Somme rural*, I, 25, édit. Charondas, p. 136.

teur, la déclaration des témoins faisaient également pleine preuve pour établir la convention.

Pour les lettres scellées, la théorie est nettement établie par Durandi : « Generaliter nota omnem scripturam dici publicam cui de jure vel speciali consuetudine creditur (1)... de consuetudine creditur litteris sigillatis præsertim contra sigillantem (2). » Lorsqu'on introduisit l'usage des actes sous signature privée, il paraît bien qu'on leur attribua d'abord la même force probante qu'aux lettres scellées : « Tu peux et doibs scavoir, dit Bouteiller, que l'écriture qui est faicte de aucun par sa main, vaut contre luy mais pour luy ne vaut, si comme je promets payer à autre aucun deu et je lui en baille lettres écrites de ma main scachez que celuy vaut preuve (3). » Enfin, la preuve par témoins était la meilleure et la plus complète dans une législation qui suivait la maxime : « Témoins passent lettres (4). »

Mais, dans la suite, cette théorie des preuves devait subir de grandes modifications dont le contre-coup fut sensible sur l'hypothèque conventionnelle.

Le sceau privé des gentilshommes perdit son importance propre, son caractère solennel et sa force probante spéciale. Cela s'explique aisément. Avoir un sceau était pour les nobles une prérogative qui remontait au temps où tout gentilhomme avait en main quelque démembrement de la puissance pu-

---

(1) *Speculum juris*, l. II, part. II, *De instrumentor.* edit. no 298.

(2) *Ibid.*, no 352. Cela n'empêchait point que le porteur de lettres ne fût tenu d'établir que la lettre émanait bien du débiteur, si celui-ci niait « devant juge qu'il ne bailla onques cele lettre et que ce n'est pas son seaus. » Beaum., XXXV, 3. Beaumanoir nous apprend d'ailleurs que « moult est vilaine coze de nier son seel, et porce est le paine grans de celi qui en est atains; car il est renommé de triquerie, et l'amende en est au souverain de 60 livres. »

(3) *Somme rural*, I, ch. 106, p. 620; cf. p. 621. Ce dernier passage semble contredire le premier, mais en réalité l'acte privé dont il parle n'était pas signé par la partie.

(4) *Somme rur.*, p. 620 : « Et s'il advient que en jugement l'une partie se veuille aider de lettres en preuve et l'autre partie se veuille ayder de tesmoings tant solement scachez que la vive voix passe vigueur de lettres, si les tesmoings sont contraires aux lettres, et ce doibt le juge plus arrester à la déposition des tesmoings qui de saine mémoire déposent et rendent sentence de leur déposition que à la teneur des lettres qui ne rendent cause. » Cf. *Ibid.*, p. 623.

blique, et qui bientôt ne se conçut plus. Si la *lettre scellée* des particuliers s'est conservée dans le *deed* anglais, cela tient à l'influence de l'esprit de tradition en Angleterre, et là l'usage du sceau est devenu accessible à tous et a vite dégénéré en un simple acte formaliste (1). Chez nous, le développement fut tout autre. L'apposition d'un sceau privé fut simplement assimilée à une signature privée ou à la *marque* d'un illettré, et nous allons voir que la signature privée perdit considérablement de sa valeur. Cette dépréciation du scel privé est nettement constatée par Rebuffe (2) et Dumoulin (3); ce dernier fait seulement exception lorsqu'il s'agit des sceaux des plus grands seigneurs, sans doute parce que ceux-ci participent dans une certaine mesure à l'autorité publique (4). L'ordonnance de Moulins met le sceau et la signature privée sur la même ligne (5).

(1) Williams, *Real property*, 11e édit., 1875, p. 148 : « In modern practice the kind of seal made use of is not regarded, and the mere placing of the finger on a seal already made is held to be equivalent to sealing. » D'ailleurs le *deed* anglais pour faire preuve doit être soutenu par des témoins. Voyez Stephen, *op. cit.*, I, p. 495 : « A deed must be duly attested, that is show that it was executed by the party in the presence of a witness, or witnesses ; though this is necessary rather for preserving the evidence than for constituing the essence of the deed. »

(2) Rebuffe : *Commentarii in constitutiones seu ordinationes regias*, édit. Lugd., 1599, t. I, p. 45, *De litteris obligatoriis* : « Excluditur sigillum proprium et privatum, quia non authenticum, nempe si litteræ fuerint sigillatæ meo sigillo privato non habent executionem antequam sigillum sit recognitum sicut de cedula dico. » *Ibid.*, p. 123, *De chirograp. et cedul. recognit.* « : Item puto in sigillo, ut si quis suum chirographo apposuerit sigillum illud cogatur recognoscere... etiam si non apposuisset nisi signum suum, ut vulgo dicunt *sa marque*, quia nesciebat scribere, tum enim habebit locum iste textus ut recognoscere eum oporteat. »

(3) *Coutume de Paris*, art. 8, glos. 1, n° 12 : « Hanc conclusionem amplio etiam si sit sigillata (scriptura) sigillis et armis.. quia (principibus et magnis dominis exceptis) eorum sigilla non sunt authentica sed privata et sic non magis probant quam scriptura vel subscriptio privata, quæ nullius est fidei nisi sit recognita aut alias verificata. »

(4) *Op. et loc. cit.*, n° 13 : « Si autem essent sigilla nota et authentica, ut sunt sigilla principum, ducum, comitum vel baronum majorum, quoniam sub fida custodia asservari solent, multum habent fidei et auctoritatis et statim plene probant, adsit instrumento subscriptio domini vel sui secretarii et alia in talibus observari solita. »

(5) Article LIV. Danty traduisant le traité latin de Boiceau sur l'ordonnance

Quant à l'écriture privée, elle n'avait plus par elle-même de force probante aux yeux des jurisconsultes du xvı° siècle, sans qu'on distinguât entre le titre entièrement écrit par la partie et celui simplement signé par elle. « Scriptura privata, dit Dumoulin, de se neque probat neque præjudicat etiam inter easdem partes, et si est omni alio adminiculo destituta, teneo quod nullum gradum probationis facit nec etiam simplicem præsumptionem (1). » Le grand jurisconsulte indiquait en même temps la raison de ce discrédit : « Increbrescente hominum malitia et rarescente fide hujusmodi privatæ scripturæ jamdudum cœperint esse nullius fidei. »

Mais en dépréciant ainsi les actes sous signature privée, la jurisprudence avait inventé un procédé pour leur communiquer une nouvelle force. On admit que le signataire apparent du titre pourrait être cité en justice et forcé de reconnaître ou de dénier son écriture. C'est en France, semble-t-il, que cette pratique s'introduisit d'abord (2).

Si la partie reconnaissait son écriture, dès lors mais à partir seulement de ce moment, l'écrit avait reconquis toute sa force et faisait pleine preuve (3). Sans doute, *inter partes*, on admit que cet aveu rétroagissait à la date même de l'acte, mais cette rétroactivité fut repoussée à l'égard des tiers; ainsi s'établit la règle que l'acte sous seing-privé ne fait point foi de sa date à l'égard des tiers (4).

et arrivant à un passage où il était question d'une personne qui appose son sceau à un acte, ajoute au texte latin ces mots : « Ainsi qu'il se pratiquoit autrefois. » *Traité de la preuve par témoins*, édit. 1708, 2° partie, n° 2.

(1) *Coutume de Paris*, art. 8, glos. 1, n° 11.

(2) Rebuffe, *De chirog. recog.*, p. 114 : « Dicit gloss. de consuetudine Franciæ inventas has recognitiones... ratio istius consuetudinis est quia confessus pro judicato habetur. »

(3) Rebuffe, *De chirog. recognit.*, p. 113 : « Chirographum cedula sive apocha in judicio recognita plene probat. » Boiceau, édit. 1708, 2° partie, p. 2 : « Nempe certum est et communi usu Galliæ receptum nullam privatam scripturam nullumque chirographum fidem habere nisi prius agnoscatur. »

(4) Dumoulin, sur Paris, art. 8, glos. 1, n° 16 : « Quando talis privata scriptura est recognita plene probat et præjudicat contra confitentem a se scriptam vel subscriptam : non tamen probat contra tertium nisi simplicem confessionem recognoscentis, sive hoc nudum factum qnod ille contenta in tali scruptura vel ipsam scripturam confessus est : et hoc probat recognitio contra omnes sed non præjudicat tertio, nisi in quantum de jure talis con-

Si le signataire niait son écriture, on pouvait contre lui prouver qu'elle était sienne, soit par des témoins, soit par la comparaison d'écriture : l'écriture prouvée par le premier moyen faisait pleine preuve (1), et l'on tendait à lui reconnaître la même force, quoique moins aisément, lorsqu'elle n'était vérifiée que par la comparaison (2). Mais ici encore cette force n'était acquise à l'acte que du jour du jugement, ou tout au plus du jour où il y avait eu *litis contestatio* pour parvenir au jugement.

L'écrit scellé et non signé ne faisait également preuve que lorsque le débiteur avait reconnu son sceau en justice, ou qu'on avait prouvé contre lui l'apposition volontaire de son sceau sur le titre : l'aveu ou la vérification ne rétroagissaient point à l'égard des tiers.

Dès lors, celui qui se faisait consentir une hypothèque par acte sous scel ou sous seing-privé n'avait plus aucune garantie, jusqu'à ce qu'il eût obtenu la reconnaissance ou la vérification ; le droit de préférence et le droit de suite, naissant de l'hypothèque, pouvaient être paralysés par de nouveaux contrats passés par le débiteur et constatés par des titres authentiques (3). Cependant, la constitution d'hypothèque dans un acte privé était encore possible : il en

fessio poterit tertio præjudicare, ex die confessionis factæ : unde hæc recognitio nullo modo trahetur retro ad tempus et datam scripturæ recognitæ nisi contra ipsum recognoscentem et non contra tertium puta habentem medio tempore hypothecam in quo remanebit potior. »

(1) Rebuffe, *De chirog. recog.*, p. 116, n° 33 : « Testes de scripturas deponentes illam dicentes esse scripturam Caii plene probant. »

(2) Rebuffe, *ibid.*; il décide (n° 31) qu'en général la vérification d'écriture ne fait que *probatio semiplena*; mais elle la fait *plena* quand les experts sont « honesti viri et providi » (n° 34).

(3) Faber, *De error. prag.*, p. 3 : « Cum ita jus esset ut pignoris quantumcumque expressi in chirographum collati nulla prorsus ratio haberi posset, propter fraudes quas alioquin facile esset comminisci in necem anteriorum creditorum, nisi trium saltem testium idoneorum subscriptio intervenisset, L. 4, C., *Qui potiores*, æquissimum sane fuit constitui ut a quo tempore fraudis suspicio prorsus cessat, id est agnito demum et recognito chirographo, hypotheca illa in eum usque diem inutilis vires suas ex tunc, ut loquuntur, exercere incipiat. » — Le moyen prescrit par le droit romain pour conserver à la constitution d'hypothèque par acte privé tous ses effets, c'est-à-dire la signature de trois témoins, ne paraît pas avoir pu se faire admettre en France.

résultait que si les biens hypothéqués se trouvaient encore
entre les mains du débiteur ou de ses héritiers le créancier,
qui avait obtenu une pareille concession, pouvait d'emblée
intenter contre eux l'action hypothécaire au lieu de la personnelle. C'est la doctrine que contient le Grand coutumier
de France : « Et si aucun, clerc ou lay, est obligé avec ses
immeubles, par lettres scellées de son propre séel qui soit
séel privé à aucune aultre personne qui soit clerc ou lay,
et le terme est passé, il loist au créancier faire convenir son
debteur à cognoistre ou nier son séel, et en action personnelle et hypothecque. Et se il decline en la personnelle et
il y a aucuns héritaiges en la terre du roy dont la court ne
soit pas requise, toute la cognoissance demourera devers le
roy. Ainsi fust-il jugé contre Sainct Mor (1). » La même
solution est reproduite en termes presque identiques par le
Guidon des practiciens : « Si aucun clerc ou lay est obligé
avec ses immeubles par lettres scellées de son propre seel
antique à aucune autre privée personne qui soit clerc ou
lay, et que le terme de payer soit passé, le créancier peut
faire convenir son debteur à cognoistre ou nyer son seel
par action *personnelle et hypothecque*. Et s'il décline le jugement en la personnelle et il y ait aucuns heritaiges en la
terre du roy ou autre prince dont la court ne soit pas requise,
toute la cognoissance en demeurera aux officiers royaux et
juges supérieurs qui ont accoustumé de cognoistre de telles
causes (2). »

Enfin Antoine Favre se prononce énergiquement dans le
même sens; il signale et combat comme un erreur (la troisième de sa première décade) cette opinion, qui déjà avait
cours parmi les praticiens de son temps : que l'hypothèque
ne pouvait point être consentie dans un acte sous seing-privé,
mais seulement dans un acte authentique (3).

(1) Édit. Dareste et Laboulaye, p. 222.
(2) Édit. 1539, f° 231, n° 69.
(3) *De error prag.*, p. 6 : « Superioribus erroribus hic quoque necessario
conjungendus fuit, nam versatur etiam intra chirographarias obligationes,
Pragmaticis placet : bonis omnibus debitoris per chirographum expressum
obligatis, non prius tamen ex chirographo hypothecam competere nec conse-
quenter hypothecariam exerceri posse, quam chirographum agnitum sit aut
denegatum; ideoque condemnandum creditorem qui prius hypothecaria egerit

Mais, une autre règle, introduite également par la jurisprudence, dut rendre bien rares les constitutions d'hypothèque dans les actes sous seing-privé. On admit que de plein droit sans clause obligatoire, l'acte sous seing-privé, reconnu ou vérifié en justice, emporterait dès lors hypothèque sur tous les biens du débiteur. C'est encore là une des erreurs que combat Antoine Favre, la seconde de sa première décade (1). Au fond cette règle était le corollaire de celle qui attachait l'hypothèque générale à tous les actes notariés : comme dans ces derniers, et fort logiquement, on sous-entendait *l'obligation générale* dans les actes sous seing-privé, seulement ici on ne la faisait apparaître que lorsqu'elle pouvait produire tous ses effets : jusque-là elle sommeillait. Ce n'était point là une hypothèque judiciaire : le jugement qui contenait la reconnaissance et la vérification d'écriture ne portait aucune condamnation (2); et si ce jugement parfois prononçait cette hypothèque générale, il la *déclarait* et ne la constituait pas (3). Cette juris-

nec male et preposterc institutam actionem ex eo convalescere posse quod ex posi facto appareat chirographarium pignus fuisse. Moventur hoc uno rationis prætextu quod chirographaria obligatio nullas prorsus vires habeat antequam chirographum agnitum sit aut denegatum... Ergo concludendum est chirographarium creditorem eumdem que hypothecarium, si ante agnitum chirographum hypothecaria egerit non minus recte egisse videri, quam si pignoris conventio in publicum instrumentum collata esset, quia nec magis hoc quam illo casu interest debitoris quem verum est debitorem esse et res suas obligasse, »

(1) Parlant des cas où l'on admet à tort une hypothèque tacite, il s'exprime ainsi, p. 2 : « Inter eos casus pragmatici non modo nostri sed etiam galli hunc adstruunt : si ex chirographo agnito et recognito agatur nam et ex iis ipsis qui fatentur hypothecam tacitam ex chirographo non induci plerique omnes sic sentiunt : Si chirographum a debitore agnitum et recognitum sit tacitam hypothecam ex eo tempore nasci, ut subinde hypothecaria exerceri possit non solum contra debitorem ipsum sed etiam contra cæteros quoque possessores ab eo posteriorem causam habentes. »

(2) Voyez : Constantin, *Commentaire sur l'ord. de* 1539, art. 92 (p. 147) : « Adverte insuper quod chirographo agnito seu habito pro agnito propter contumaciam, pro contentis in ipso potest agi hypothecaria, licet nulla bonorum hypotheca sit adjecta... frustra ergo quærunt nostri practici agnita schedula partem condemnari in contentis. »

(3) Rebuffe, *De chirog. recog.*, p. 126, n° 43 : « Poterit etiam judex *declarare* bona sita in loco ubi cedula recognoscitur esse hypothecata antequam remittat partem, ut fuit judicatum Pictavis in juridicis conventibus anno 1541, licet hoc non sit necessarium, quia authoritate legis hypotheca fit. »

prudence fut transformée en loi par l'ordonnance de Villers-Cottorets, articles 91 et 92.

On voit par là qu'en reproduisant cette règle les rédacteurs du Code civil ont manqué de réflexion ou de logique. Supprimant l'hypothèque générale résultant des actes notariés ils n'auraient pas dû conserver l'hypothèque générale résultant des actes sous seing-privé reconnus en jugement, puisque toutes deux étaient sorties du même principe.

Alors que la force probante des lettres scellées et des chirographes diminuait et se transformait, la preuve testimoniale conservait au contraire jusqu'à la seconde moitié du xvie siècle toute son énergie et toutes ses applications. Par suite, le créancier pouvait prouver par témoins qu'à telle date il avait obtenu une hypothèque de son débiteur; et s'il fournissait cette preuve il exerçait son droit de suite contre les tiers acquéreurs, son droit de préférence à l'égard même des créanciers qui après lui avaient obtenu du même débiteur un acte d'obligation en forme authentique. C'est ce que reconnaît très-nettement Imbert, montrant comment est distribué le prix des biens hypothéqués : « Le juge baillera la sentence de priorité et postériorité, scavoir est que les choses criées seront vendues au plus offrant et dernier enchérisseur à charge de payer tant à tel, en quoy ledit défendeur lui est tenu par contract en date de tel jour signé tel notaire et ainsi des autres. Et est à noter icy que s'il y a des opposans qui ayent des cédules, si elles sont recogneues ils seront mis en leur tour et ordre eu égard au temps de ladite recognoissance faicte par la confession judiciaire du debteur ou par preuve de tesmoins selon droit commun. Mais à présent, selon l'ordonnance dernière article 93, si le debteur nie sa cédule en jugement et le créancier la prouve, l'hypothèque courra et aura lieu dès le jour de la dénégation ou contestation. Et ce doit être entendu non-seulement quant au préjudice du debteur qui aura nié, mais aussi au préjudice des autres créanciers; car un debteur pour gratifier aucuns de ses créditeurs avec lesquels il auroit intelligence, dénieroit la cédule afin de les faire préférer à l'autre. Et si la cédule n'est point recogneue on deboutera l'opposant de son opposition, parce que telle cédule n'est hypothéquée. Mais le juge luy réservera par sa dicte sentence de se pourvoir pour ladite cédule par les voyes que de raison. Et si le créditeur ayant cédule requeroit estre reçeu à la faire reconnoître et produisoit sur le champ tesmoins à ceste fin, il y devroit estre reçeu, et icelle recogneue doit ledit créditeur estre mis le dernier, combien que sa cédule soit première en date que les obligations des autres créditeurs; car une écriture privée ne fait foy au préjudice d'un tiers quant à la date d'icelle. Car ce seroit en sa puissance de faire préférer tels créditeurs qu'il voudroit. Et tout ainsi que si le débiteur de vive voix disoit quelque créditeur estre premier, il n'en seroit creu au préjudice de ceux qui ont obligation précédente, aussi sa cédule ne faict foy de sa date, comme cy-dessus a esté dit. Semblablement si le créditeur avait preuve prompte et parée par témoins déposans de l'hypothèque de quelque debte, et il requist estre reçeu à faire la dite preuve, il y devroit estre admis : car l'hypothèque est constituée et créée par le seul consentement du debiteur et la lettre obligatoire ne sert que pour prouver le consentement de ladite constitution d'hypothèque. Et en jugement pour prouver quelque fait régulièrement les tesmoins ont pareille force que les testaments (1). »

Et sans doute la faculté de prouver par témoins envers et contre tous la date de la constitution d'hypothèque appartenait non-seulement à celui qui invoquait un contrat verbal mais aussi au créancier qui produisait un titre sous signature privée. C'est, d'ailleurs, ce que reconnaît Dumoulin. Après avoir décidé que, la reconnaissance d'écriture ne rétroagissant pas à la date même de l'acte, le créancier qui l'invoque pourra être primé par un créancier intermédiaire invoquant un titre authentique, il ajoute cette restriction : « Et hoc nisi veritas et data illius scripturæ aliter probetur per probationes legitimas cum eo factas (2). »

Cette ressource devait être enlevée, dans la seconde moitié du xvie siècle, au créancier qui n'avait pas en main un titre authentique. En 1566, l'ordonnance de Moulins prohiba presque entièrement la preuve testimoniale en matière de contrats, ne l'admettant point au dessus de cent livres. Dès

(1) *Pratique*, Liv. I, ch. 69, no 3, édit. Guenois, p. 406-7.
(2) *Cout. de Paris*, art. 8, glos. 1, no 16.

lors, lorsque la créance dépassait cette somme, il fut impossible de prouver par témoins une constitution d'hypothèque non constatée par écrit. Dès lors, lorsque le créancier n'avait en main qu'un acte sous signature privée, il lui fut également impossible de prouver par témoins la date véritable de l'acte afin de lui faire produire hypothèque à cette date.

Cependant à la fin du XVIᵉ siècle apparut une institution qui, si elle n'avait pas été éphémère, aurait pu faire reparaître les constitutions d'hypothèque par acte privé. Je veux parler du *contrôle* établi par un édit de Henri III en 1581 (1). L'édit décidait « que par quelque contract que ce soit... ne pourra être acquise aucune seigneurie, propriété, ne droict d'hypothèque et réalité encore que les acquéreurs ou autres, au profict desquels les dicts contracts auront été passés, ayent pris possession naturelle ou par constitution de précaire, retention d'usufruict ou autre voye de droict, s'ils ne sont enregistrez dedans les deux mois du jour et datte d'iceux ès registres qui seront par nous ordonnés,... tellement que tous contracts portant hypothèque... qui auront esté enregistrez en la forme dessus dictes seront préférez pour les droicts de propriété, seigneurie, hypothèque et réalité à tous autres qui ne l'auront esté, combien qu'ils soient en date précédente et que les contractants eussent pris et fussent en possession des choses à eux cédées et transportées (2). » Sans doute, le texte visait spécialement les actes authentiques (3); abaissant leur force ancienne, il subornait à l'enregistrement leur effet quant à l'ordre hypothécaire. Mais du moment que l'enregistrement fournissait un point de départ certain pour l'ordre hypothécaire, n'était-il pas logique d'assurer effet à l'hypothèque constituée dans un acte sous seing-privé, dès que cet acte avait été enregistré. Cette conséquence n'eut pas le temps de se produire, car l'édit sur le contrôle fut rapporté en 1588; mais ce qui montre qu'elle était naturelle, c'est qu'elle était admise au

(1) Cf. Edit. de mai 1553. Isambert, t. XIII, p. 318, ssq.

(2) Isambert, *Anciennes lois*, tome XIV, p. 495.

(3) Ce qui le montre bien c'est que d'après l'article 2 « le dit droit de propriété, seigneurie, hypothèque et réalité... *se prendra du temps jour et date du dit contrat*, pourvu qu'il ait esté enregistré dedans ledit temps de deux mois. »

moins par quelques-uns en Normandie, où l'institution du contrôle se conserva : « Là, dit Basnage, on considère principalement le contrôle, lorsqu'il s'agit de l'ordre et de la collocation entre créanciers, jusques-là mesme que quelques-uns sont de ce sentiment qu'un contrat contrôlé, quoique sous signature privée produit hypothèque (1). »

Mais dans le reste de la France, le contrôle ayant été supprimé presque aussitôt qu'établi, ce devint une maxime que l'hypothèque ne pouvait être assurée que par un acte authentique ou par un acte sous signature privée vérifié en justice. Lorsqu'à la fin du xviiº siècle, en 1693, le contrôle fut effectivement rétabli, la théorie était déjà fixée et l'institution nouvelle ne pouvait rendre aux actes sous seing-privé une fonction qu'ils avaient perdue depuis si longtemps (2).

Jusqu'ici la liberté des parties pour la constitution d'hypothèque n'avait été gênée que par la théorie des preuves. Même après l'ordonnance de Moulins, la règle en cette matière pouvait se formuler ainsi : Jusqu'à la valeur de 100 livres, l'hypothèque peut être assurée même en vertu d'un contrat verbal ou d'un acte sous seing-privé; au-dessus de cette somme, elle ne peut produire immédiatement ses effets que lorsqu'elle est constituée dans un acte authentique. C'est justement la formule que donne la nouvelle coutume de Bretagne à la fin du xviᵉ siècle (3). Voici comment les réformateurs modifièrent l'article 192 de l'*Ancienne coutume* qui embarrassait si fort d'Argentré : « Art. 176. En toutes choses excedans la somme et valeur de cent livres pour une fois payer seront passez contrats par devant notaires signez des parties si elles sçavent signer et d'un preudhomme à leur requête. Art. 177. Et pour

---

(1) *Traité des hyp.*, p. 119.

(2) Parfois, cependant, la logique reprenant le dessus, les auteurs, en exposant les effets du contrôle, oubliaient les règles reçues quant à la constitution d'hypothèque. Voici ce que je lis dans le *Répertoire* de Guyot, vº *Contrôle* (tom. IV, p. 667) : « L'aliénation peut se faire par acte sous seing-privé; mais on ne peut en aucune manière se servir de ces sortes d'actes, ni acquérir aucun privilège, action, ou *hypothèque*, ni les produire en justice, ni même les faire imprimer, s'ils ne sont contrôlés. Ce n'est que du jour qu'ils ont subi cette formalité qu'ils acquièrent une date certaine. »

(3) Cette dernière réformation de la coutume fut, on le sait, commencée en 1575 et achevée en 1580.

le regard des obligations personnelles passées par devant lesdits notaires soit pour soi ou pour autrui y aura hypothèque
du jour et date d'icelles, encore qu'il n'y eut aucune convention d'hypothèque générale ou spéciale. Et si lesdites obligations sont seulement par scédules et écritures privées y aura
hypothèque du jour de la reconnoissance ou dénégation d'i-
celle faite en jugement, si après la dite dénégation elles sont
vérifiées. *Et quant aux obligations et promesses n'excédant la
dite somme de cent livres, emporteront hypothèque et sera le
premier créancier en date préféré ores qu'il n'y eût lettres du
dû en informant du premier temps de sa dette* (1). »

Mais bientôt la théorie se transforma. En voyant, sauf de
légères exceptions, la constitution d'hypothèque et l'acte authentique marcher inséparables, on regarda l'un comme la
condition nécessaire de l'autre. Ce qui n'avait été qu'une exi-
gence de la théorie des preuves devint un élément substantiel
de la convention : l'importance de l'acte justifiait d'ailleurs
cette conception. Enfin on fit de l'acte public la cause géné-
ratrice de l'hypothèque, indépendamment de la volonté des
parties. Cette doctrine, qui satisfaisait l'esprit par sa simplicité, est nettement enseignée par Brodeau, qui la rattache au
droit romain d'une façon inattendue : « L'hypothèque, dit-il,
ne dépend point seulement du consentement et de la convention des parties, mais se constitue par la seule autorité du roi
et le ministère de ses officiers... ne plus ne moins que par le
droit romain le gage conventionnel se constituoit par la seule
autorité du préteur qui représentoit le prince et non par la
convention des parties (2). » Argou dit aussi : « A l'égard des
hypothèques conventionnelles, elles ne sont pas acquises
parmi nous par la simple convention des parties. Un créan-

_____

(1) Poulain Du Parc (*Principes du droit français suivant les maximes de
Bretagne*, tome VII, p. 183, 184), résume ainsi les dispositions de la coutume : « L'hypothèque naît 1° du jour du contrat pur et simple ou conditionnel passé devant des notaires compétents de juridiction séculière du royaume
quand même ils ne seraient pas royaux, ou du jour de l'obligation verbale,
ou du billet sous signature privée, qui n'excède pas les 100 livres...; 2° pour
les obligations sous signature privée qui excèdent 100 livres l'hypothèque est
acquise du jour de la reconnaissance ou dénégation du débiteur en jugement
devant le juge séculier ou de la délégation devant notaires. »

(2) Sur Louet, lettre II, n° 15.

cier qui auroit contracté sous signature privée et qui auroit
stipulé que tous les biens de son débiteur ou que tels ou tels
biens lui seroient hypothéqués auroit fait une stipulation inutile (1). » Prévôt de la Jannès, le maître de Pothier, donne à
la doctrine une formule plus rigoureuse encore : « En France,
la convention ne produit point (l'hypothèque), c'est la loi seule
qui la donne indépendamment de la stipulation d'hypothèque;
elle l'attache aux titres des actes passés par devant notaires
ou à l'autorité des jugemens rendus par les magistrats revêtus
du caractère de l'autorité publique, ou enfin à la seule nature
de certaines dettes privilégiées auxquelles elle a jugé à propos d'attacher la sûreté de l'hypothèque. La première espèce
d'hypothèque, quoiqu'elle soit en effet légale, peut s'appeler
contractuelle, parce qu'elle est attachée aux titres des contrats
passés par devant notaires... les actes sous signature privée
ne produisent donc point d'hypothèque, quand même les
parties l'auroient expressément stipulé et que l'acte seroit
contrôlé; ils n'en produisent que quand ils ont été reconnus
volontairement devant notaires ou par la force et l'autorité
d'un jugement qui les déclare reconnus, et l'hypothèque ne
commence que du jour de la reconnoissance ou de la dénégation, s'il est ensuite prouvé que l'acte soit écrit de la main
du débiteur qui le dénie (2). » Nous avons vu plus haut comment Pothier a reproduit cette théorie (3).

Mais cette conception, qui s'était substituée aux anciens
principes, n'imposa point toutes ses conséquences. Ainsi jusqu'à la fin de l'ancien droit on discuta la question de savoir si
les actes authentiques passés à l'étranger conféraient hypothèque sur les biens situés en France. La négative ne pouvait
faire doute un seul instant pour tous ceux qui faisaient dériver l'hypothèque de la force du sceau public, ou qui, pour sa
constitution, exigeaient la présence des officiers représentant
le prince (4). Cependant, nous lisons encore dans le *Répertoire*

(1) *Institution au droit françois*, édit. Boucher d'Argis, tom. II, p. 410.
(2) *Principes de la jurisprudence française*, édit. 1780, tom. I, p. 197-8.
(3) Voyez aussi Valin : *Coutume de La Rochelle*, tom. III, p. 368.
(4) Voyez. Lhommeau, Maxime 315, et la note de Challine, édit. 1675 :
« En France l'hypothèque expresse ne vient pas de la convention des parties,
mais de l'authorité du Roy, lequel a ordonné que les contracts passez de-

de Guyot : « Cette question est une des plus controversées qu'on trouve dans notre jurisprudence (1). » L'affirmative comptait parmi les auteurs de nombreux partisans, et « nous dit-on, les arrêts qui ont adopté cette opinion sont en grand nombre. » En 1629, on avait cru nécessaire de trancher par un texte de loi la difficulté; l'article 121 du *Code Michaud* portait que « les jugemens rendus, contrats et obligations reçues ès royaumes et souverainetés étrangères pour quelque cause que ce soit, n'auront aucune hypothèque et exécution en notre royaume. » Mais, on le sait, l'ordonnance ne fut guère respectée; il était même des Parlements, comme celui de Dijon, qui ne l'avaient acceptée qu'à la réserve que l'article 121 n'aurait pas lieu dans la province (2). La controverse persista jusqu'au bout. On peut donc justement s'étonner que les rédacteurs du Code civil aient admis dans l'article une décision, aujourd'hui bien difficile à expliquer, et qui n'était point unanimement reçue dans l'ancienne jurisprudence (3).

III.

L'hypothèque générale dans notre ancien droit, ne naissait pas seulement des actes authentiques et des actes sous signature privée vérifiés en justice; elle était encore produite par les jugements, et alors elle était souvent qualifiée hypothèque tacite (4). Arrivé là, on peut dire que toutes les obligations

vant personne publique, ou les actes judiciaires, sentences et arrêts emporteroient hypothèque. Et de là vient que les contracts passez hors le royaume n'emportent aucune hypothèque. »

(1) V° *Hypothèque*, tom. VIII, p, 636.

(2) Guyot, *Répert., loc. cit.,* arrêt du 10 septembre 1629.

(3) Pourtant voici ce qu'on lit encore dans le *Répertoire* de Guyot, *loc. cit. :* « Peut-on une plus grande autorité en cette matière que l'article 121 de l'ordonnance de 1629? Nous savons que pendant plus d'un siècle on n'osoit pas la citer à Paris; mais depuis quelque temps on lui a rendu la faveur que méritoient la plupart de ses dispositions, et tous les jours on l'invoque au palais comme une loi nationale. Personne n'ignore d'ailleurs qu'elle a été enregistrée aux Parlements de Toulouse, de Grenoble et de Bordeaux et que ces Cours n'y ont mis, quant à l'article 121, aucune espèce de modification. »

(4) Basnage, *Traité des hypothèques,* ch. VIII, p. 637.

renfermaient virtuellement l'hypothèque générale, seulement elle s'en dégageait plus ou moins promptement, selon la manière dont elles étoient constatées. Sous sa forme dernière l'hypothèque des jugements avait d'ailleurs été le résultat d'une élaboration successive.

Nous avons vu que dans l'ancien droit coutumier, l'antériorité des poursuites ou du commandement de payer adressé par la justice au débiteur, créaient au profit du créancier une cause de préférence (1). Ce créancier diligent devait être payé préférablement à ceux qui n'avaient agi qu'après lui. Alors même que, selon la coutume, le créancier n'aurait pas pu, en vertu de son jugement, faire vendre les immeubles du débiteur, il devait être payé le premier sur le prix si un autre créancier faisait vendre ces immeubles en vertu d'une obligation qu'il avait postérieurement obtenue. C'est du moins ce qui paraît ressortir d'un passage de l'*Ancien coutumier de Picardie* : « La somme ledit Thumas connut et en rechut commandement du baillu d'Abbeville, laquelle some le dis Thumas ne paia mie, pourquoi li dis enfans (les créanciers) se retrairent et ne peut on mie trouver tant des biens du dit Thumas moeubles que lidit enfant fuissent paiet (2). Et après che fait, li dis Thumas s'obliga par chyrographe envers Pierre de Gaytonne en une somme d'argent et obliga par especial une sienne maison qui siet u marquié as froumages, de laquelle il se dessaisi en la main du seigneur de cui il le tenoit, et en fist saisir ledit Pierre. Li dis Pierres ne fu mie paiés des deniers contenus en sen dit chyrographe; il s'en retrait et fit crier à vente ledicte maison, et requist que elle fust prisié selonc les dictes coustumes, et le pris fait, il estoit près de prendre le dicte meson en rabat de sa debte. Et sur che li dit enfant vinrent audit baillu, et s'opposèrent que li denier du pris de le dicte maison ils devroient avoir en paiement de leur debte, *comme elle fust venue premierement à connissanche*, si comme dict est; et bien presist li dit Pierres ledicte meson, se il voloit, par les deniers paians du pris.

---

(1) Beaum., XXXIV, 52. Voyez ci-dessus, page 164-5.

(2) D'après le *Coutumier de Picardie*, le créancier ne peut faire vendre les biens immeubles du débiteur que s'ils sont *obligés*. Voir ci-dessus, page 177.

Et li dis Pierres proposa plusieurs raisons au contraire, en disant que le ditte meson il devoit avoir par ledit pris et les deniers ensement en descontant de se debte, *car il disoit que le dicte maison li estoit obligié par especial pour vendre et despendre et ne mie as dis enfans;* et par vertu de la dicte obligation, il avoit fait crier à vente la dicte maison et prisier par juste pris, et ensi, quant ches esploits estoit fais à sen title et à se requeste et ne mie au title des enfans ledicte maison et li denier du dit pris devoient demourer par devers li et s'en debvoit paier, et rien n'en devoit tourner u paiement desdis enfans. Et sur che lesdictes parties se mirent en droit et aportèrent leurs raisons. Tout veu et considéré terminé fu par jugement que tout li denier du pris de ledicte maison tourneroient en paiement devers les dis enfans et les aroient à leur profit (1). »

Des textes cités il ne ressort pas nettement quel était au juste l'acte d'où naissait le droit de préférence du créancier poursuivant, si c'était la demande en justice, la sentence obtenue, ou le commandement qui la suivait (2). Quoi qu'il en soit, dans la suite, la théorie changea, sous l'influence des principes romains : on se référa sans doute aux textes sur le *pignus prætorium* ou *in causa judicati captum;* et l'on décida que la saisie seule donnerait un droit de préférence au créancier qui l'aurait opérée, qu'il s'agit d'ailleurs de meubles ou d'immeubles. C'est ce qu'enseigne encore très-nettement Bourdin dans son commentaire sur l'ordonnance de 1539 (3).

---

(1) Edit. Marnier, p. 91, 92.

(2) Sur le commandement, voyez Beaumanoir, LV, 1; XXIV, 2. Dans tous les cas parfois le commandement n'intervenait pas; pour un certain nombre de créances privilégiées aussitôt après le jugement ou même d'emblée, l'exécution judiciaire commençait; de ce nombre étaient les dettes contractées par lettres. Beaum., XXIV, 13.

(3) *Paraphrase de M. Gilles Bourdin sur l'ord. de* 1539, traduite par Fontanon, 3e édit., Paris, 1600, p. 219. Il s'agit de l'article 92 qui attache l'hypothèque générale à la cédule reconnue en justice : « Au demeurant l'effect de ceste recognoissance est de produire hypothecque; ce qui est admirable. Car l'obligation personnelle, ores qu'elle soit publiquement conceue estant confirmée par sentence, ne produit et ne donne aucun droit d'hypothecque, si elle n'est mise à exécution, et que par le moyen de telle sentence on procède par saisie. Le contraire est quand aux cédules recogneues, car elles

Après sa disparition, cette doctrine est encore rappelée par Davot (1), d'Argentré (2) et Brodeau (3). Mais au cours du XVIᵉ siècle un revirement eut lieu, tendant à attacher de plein droit l'hypothèque générale à toutes les sentences de condamnation. N'était-il pas juste d'entourer des mêmes garanties la créance sur laquelle le juge avait prononcé que celles constatées par un acte authentique ou un acte sous signature privée reconnu en justice? D'ailleurs, le jugement n'était-il pas regardé comme un contrat ou quasi-contrat entre les plaideurs (4)? Cette manière de voir fut expressément consacrée par l'ordonnance de Moulins (art. 53), et c'est à ce texte législatif que nos anciens auteurs rattachaient d'ordinaire l'introduction de l'hypothèque judiciaire (5). Ainsi appuyée sur

portent hypothecque du jour qu'elles ont esté recogneues, avec grande raison, pour ce qu'il y a en icelles double confession. »

(1) « Les condamnations ne donnoient pas d'hypothèque par le droit romain ni par notre ancienne pratique, à moins qu'il n'y eût exécution sur saisie. » *Œuvres de Davot*. Traités de droit françois à l'usage du duché de Bourgogne, tom. VII, p. 573. — C'est le seul auteur que cite sur ce point M. Valette dans sa belle étude sur l'hypothèque judiciaire. *Mélanges*, tom. I, p. 361.

(2) Sur l'article 188 de la coutume de Bretagne : « Cum ante pignus judiciale non ante contraheretur quam ex sententia victor missus esset in possessionem. »

(3) Sur Louet, l. H, nᵒ 25 : « Par la disposition de droit une sentence n'emporte point d'hypothèque, mais donne seulement *actionem utilem in factum vel ex judicato*, qui est personnelle, et telle estoit notre ancienne pratique. M. Bourdin sur l'ord. de 1539, art. 92; M. Le Maistre en son traité des Criées, ch. 32, nᵒˢ 14 et suivants. »

(4) Voyez la *Pratique d'Imbert*, édit. Guenois; annotations sur le chap. LIX, nᵗᵉ c, p. 419 : « Par la contestation en cause l'hypothèque naist ou pour le moins en procès criminel ou extraordinaire du jour de la sentence. Pour le premier chef Fulgose et Paul de Castro sont de cet avis ; et pour le dernier Balde, et Alex. Immol. *in l. rescripto D. pactis*. Combien qu'en France ceste tacite hypothèque ait lieu au criminel du jour que les biens ont esté annotez et saisis selon l'opinion de Rebuffe. Partant en matière civile il est bien raisonnable que telle hypothèque ait aussi lieu du jour de la contestation ou sentence. *Quoniam in judiciis quasi contrahimus, l. 3 § idem scribit D. de pecul. — Fiscusque ex quasi contractu tacitam nanciscitur hypothecam, l. aufertur fisc. de jure fisc.* Par la pratique générale de France, hypothèque naist et procède de la sentence, après qu'elle a esté donnée contre le criminel, suivant l'ordonnance des greffes des insinuations, publiée le 4 mai 1553. » Ces derniers mots visent sans doute l'article 17, *in fine* de l'édit du 3 mai 1553 (Isambert, t. XIII, p. 320).

(5) Voy. sur ce point *Valette, Mélanges*, p. 361, ssq.

une ordonnance, cette hypothèque qui naissait de plein droit des jugements, s'introduisait jusque dans les pays de nantissement, alors même qu'un texte de coutume avait enregistré l'ancienne théorie (1), comme l'avait fait la coutume de Rheims.

La transformation, que nous venons de décrire, s'appliqua pleinement aux immeubles : pour eux l'ancien droit de préférence résultant de l'exécution commencée s'absorba dans l'hypothèque judiciaire. Mais ce droit au contraire persista dans certaines coutumes en ce qui concerna les meubles, sur lesquels l'hypothèque ne portait pas (2). Mais de bonne heure cette préférence subit des restrictions. Elle cédait devant les privilèges mobiliers; de plus elle disparaissait en cas de déconfiture du débiteur. Cela est dit déjà dans les *Coutumes jugées toutes notoires au Châtelet de Paris* qu'a publiées Brodeau : « Se aucuns est obligés à plusieurs créanciers et l'un fait prendre, lever et vendre ses biens par exécution, et avant la perfection d'icelle exécution et lesdits biens encore estans en la main de justice, se autres créanciers apparent et se opposent, ils doibvent estre receus à leur opposition se l'obligié est en desconfiture, et qu'il n'ait autres biens pour satisfaire ses autres créanciers : en ce cas doibvent venir à contribution avec celuy qui a requis la dite exécution posé ores que leurs dettes soient à connoistre mais que toutes fois il les puissent monstrer, prouver et justifier deuement : et ny doit avoir celuy qui a requis l'exécution prérogative, fors tant seulement qu'il doit prendre les despens faits en

---

(1) Voyez : *Brodeau sur Louet*, l. II, nᵒ 25. — L'article 180 de la coutume de Rheims était ainsi conçu : « Sentence de juge n'emporte hypothèque sinon du jour qu'elle sera nantie et exécutée par le juge, car l'hypothèque est créée du jour du nantissement ou exécution d'icelle, s'il n'y a appel, ou y ayant appel si elle est confirmée. »

(2) Coutume de Paris (nouvelle), art. 178, 179. Guy Coquille. *Institution*, p. 444-5 : « Le créancier qui premier fait saisir meubles valablement doit être préféré et premier payé... Mais l'exécution sur choses mobiliaires désire enlèvement et transport. Et si le meuble n'est desplacé la seconde exécution avec desplacement sera préférée à la première... la raison est pour ce qu'en meuble n'y a hypothèque par convention, ains seulement par apprehension réelle. » — Davot, *Traités* (tom. VII, p. 566); sur la règle de Loisel : *les premiers vont devant* : « le premier saisissant l'emporte en ce que c'est un gage judiciaire qui dépossède le débiteur. »

l'exécution sur le prix et vente desdits biens avant toute œuvre. *Probata* anno 1371, 6 junio, per 10 advocatos, 4 examinatores et 2 procuratores in causa Stephani de Bucy et Guillelmi de Freray se opponentis certæ executioni factæ ad requestam dicti Stephani (1). »

Dans les pays où l'hypothèque portait sur les meubles, au moins quant au droit de préférence, l'hypothèque judiciaire avait totalement absorbé cette double théorie du premier saisissant et de la déconfiture (2).

Les hypothèques légales, ordinaires ou privilégiées, s'étaient introduites dans notre ancien droit, comme hypothèques tacites, sous l'influence du droit romain : ici le procédé fut simple ; on se contenta de se référer aux textes du Digeste et du Code. Elles parvinrent même à se faire admettre dans les pays de nantissement, quoique là leur généralité et leur clandestinité fussent en opposition flagrante avec le statut provincial (3).

---

(1) Article 153. A la suite de la *Coutume de Paris* de Brodeau.
(2) Voyez Basnage, *Traité des hyp.*, p. 76, 77.
(3) Louet, lettre II, n° 26.

TABLE DES MATIÈRES.

TABLE ALPHABÉTIQUE.

www.ingramcontent.com/pod-product-compliance
Lightning Source LLC
Chambersburg PA
CBHW071656200326
41519CB00012BA/2535